LE LIVRE DES FANTASMES

BRETT KAHR

LE LIVRE DES FANTASMES

Traduit de l'anglais
par
PIERRE DEMARTY

BERNARD GRASSET
PARIS

L'édition originale de cet ouvrage a été publiée par Allen Lane, an imprint of Penguin Books, en 2007, sous le titre :

SEX AND THE PSYCHE

ISBN 978-2-246-69831-9

Dédié à Kim
« Moitié prière, moitié chanson » —
nulli secundus

« Ce qu'un homme a dans la tête, c'est ce qu'il est. »

Samuel PEPYS

« Je crois que nous aimons tous connaître les secrets des autres afin de pouvoir vivre avec les nôtres. »

Jonathan AMES,
Réveillez-vous, Monsieur !

AVERTISSEMENT

« Qui ne peut souffrir les passions des autres
Ne peut gouverner les siennes. »

Benjamin FRANKLIN,
Poor Richard's Almanack

Ce livre contient de très nombreux éléments extrêmement explicites du point de vue sexuel. Certains des fantasmes intimes rapportés dans ces pages pourront vous choquer, d'autres vous répugner, vous laisser indifférents, ou encore vous inspirer un sentiment de pitié, de mépris ou de supériorité ; mais il se peut aussi que certains vous fassent rêver...

Ces fantasmes sont extraits des recoins les plus secrets de l'esprit d'adultes normaux, ordinaires – des hommes et des femmes, âgés de dix-huit à quatre-vingt-dix ans et plus, sélectionnés au hasard, de toutes origines géographiques, sociales, religieuses et professionnelles : avocats et chauffeurs routiers, boulangers et femmes d'affaires, agriculteurs et ouvriers, médecins et crémiers, employés de bureau et ecclésiastiques, actifs et chômeurs. Quoiqu'un certain nombre (infime) des anonymes ayant participé à cette étude aient pu,

un jour ou l'autre, recourir aux services de médecins spécialisés en psychiatrie, aucun ne souffre de maladie psychotique débilitante ; ces fantasmes ne sauraient donc être interprétés comme les délires d'individus perturbés. Chacun des hommes et des femmes dont les fantasmes sont répertoriés dans ce livre mène une vie « normale ». Aucun des participants n'est détenu dans une prison ou patient d'une institution psychiatrique. Tous les auteurs de ces fantasmes vivent, en toute liberté, au sein de la société.

Ces fantasmes demeuraient jusqu'à présent confinés, bien à l'abri, dans la tête des participants à la vaste enquête scientifique que j'ai menée. Environ 95 % d'entre eux n'en avaient jamais parlé à quiconque, même pas à leur conjoint ou à leurs plus proches amis. Certains témoins m'ont confié leurs fantasmes par écrit, d'autres par oral, à l'aide d'un magnétophone ; la diversité des méthodes employées pour collecter les données explique, en grande partie, les différences stylistiques dans le récit des fantasmes proprement dits. Je les ai retranscrits tels quels, n'intervenant par souci de clarté que sur l'orthographe et la ponctuation. De manière générale, je me suis efforcé de conserver les termes exacts employés par les auteurs eux-mêmes.

Toutefois, pour des raisons de confidentialité, j'ai changé les noms des témoins. Les fantasmes sexuels racontés dans ce livre, de la manière la plus franche et frontale, sont tous reproduits avec la permission expresse, écrite, des hommes et des femmes qui me les ont confiés. Tous les participants à cette étude – des milliers – ont signé un accord rédigé par des juristes spécialisés, m'autorisant à publier leurs fantasmes à condition que je ne révèle aucune information biographique pouvant permettre de les identifier. Je ne pouvais pas écrire, par exemple : « Ce fantasme est reproduit avec l'aimable autorisation de Mme Jane Maria Bloggs, cinquante et un ans, comptable, mère de deux enfants, résidente du Old Rectory, sur High Street, à Coventry, dans le comté du Warwickshire. » Très souvent, je ne connaissais même pas le

véritable nom des auteurs, notamment dans le cas de participants ayant répondu à un long questionnaire informatisé qui leur garantissait l'anonymat. Quant aux personnes que j'ai interrogées de vive voix dans le cadre de mon enquête, nombre d'entre elles ont très bien pu se présenter sous leur vrai nom lors de notre première rencontre ; si j'ai alors, bien entendu, masqué leur identité, c'est tout simplement parce que, aujourd'hui encore, les fantasmes sexuels demeurent un sujet plutôt tabou dans notre discours culturel ; il est de mon devoir, par conséquent, de préserver la confidentialité de ceux qui m'ont confié leurs pensées les plus intimes dans le cadre de ce projet de recherche psychologique. Certains participants, enfin, ont pu choisir de répondre à mon enquête sous un faux nom.

En tant que psychothérapeute agréé, pratiquant à plein temps depuis de nombreuses années, j'ai travaillé avec un très grand nombre d'individus qui m'ont raconté leurs histoires les plus personnelles. Les patients ou clients qui suivent une psychothérapie *exigent* et *méritent* une entière confidentialité quand ils recherchent une aide thérapeutique, ce qui leur permet de révéler leurs histoires, souvent troublantes, sans crainte d'être jugés ou exposés. Il arrive qu'ils livrent des informations très dérangeantes, représentant une menace possible pour leur propre existence ou pour celle d'autrui, et dans ces cas-là, la protection des parties concernées prévaut sur la règle de confidentialité. Par exemple, si un patient me fait part du plan qu'il a savamment élaboré pour tuer la reine d'Angleterre, la déontologie m'oblige à en avertir les autorités compétentes. Fort heureusement, en plus de vingt ans de pratique, je ne me suis jamais trouvé confronté à une telle obligation. Dans le même esprit, conscient de l'importance de la notion de vie privée (d'autant plus aujourd'hui, à l'heure d'Internet et des caméras de surveillance), je me suis abstenu d'utiliser les fantasmes sexuels *détaillés* de mes propres patients, ceux avec qui je travaille ou ai travaillé dans le cadre d'un suivi psychothérapeutique.

Mon cabinet m'a servi de laboratoire : c'est là que j'ai appris à connaître les formes et les mécanismes des fantasmes sexuels. Mais les exigences du secret médical – principe fondamental, sans lequel aucune révélation intime ne pourrait se dévoiler au cours du travail psychanalytique – imposent que les fantasmes de mes patients demeurent une affaire privée. Ainsi, à l'exception de quelques brèves anecdotes dont il est impossible d'identifier les auteurs, les récits qu'on va lire proviennent non pas de mon expérience médicale mais de mon travail de recherche, mené auprès d'individus informés et consentants, qui ont accepté de se soumettre à cette vaste enquête puis de voir publier leurs fantasmes, sous réserve d'anonymat.

Introduction

> « Le désir impérieux suscite un courage désespéré,
> Sème l'inconscience, repousse la raison. »
>
> William SHAKESPEARE,
> *Vénus et Adonis*

Depuis plus de vingt ans, je suis psychothérapeute : l'un de ces nombreux médecins (la Grande-Bretagne en compte des dizaines de milliers) qui consacrent leurs journées à traiter des personnes souffrant de toutes sortes de troubles psychologiques. J'ai suivi un long parcours d'apprentissage : des années de formation universitaire à la théorie clinique et aux méthodes de recherche, des années de pratique en milieu hospitalier et dans diverses institutions psychiatriques, des années de travail psychothérapeutique supervisé, et j'ai moi-même suivi une psychanalyse poussée. Tout cela a contribué à m'apprendre mon métier.

Mon cabinet à Londres est discret, situé au fond d'une cour dans une minuscule ruelle, meublé d'un divan et de quelques fauteuils. J'arrive tôt le matin, vers 6 h 45, le temps d'ouvrir les fenêtres pour aérer la pièce et de redonner du

volume aux coussins. Puis, à partir de 7 heures, je reçois sur rendez-vous des hommes et des femmes, de tous âges et de tous horizons, avec qui j'aborde les questions psychologiques les plus intimes. Souvent, ils fondent en larmes, confrontés à des sentiments inavouables ou à des choix déchirants. Certains souffrent de graves maladies psychiques ; d'autres mènent une existence *publique* tout à fait normale, en famille et au travail – mais, en *privé*, ils peuvent être dépendants à la cocaïne ou fréquenter des prostituées. Ces respectables individus abritent parfois de douloureux secrets, qu'ils cachent soigneusement à leurs maris, épouses ou partenaires – voire à eux-mêmes.

Leurs problèmes sont d'une manière ou d'une autre toujours liés à la sexualité. Un jour, à 7 heures du matin (mon premier rendez-vous), « Mme Smith » me déclare qu'elle et son mari n'ont pas eu le moindre contact sexuel en *trente* ans. Cela peut paraître étrange, mais il n'est pas rare de rencontrer de tels cas d'anesthésie sexuelle chez des couples mariés ou établis depuis longtemps. D'après tous leurs amis, Mme Smith et son époux forment un couple parfait, mais en réalité elle le déteste, car il la trompe ; et maintenant que leurs enfants ont quitté la maison, elle veut divorcer. Mme Smith se réveille toutes les nuits angoissée à l'idée de quitter son mari, qu'elle avait épousé à vingt ans, alors qu'elle vivait encore chez ses parents – elle n'a donc jamais vécu seule de toute sa vie. Au lieu d'être soulagée ou impatiente à la perspective de divorcer de son mari coureur de jupons, elle est terrorisée. Dévidant les mouchoirs en papier d'une boîte placée à portée de main, sur une étagère de ma bibliothèque, Mme Smith me supplie de lui dire ce qu'elle doit faire. Je suis navré pour elle mais je ne peux ni ne veux lui donner ce genre de conseil. Nous savons tous les deux qu'il nous faudra analyser son dilemme pendant un certain temps afin de parvenir à la juste solution, car elle a beau haïr son mari et vouloir quitter le foyer conjugal, elle lui est toujours très attachée et elle a le sentiment qu'elle n'arrivera pas à vivre sans lui.

Mme Smith quitte mon cabinet à 7 h 50. Je reçois chacun de mes patients ou clients pendant cinquante minutes très précisément. Cette pratique a été développée à Vienne dans les années 1920 : Sigmund Freud décida un jour de réduire la durée de ses consultations de soixante à cinquante minutes afin de caser dans son emploi du temps un énième étudiant américain en psychiatrie venu en Autriche s'initier à la nouvelle méthode freudienne pour soulager les maux psychiques. Cette « heure de cinquante minutes » est devenue la norme partout dans le monde au cours du siècle dernier, et je dois dire que cette durée me paraît idéale – suffisante pour explorer et examiner en détail l'histoire du patient, sans que cela soit trop éprouvant pour l'un comme pour l'autre.

Entre 7 h 50 et 7 h 59, je m'octroie une petite pause pour rassembler mes esprits, consulter les messages sur mon répondeur et grignoter un morceau. Certains patients souhaitent consulter avant de se rendre à leur travail ; 7 heures et 8 heures sont des horaires très demandés, et je trouve tout à fait normal d'être assis à mon bureau à 6 h 45, prêt à ouvrir la porte, ayant revu mes notes, mis en marche le chauffage – ou le ventilateur, les rares jours de canicule à Londres.

A 8 heures pile arrive dans mon cabinet le discret et maladroit « M. Jones ». Contrairement à Mme Smith, qui s'assied en face de moi dans un fauteuil en cuir, il préfère s'allonger sur le divan, comme le faisaient les patients de Freud il y a un siècle. Il arrive à me parler avec plus de franchise et de concentration dans cette position, étendu et dos à moi. Je m'assieds derrière le divan, dans un grand fauteuil en cuir rouge. J'écoute. Si Mme Smith vient de fêter son trente-cinquième anniversaire de mariage, M. Jones, lui, ne s'est jamais marié ; il n'a même jamais eu de petit(e) ami(e), et s'est autoproclamé « seul puceau de cinquante ans à Londres » – il n'a jamais fait l'amour, pas le moindre baiser, pas le moindre attouchement. La vie érotique de M. Jones tourne exclusivement autour de sa pratique quotidienne de la masturbation. Il m'a souvent expliqué que ce réconfort

solitaire était préférable aux étreintes partagées, mais parfois, dans des moments de vulnérabilité, il ajoute : « Bien entendu, étant vierge, je ne sais pas vraiment de quoi je parle, n'est-ce pas ? » Chaque fois qu'il se masturbe, il fantasme ; mais j'ai beau lui demander avec tact de me révéler le contenu de ses fantasmes masturbatoires, M. Jones ne me dit rien. Je me suis souvent demandé s'il a des fantasmes dangereux, dont la pratique pourrait le faire atterrir en prison. Mais M. Jones vit déjà dans une sorte de prison – une prison mentale –, tourmenté, seul et perclus de honte. Les difficultés qu'il éprouve à se confier à moi de manière ouverte et détendue sont sans doute le signe de problèmes relationnels plus vastes ; au travail, tous ses collègues l'ignorent, et il n'est jamais invité à aucun déjeuner, aucune fête, aucun pot entre amis ou toute autre réjouissance en société.

Les « Mme Smith » et « M. Jones » sont plus nombreux qu'ils ne le pensent... On se moque souvent des « psys », soi-disant obsédés par le sexe – et c'est peut-être vrai. Mais si nous parlons de sexe et pensons au sexe plus que les dentistes ou les agents de la circulation, ce n'est pas notre faute – c'est que, dans nos cabinets, nous entendons parler tous les jours de ce sujet (surtout quand il est sujet à problèmes !).

Ma séance avec M. Jones se termine à 8 h 50, mais il lui faut en général deux ou trois minutes pour remettre son manteau, cruelle manifestation du fardeau qui pèse sur ses épaules : il est si déprimé que le simple geste d'enfiler un vêtement lui demande un effort considérable. A 8 h 53, M. Jones quitte mon cabinet d'un pas traînant, je fais une nouvelle pause avant mon rendez-vous de 9 heures – et ainsi continue la journée, jusqu'au dernier patient à 18 h 35, ce qui signifie que je quitte rarement mon bureau avant 19 h 30. En outre, j'alterne dans mon emploi du temps l'enseignement, les conférences et, un jour par semaine, je consulte dans une clinique psychiatrique voisine. Mais je passe le plus clair de mon temps dans mon cabinet, à écouter.

J'essaie de ne pas écouter de manière ordinaire, mais avec

ma « troisième oreille », pour reprendre l'expression d'un des disciples de Sigmund Freud les plus inventifs, le psychanalyste viennois Theodor Reik. Selon lui, n'importe qui est capable d'écouter avec ses deux oreilles, mais le psychothérapeute doit en avoir une *troisième* : il se concentre non seulement sur ce que dit le patient, mais aussi sur ce qu'il ne dit pas, s'efforçant en permanence de déchiffrer la signification cachée des dilemmes qui lui sont exposés – et dont le patient lui-même n'a pas conscience.

En règle générale, je m'entretiens toujours en tête à tête avec mes patients mais, il y a quelque temps, j'ai décidé de retourner à « l'école des psys » pour suivre une formation spécialisée en « psychothérapie conjugale ». J'ai pris cette décision lorsque je me suis retrouvé confronté à des jeunes gens qui, ayant subi un traumatisme cérébral, avaient besoin que leurs parents s'occupent d'eux de manière quasi permanente. Je rencontrais de temps à autre ces parents, d'âge avancé, qui dans plus de 80 % des cas connaissaient de graves problèmes de couple. Prendre soin d'un enfant handicapé exige de lourds sacrifices, et je me suis aperçu que je ne savais pas du tout comment soulager leur détresse tout en les aidant à affronter leur épreuve en tant que parents. Du reste, chez mes patients non handicapés également les problèmes de couple étaient fréquents, et je pensais ainsi pouvoir mieux les aider.

Alors que je travaillais déjà à plein temps, j'ai réussi à suivre cette longue et difficile formation (cinq ans d'études), et j'ai fini par obtenir mon certificat de psychothérapeute conjugal, domaine très spécialisé de la psychologie – nous ne sommes qu'une trentaine de médecins diplômés en Grande-Bretagne. J'ai reçu le titre officiel de « psychothérapeute de *couple* » – le concept de « psychothérapie conjugale » étant un peu désuet aujourd'hui, car beaucoup de couples vivent ensemble sans jamais s'être passé la bague au doigt. Je travaille de plus en plus avec des couples gays et lesbiens, et si certains d'entre eux se considèrent comme mariés, beaucoup

d'autres préfèrent employer les termes de « partenaire », « compagne » ou « compagnon ». Toutefois, bien que mon titre officiel soit « psychothérapeute de couple », je l'oublie souvent et utilise moi-même le terme plus daté de « psychothérapeute conjugal », car c'est dans cette perspective maritale, certes un peu passée de mode, que je traite la majorité des couples qui viennent me consulter.

Avec un couple, la sexualité est d'emblée au centre de l'analyse, alors qu'un patient seul peut passer les cinquante minutes de la séance à parler de son atroce patron qui le persécute, ou se lancer dans un monologue sur son horrible enfance. Mais lorsque deux personnes viennent me voir parce qu'elles ne supportent plus de vivre sous le même toit ou de partager le même lit, impossible d'éviter la question de la sexualité. De tous les couples que j'ai reçus en consultation, pas un seul n'échappait aux problèmes sexuels. Nous n'en avons pas forcément conscience, mais le sexe est sans doute le baromètre le plus sensible pour juger de la solidité d'une relation entre mari et femme ou entre amants ; et quand les bêtes noires de la vie conjugale – infidélité, indifférence, ou toute autre forme de cruauté – entrent en scène, la vie sexuelle en est la première victime. Certains couples ont recours à la lingerie fine, aux bougies parfumées et autres huiles de bain exotiques pour rallumer la flamme de la passion, mais la véritable excitation sexuelle – n'importe quel psychothérapeute vous le dira – ne rejaillit que lorsque les deux partenaires discutent ensemble des multiples griefs accumulés entre eux au fil des mois et des années. L'intervention d'un professionnel de la psychologie dans ce processus de guérison est souvent indispensable. Comme me l'a dit un jour l'un de mes patients : « Il faut être deux pour briser un mariage, et trois pour le réparer ! »

Aujourd'hui, rien de ce que peut me dire un couple ne me surprend ou ne me choque, car à ce stade de ma carrière, j'ai compris que les mariages ou les relations se dégradent selon des schémas plus ou moins prévisibles. En voici quelques

exemples, tirés de la vraie vie et typiques de ce que rencontre tous les jours un psychothérapeute de couple.

- « M. et Mme Aronson » ont cessé d'avoir des rapports sexuels après la naissance de leur premier enfant, car Mme Aronson, qui passe beaucoup de temps à allaiter la petite Alison, ne supporte plus que son mari touche ses seins, de plus en plus douloureux. M. Aronson avoue qu'il se sent jaloux de sa propre fille, même s'il sait qu'il a un accès beaucoup plus intime et adulte au corps de sa femme. La proximité qui s'est fait jour entre Mme Aronson et sa fille rappelle inconsciemment à M. Aronson le sentiment d'exclusion qu'il avait éprouvé dans son enfance après la naissance de sa petite sœur.
- « M. et Mme Bentley » ont cessé d'avoir des rapports sexuels parce que M. Bentley a une liaison avec la sœur de sa femme, Berenice. Le secret a été dévoilé, et Mme Bentley menace à présent de divorcer. Au cours de la psychothérapie, il est apparu que M. Bentley couchait avec sa belle-sœur non pas parce qu'il éprouvait une attirance sexuelle à son égard, mais pour se venger de son épouse, en qui il voyait une femme de plus en plus narcissique et castratrice, qui ne l'entourait plus d'amour et d'affection comme aux premiers temps de leur mariage.
- « M. et Mme Cameron » ne font plus l'amour parce que Mme Cameron est hantée depuis peu par le souvenir des abus sexuels que son père lui a fait subir dans sa petite enfance, et aujourd'hui, alors qu'elle est adulte, elle ne supporte plus la vue du corps nu de M. Cameron – et en particulier de son pénis, qui lui semble en tous points identique à celui de son propre père.
- « M. Dean » et « M. Drummond » ne font plus l'amour parce que M. Drummond s'est pris d'une véritable obsession pour les films d'une « superstar » du porno gay et qu'il passe son temps à se masturber en les regardant, à tel point qu'il ne supporte plus que M. Dean le touche. M. Drum-

mond est amateur du genre le plus sadomasochiste de pornographie homosexuelle, et il vivait dans la hantise que son compagnon découvre sa vidéothèque porno et soit horrifié. Or c'est exactement ce qu'il s'est passé ; s'est ensuivie une énorme crise conjugale, qui a poussé M. Drummond et M. Dean à entamer une psychothérapie de couple.

Ces quatre anecdotes n'illustrent qu'une infime partie des mille et une façons dont les relations sexuelles peuvent pâtir de certains changements, de certains traumatismes, parfois même de certains *fantasmes* dont l'impact se révèle dévastateur dans le cadre d'une situation conjugale.

Auprès de nos amis ou de notre famille, nous nous plaignons du coût de la vie, de nos collègues incompétents ou encore du gouvernement... Chez le psychothérapeute, nos préoccupations sont bien plus intimes, et je passe mes journées à écouter des adultes (mais aussi des adolescents tout juste pubères) confrontés à des problèmes si embarrassants à leurs yeux qu'ils ont du mal à mettre des mots dessus. Ils viennent parler de leurs troubles de l'érection, du dégoût que leur inspire la fellation, de leur besoin compulsif de faire l'amour au moins cinq fois par jour aux dépens de toute autre activité, de leur phobie de la pénétration vaginale, de l'horreur qu'ils ont de leur propre système pileux, ou que sais-je encore... Ces questions sexuelles font souvent naître une immense angoisse chez ces hommes et ces femmes tout à fait « normaux » par ailleurs.

Mes patients abordent les aspects *pratiques*, anatomiques, de la sexualité (j'entends par exemple des phrases du genre : « Je lui ai massé le clitoris toute la nuit sans jamais parvenir à la faire jouir », ou bien : « Il m'a éjaculé sur le visage, et je n'avais qu'une hâte, aller me laver »), mais les plus audacieux m'entretiennent aussi de leurs peurs et de leurs fantasmes sexuels les plus intimes, les plus secrets, de ces scénarios qui nous traversent l'esprit souvent de manière imprévisible et incontrôlable.

Les phobies sexuelles sont en général assez simples. Je n'oublierai jamais « Mlle Stein », une charmante jeune femme de vingt-huit ans qui ressemblait un peu à Nicole Kidman. N'importe qui, en la regardant, se serait imaginé qu'elle avait une vie sexuelle épanouie. Pourtant, en dépit des nombreuses avances dont elle était régulièrement l'objet, Mlle Stein m'annonça un jour qu'elle ne supportait pas qu'on la touche, que le moindre contact physique lui faisait horreur. Elle ne se souvenait pas avoir été victime d'abus sexuels durant sa petite enfance ; au contraire, si elle détestait même la plus innocente caresse, c'était selon elle à cause de sa mère, qui lui avait prodigué une attention excessive. Ainsi, parvenue à l'âge adulte, elle n'arrivait à se sentir en sécurité d'un point de vue psychologique qu'en évitant toute intimité physique.

Les fantasmes sexuels, en revanche, sont plus complexes : ils sont à la fois source de plaisir et de honte, d'excitation et de répulsion. Pratiquant depuis près d'un quart de siècle, je crois parfois avoir entendu tous les fantasmes possibles et imaginables – mais bien sûr, mes patients ne cessent de m'en faire découvrir de nouveaux. Leur diversité paraît inépuisable, pourtant ils révèlent souvent la même ambiguïté, entre jouissance et souffrance :

- Quand « Mme Elphinstone » se masturbe, elle pense à son frère aîné, ainsi qu'à son neveu, « Claude », âgé de dix-sept ans ; tous deux ont le torse très poilu, ce dont elle raffole. Elle ne supporte pas de penser à son mari, le glabre M. Elphinstone, dont elle compare la poitrine à celle d'un « poulet déplumé ». Mme Elphinstone, fervente catholique, est persuadée que ces pensées la conduiront droit en enfer, mais dès que ses doigts pénètrent son vagin quand elle se masturbe, l'image de son frère et de son neveu au buste couvert de poils envahit son esprit, ce qui lui fait ressentir à la fois du plaisir et de la douleur. « Je sais, dit-elle, que cela ne devrait pas me troubler à ce point – nous

sommes au XXIe siècle après tout – mais je me trouve vraiment ignoble et je me dis que je dois être perverse. Si encore je fantasmais sur un homme poilu qui serait, mettons, ouvrier en bâtiment – mais mon frère et mon neveu !? Vous croyez que je suis folle ? »

- Lorsque « M. Franciosi » pénètre sa femme, il pense à la jeune stagiaire de dix-neuf ans qui travaille dans son bureau. Un jour, l'apercevant penchée sur la photocopieuse, il entrevit sa petite culotte, ce qui provoqua chez lui une érection instantanée. « Classique, je sais, reconnaît M. Franciosi, mais j'avais une telle trique que j'ai dû m'éclipser aux toilettes pour me soulager illico. » Depuis, quand il fait l'amour à Mme Franciosi, il ne pense qu'à une seule chose : « baiser cette fille à fond, par derrière, sur la photocopieuse. » M. Franciosi, mari fidèle depuis dix-neuf ans, fond en larmes, m'expliquant qu'il n'a jamais trompé sa femme, *et qu'il ne le ferait jamais*, mais qu'il est complètement obsédé par cette stagiaire, au point qu'il n'arrive plus à se concentrer sur ses projections financières. Il culpabilise également parce qu'il est persuadé de « trahir mentalement » Mme Franciosi.

Les fantasmes évoqués dans mon cabinet sont assez différents de ceux que l'on confesse à nos amis, à nos partenaires sexuels, ou en public. Nous vivons à une époque de soi-disant libéralisme sexuel, et admettre la passion que nous inspire telle ou telle vedette du cinéma ou de la chanson ne nous coûte pas grand-chose. Tout le monde connaît, j'imagine, la série *Sex and the City* ; dans un épisode, l'une des héroïnes demande aux autres qui est leur plus grand fantasme ; réponse unanime de ses trois copines : « Russell Crowe. » De nos jours, on ne prend guère de risque en avouant un faible pour cet acteur australien, fort attirant en effet aux yeux de bien des femmes (et sans doute aussi de bien des hommes). J'appelle ce genre d'aveu le « fantasme de comptoir », celui dont on se vante entre amis dans un bar ou dans une soirée.

En consultation, les fantasmes sont beaucoup plus secrets et honteux – une de mes patientes, par exemple, fantasmait elle aussi sur Russell Crowe, mais en train de la violer brutalement. Pas tout à fait ce dont rêvaient les quatre jeunes femmes de *Sex and the City*...

Bien des fantasmes conduisent à l'extase ; bien d'autres suscitent la douleur et la détresse. Les quelques exemples que j'ai donnés jusqu'ici, toutefois, ne représentent qu'une infime partie de ce phénomène, car la grande majorité des patients n'ont jamais, jamais dévoilé leurs fantasmes à qui que ce soit. « Il est hors de question que je vous raconte mes pensées masturbatoires, m'a dit un jour une femme d'un certain âge : elles sont tout simplement abominables et vous perdriez tout respect pour moi. »

J'étudie ce sujet depuis plusieurs années maintenant, et j'ai recueilli à ce jour plus de 19 000 témoignages. Dans les chapitres qui suivent, je me propose d'explorer le terrain des fantasmes sexuels un peu à la manière d'un anthropologue qui aurait découvert une tribu lointaine et inconnue, et j'ai l'espoir que cette expédition nous permettra de mieux apprécier ce qui constitue la sexualité humaine « normale », ce qui ressortit à la pathologie, ou, le cas échéant, ce qui tombe sous le coup de la loi. Nous savons que les fantasmes engendrent parfois de la souffrance, parfois du plaisir, qu'ils peuvent être occasionnels ou systématiques ; mais ce que nous ne savons pas encore apprécier, c'est leur rôle exact. Les fantasmes sont-ils nuisibles ? Lorsqu'on parvient au plus puissant orgasme en songeant à Mlle Kidman ou M. Crowe, cela veut-il dire que notre couple est en danger ? C'est l'une des questions troublantes que soulève cette étude.

Je suis moi-même surpris d'avoir écrit un livre sur la psychologie secrète des fantasmes sexuels. Jamais je n'aurais cru m'intéresser pendant si longtemps à ce sujet, mais après bientôt vingt-cinq années de consultations, je devais me rendre à l'évidence : il demeurait au centre des préoccupations de mes patients, et j'ai consacré ces dernières années à

tenter de percer le mystère qui entoure ce monde obscur – cette zone de notre univers mental que nous cachons souvent à notre conjoint, à nos amants, à nos amis, à notre confesseur, y compris, parfois, à nous-mêmes.

PREMIÈRE PARTIE

L'ENQUÊTE

« Dès lors que nous sommes voués à vivre dans notre prison mentale, notre seul devoir est de bien la meubler. »

Peter USTINOV,
Photo Finish

1

Pourquoi nous faisons l'amour dans le noir

« Si dipinge col cervello et non con le mani. »
« On peint avec le cerveau, non pas avec les mains. »
Michelangelo BUONARROTI

Jasper et les boxeuses allemandes

« Jasper » mène une existence très enviable. A vingt-neuf ans, il travaille dans une banque d'affaires, touche un salaire annuel astronomique et habite un somptueux *penthouse* dans le quartier des Docklands à Londres, avec vue imprenable sur la Tamise. Diplômé de Cambridge, bel homme, grand, athlétique, ce *playboy* a tombé toute sa vie les plus jolies femmes. Après avoir goûté aux charmes d'une kyrielle de petites amies renversantes (dont plusieurs désiraient l'épouser), Jasper s'est finalement installé avec « Lucy », vingt-quatre ans, actrice et mannequin de son état. D'une beauté à couper le souffle, dotée d'une silhouette toute en courbes sensuelles, Lucy voue une véritable adoration à Jasper, non seulement à cause de ses atouts physiques et de son irrésistible personnalité, mais aussi parce qu'il est le premier homme de sa vie à lui procurer un orgasme *chaque fois* qu'ils font l'amour. Lucy couvre Jasper d'éloges et réagit avec effusion à ses prouesses

sexuelles, pour le plus grand plaisir de notre jeune Londonien, et chaque matin, en sortant de chez Lucy pour se rendre à son bureau de la *City*, il songe avec satisfaction à sa chance et aux nombreux privilèges dont il jouit.

Il passe la plupart de ses soirées avec Lucy : dîners romantiques dans quelque restaurant chic de Kensington, ou sorties en boîte avec leurs nombreux amis ; toutefois, avant de plonger avec Lucy dans une nuit de plaisirs, Jasper se livre tous les jours à un rituel strict et intangible. Vers 18 heures, il range son bureau avec un soin maniaque, salue sa secrétaire, puis se rend à son club de gym, poussant le tapis de course à des vitesses vertigineuses pendant quarante-cinq minutes. Après une bonne douche, il rentre chez lui et se prépare : il a rendez-vous avec Lucy à 20 h 30. Fin prêt pour la soirée, Jasper a cependant une dernière chose à faire avant de prendre d'assaut la nuit londonienne au bras de son époustouflante compagne. Il doit se livrer cette fois à un rituel *secret*, qui pour le coup échappe quelque peu à son contrôle.

Rentré de la gym et douché de frais, il s'enferme à double tour, s'assure que les stores métalliques sont baissés sur les fenêtres panoramiques du *penthouse*, puis se sert un grand verre de scotch (Glenlivet pur malt), qu'il commence à siroter tout en tamisant les lumières d'une simple pression sur le bouton d'une télécommande. Le répondeur est enclenché, réglé sur le volume minimum, son portable est éteint : l'atmosphère est soigneusement plantée, jusque dans les moindres détails. Jasper se rend alors dans sa cuisine, ouvre le placard en faux marbre où sont rangées de grandes jarres à sucre, farine et autres ingrédients culinaires. De celle étiquetée « CAFÉ », Jasper extirpe un sac plastique dans lequel il a caché trois DVD, récemment acquis lors d'un voyage d'affaires à Berlin. Le précieux trésor en main, il retourne au salon et s'approche de son luxueux ensemble *home-cinéma*, cadeau d'un de ses richissimes clients japonais.

Echauffé par le whisky, certain que les portes sont bien fermées et les stores baissés, Jasper insère l'un des disques

dans la machine, déboutonne le pantalon de son costume en soie, qu'il laisse tomber autour de ses chevilles, bientôt suivi par son caleçon. Le DVD se met à ronronner, Jasper s'enfonce dans son fauteuil Chesterfield et commence à se masturber. Un titre apparaît sur l'écran : *Boxen Frauen* (« Les Boxeuses »). Le corps débarrassé de ses toxines après sa séance de gym, et titillé à présent par l'alcool, Jasper sent le stress et la tension accumulés pendant sa trépidante journée de travail s'évacuer par tous ses pores tandis qu'il regarde l'écran avec une intense concentration. Après le générique, rythmé par une musique langoureuse et synthétisée, deux jeunes femmes aux formes généreuses et aux cheveux longs apparaissent à l'image, l'une blonde, l'autre brune, environ vingt-cinq ans toutes les deux, en tenue de boxe, de gros gants de cuir craquelé enfoncés sur les mains. A travers le tissu léger, soyeux et scintillant de leurs débardeurs, Jasper distingue le renflement de leurs tétons. L'arbitre (un homme) donne un coup de sifflet et ces demoiselles commencent à se danser autour, à la Mohammed Ali, se balançant quelques crochets bien sentis au visage (la tête protégée par un casque).

La seule vue des gants de boxe provoque l'excitation immédiate de Jasper ; la main serrée autour de son pénis, dont l'érection est de plus en plus prononcée, il chasse de son esprit cette pensée troublante : « Je ne bande jamais aussi fort et vite avec Lucy. » Bientôt absorbé par le film, Jasper s'imagine au premier rang des spectateurs, tout au bord du ring, observant les perles de transpiration qui constellent le front des deux *Fraülein*, qu'il a respectivement baptisées Helga et Ulla, en hommage à deux beautés dont il avait fait la connaissance dans un bar d'hôtel lors de son dernier voyage d'affaires en Allemagne. Le film se poursuit, les gestes masturbatoires de Jasper atteignent leur point d'incandescence maximal – au bout de dix minutes, il jouit. Commentaires de Jasper : « C'est la plus puissante branlette de ma vie. L'explosion est tellement intense que vingt minutes plus tard je ressens encore des vibrations au bout de mon pénis. »

Après deux dernières gorgées de Glenlivet et une nouvelle douche tonifiante (sa troisième de la journée), Jasper enfile une tenue décontractée et retrouve Lucy en ville pour dîner. Il arrose son repas d'un cru millésimé – à son grand regret, Lucy, elle, ne boit pas – et après avoir mangé, ils rentrent chez elle faire l'amour. Lucy est très vite excitée, et Jasper arrive à lui procurer un orgasme au bout de cinq minutes, rien qu'en lui massant les parties génitales avec un lubrifiant qu'elle garde à portée de main dans sa table de chevet. Bien qu'il trouve un immense plaisir à regarder le visage hautement photogénique de sa petite amie, Jasper insiste toujours pour qu'ils éteignent la lumière dans la chambre, ce qui l'aide à se concentrer sur Helga et Ulla, les deux boxeuses berlinoises. En convoquant l'image mentale de ses deux jeunes amies, Jasper a aussitôt une érection, et il s'empresse de mettre un préservatif pour pénétrer Lucy. Quand celle-ci crie le nom de son amant, ou lui murmure qu'elle l'aime, il lui demande gentiment de se taire, car ces vocalises interfèrent avec la bande-son de ses pensées intimes. Toutes lumières éteintes, et Lucy réduite au silence, Jasper peut se projeter son petit film privé.

Recréant mentalement les scènes du DVD, Jasper s'imagine non pas dans les draps doux et soyeux de Lucy, mais plutôt au milieu d'un bruyant ring de boxe teuton. Jasper s'est beaucoup entraîné et a appris à synchroniser ses coups de rein avec les coups de poing de Helga et Ulla – et voilà qu'il connaît son deuxième orgasme de la journée. Pourtant, il est mortifié, car, il s'en rend bien compte, il n'a pas tiré autant de plaisir de cet orgasme *coïtal* dans le lit de Lucy que de l'orgasme *masturbatoire* atteint quelques heures plus tôt, seul devant son téléviseur. Sous le coup de ces deux orgasmes, du whisky et du vin, Jasper tombe dans un profond sommeil, bercé par la tendre étreinte de Lucy. Il dort pendant plusieurs heures, mais il lui arrive souvent de se réveiller en pleine nuit, trempé de sueur, dans un grand cri. Lucy le réconforte en lui caressant les cheveux, et quelques minutes

plus tard, il se rendort, jusqu'à la sonnerie du réveil, à 6 h 15 le lendemain.

Au volant de sa voiture de sport vert émeraude, slalomant dans les embouteillages du matin, en route pour une nouvelle journée de travail, Jasper réfléchit à sa vie. Dans l'ensemble, tout va pour le mieux : une santé de fer, un appartement et une merveilleuse petite amie, un travail prestigieux, des amis et de l'argent à la pelle. Il sait que ses anciens camarades d'université envient sa bonne fortune. Et pourtant, Jasper ressent une profonde douleur au creux de l'estomac – pas réellement physique, plutôt une sensation de malaise et d'inconfort, parfois jusqu'à la nausée –, celle-là même qui, la nuit, le réveille en sursaut et en sueur. Car Jasper, en dépit de son apparente et incontestable réussite matérielle, souffre en son for intérieur d'un sentiment aigu de honte et de culpabilité à cause de son fantasme.

Avant d'aller travailler, Jasper s'arrête dans un café branché, près de son bureau, où il commande un capuccino frappé à emporter, qu'il boit dans sa voiture. La radio Magic FM poussée à plein volume, Jasper sent le malaise au creux de son ventre s'intensifier tandis qu'il se pose des questions troublantes sur son fantasme érotico-pugiliste. « Si je prends mon pied en regardant deux femmes en train de se taper dessus, cela veut-il dire que je suis un pervers ? » se demande-t-il. Le Jasper de la vie de tous les jours a horreur de la violence sous toutes ses formes. Il n'a jamais frappé ses petites amies – et ne ferait jamais une chose pareille. Même dans son enfance, jamais il ne s'est retrouvé mêlé à la moindre bagarre. Mais *dans ses fantasmes*, il éprouve une profonde satisfaction en songeant aux vigoureux et douloureux uppercuts que s'assènent Helga et Ulla. Et même, plus elles tapent, plus l'érection de Jasper est puissante.

Le trouble de Jasper monte encore d'un cran lorsqu'il se rappelle les quelques fois où il a essayé de pénétrer Lucy *sans* penser à ses deux torrides boxeuses : dès qu'il congédie son fantasme, il perd tous ses moyens. Cette pensée le terrifie, et

il se demande souvent s'il est, au mieux, légèrement *pervers* ou, au pire, gravement *malade*.

Alors qu'il passe devant la cathédrale St. Paul, une nouvelle pensée traverse son esprit déjà très agité : « Puisque je n'arrive à prendre mon pied qu'en songeant à cette scène de boxe, cela veut-il dire que je n'aime pas *vraiment* Lucy ? Suis-je cruel envers elle en pensant à d'autres femmes ? Dois-je vraiment l'épouser ? Allons-nous tout droit au désastre ? » Lucy le quitterait-elle si elle découvrait ce qu'il cache dans sa jarre de « café » – et dans sa tête ?

Dieu merci, ce harcèlement intérieur cesse pendant la journée, car Jasper est pris tout entier par son travail. Certes, de temps à autre il se surprend à regarder du coin de l'œil telle ou telle collègue en minijupe (il essaie alors d'imaginer de quoi elle aurait l'air en short au centre d'un ring de boxe), mais la ronde incessante des coups de téléphone, des e-mails et des fax l'aide à bannir de ses pensées ces pesantes questions sexuelles. A 18 heures, cependant, l'immuable rituel recommence : Jasper fonce au club de gym, puis rentre chez lui se masturber en douce devant le DVD allemand. Saisi par la honte et la haine de soi, Jasper attrape la télécommande et éteint le lecteur – *cette fois*, se dit-il, il va penser à Lucy, et à personne d'autre. Mais il a beau trouver sa petite amie très attirante, aimer le contact et l'odeur de sa peau, impossible d'obtenir une érection suffisante, malgré ses efforts frénétiques. Il finit par céder et, soulagé, remet en marche le DVD : pris d'une délicieuse et incontrôlable excitation, tel un héroïnomane qui vient de s'injecter sa dose après un long sevrage, Jasper se régale des coups de poing de Helga et Ulla, qui l'amènent à l'orgasme.

Plus tard, le même soir, après avoir dîné avec quelques amis, Jasper et Lucy font de nouveau l'amour. Jasper se rend compte à présent que son besoin de penser aux images des deux boxeuses allemandes a atteint les proportions d'une maladie obsessionnelle – il ne peut tout simplement pas pénétrer Lucy sans songer à ses « autres femmes ».

Des semaines passent, des mois : Jasper et Lucy s'aiment

de plus en plus, et Lucy a suggéré que Jasper vende son appartement et qu'ils s'installent ensemble. Cette idée le terrifie. Il aime se dire qu'un jour, ils se marieront et auront des enfants, mais l'angoisse s'empare aussitôt de lui : s'ils vivent ensemble, comment pourra-t-il satisfaire ses penchants masturbatoires secrets ? Et, s'ils partagent un appartement ou une maison, où rangera-t-il sa collection pornographique ?

Un jour, Lucy a téléphoné à Jasper au beau milieu de son petit rituel ; or il avait oublié de baisser le volume du répondeur. A son grand désarroi, la voix de Lucy a donc fait irruption dans le salon : « Jasper, mon chaton, tu es chez toi ? Je n'arrive pas à te joindre sur ton portable. Je me demandais si on pouvait se retrouver une heure plus tôt que d'habitude, j'ai une séance photos super importante demain et je voudrais me coucher tôt. » Jasper aurait très bien pu sauter dans sa voiture et accéder à la requête de sa charmante fiancée, mais il est resté vissé sur le canapé et a continué à se masturber. Incapable de satisfaire à la demande pourtant guère contraignante de Lucy, il s'est senti plus coupable que jamais : il était là, à se donner du plaisir en compagnie de deux boxeuses allemandes anonymes et pixélisées, au lieu de s'occuper de la femme qui lui est dévouée corps et âme. Une fois de plus, Jasper s'est demandé s'il ne souffrait pas d'une addiction pathologique gravissime.

Jasper s'inquiète et s'interroge donc de plus en plus au sujet des fantasmes dont il tire un plaisir si intense. La plupart de ses amis adorent faire état de leurs exploits sexuels « normaux » et raconter comment ils pénètrent leurs petites amies, en toute simplicité. Jasper est persuadé qu'aucun d'entre eux ne possède de collection pornographique secrète et un peu « décalée ». Un jour, il a demandé à son meilleur ami, Dominick, s'il avait jamais recours à la pornographie, et celui-ci lui a répondu : « Seulement quand je suis désespéré, mon vieux. » Jasper a souri d'un air complice, comme pour dire : « Ouais, bien sûr, moi aussi », mais en réalité, il était mortifié, et se sentait très anormal.

Jasper se pose une autre question : pourquoi, mais pourquoi trouve-t-il la boxe si érotique ? Après tout, « ce n'est pas comme si ma mère faisait de la boxe ou un truc dans le genre ». Il aimerait beaucoup parler de tout cela à quelqu'un, mais il sait que Lucy serait scandalisée si elle découvrait son petit secret pornographique ; quant à ses amis, il se doute qu'ils ne sauront pas l'écouter sans se moquer de lui. En désespoir de cause, et convaincu d'être bel et bien atteint d'une grave perversion, Jasper a donc fait appel à un psychothérapeute – moi.

En tant que professionnel et praticien des questions psychologiques, je suis très peiné de savoir que le monde intérieur de Jasper, caractérisé par un fantasme sexuel pour le moins singulier, lui cause tant de souffrance et de honte. Tout au long de ma carrière, j'ai rencontré beaucoup de Jasper, et chacun d'eux était persuadé être le seul « pervers » habité par ce genre de fantasme étrange, sinistre et particulier. Je ne sous-entends pas qu'il faille juger « anormal » le fantasme de Jasper – mais je ne prétends pas non plus qu'il soit « sain ». Les spécialistes des questions sociales et psychologiques n'ayant pas étudié le sujet de manière aussi approfondie qu'on pourrait l'imaginer, il est encore trop tôt, aujourd'hui, pour se prononcer sur le caractère « sain » ou « pathologique » de nos fantasmes sexuels.

Quelques questions pénétrantes

Le cas Jasper soulève un certain nombre de questions cruciales :

- Qu'est-ce qu'un fantasme sexuel ?
- Qu'est-ce qu'un fantasme sexuel « normal » ?
- Pourquoi avons-nous des fantasmes ?
- Quelle(s) fonction(s) nos fantasmes remplissent-ils ?

- Est-ce que tout le monde a des fantasmes ?
- Doit-on s'inquiéter si l'on n'a *aucun* fantasme ?
- Doit-on parler de ses fantasmes à son partenaire ?
- Doit-on parler de ses fantasmes à ses amis ?
- Est-il raisonnable de réaliser ses fantasmes avec ses amants ?
- Nos fantasmes peuvent-ils être nuisibles, voire dangereux ?
- Si l'on fantasme sur des pratiques sexuelles « ordinaires », cela veut-il dire qu'on est ennuyeux ?
- Si l'on a des fantasmes très particuliers, cela veut-il dire qu'on est mentalement déséquilibré ?
- Si l'on fantasme sur son partenaire pendant l'acte sexuel ou en se masturbant, cela veut-il dire que l'on a une relation de couple saine ?
- Si l'on fantasme sur quelqu'un d'autre, cela veut-il dire que le couple est en danger ?
- Si l'on fantasme sur une pratique « illégale », cela veut-il dire que l'on est susceptible de passer à l'acte ?
- Nos fantasmes ne sont-ils qu'une petite distraction intime, ou ont-ils des implications existentielles plus profondes ?
- Comment expliquer la diversité des fantasmes chez les êtres humains – en d'autres termes, pourquoi certaines personnes aiment-elles se faire embrasser et caresser tandis que d'autres préfèrent qu'on leur inflige des souffrances physiques parfois insoutenables ?
- Peut-on changer ses fantasmes ?
- Mentons-nous souvent à propos de nos fantasmes ?
- Nos fantasmes sont-ils différents de nos rêves ?
- Fantasme-t-on de la même manière quand on fait l'amour et quand on se masturbe ?
- Avons-nous le contrôle de nos fantasmes, ou est-ce plutôt nos fantasmes qui nous contrôlent ?

Nos fantasmes – nos pensées secrètes et intimes – peuvent nous procurer un immense plaisir, mais ils peuvent aussi

nous ronger l'esprit, nous remplir d'angoisse, de honte, de culpabilité, de dégoût ou de perplexité. Beaucoup prétendent en jouir sans restriction, mais des années de pratique thérapeutique m'ont appris qu'une grande majorité d'individus entretiennent des rapports difficiles avec leurs propres fantasmes, quand bien même ils en retirent de la jouissance. C'est ce que j'appelle le « *paradoxe masturbatoire* » – la coexistence fréquente du plaisir physique et d'un malaise psychique.

Je crois que nous sommes nombreux, comme Jasper, à préférer faire l'amour dans le noir parce que l'obscurité nous permet de cacher nos imperfections physiques, mais aussi parce qu'elle aide le monde de nos fantasmes à se déployer. Après tout, quand nous allons au cinéma ou au théâtre, nous estimons tout naturel que les lumières soient éteintes, afin que nous puissions concentrer notre attention sur la scène ou l'écran. Il en va de même dans la chambre à coucher : nous éteignons la lumière pour faire l'amour de sorte que le « film secret » de notre cinéma mental puisse se dérouler en toute liberté.

Nous devenons ainsi les projectionnistes de notre propre salle obscure – et certains vont même jusqu'à s'improviser ingénieurs du son, contrôlant le volume des soupirs et gémissements de leur partenaire. Le mari d'une des participantes à mon enquête exigeait, se plaignait-elle, qu'elle reste parfaitement immobile et silencieuse pendant l'acte sexuel, condition impérative pour qu'il atteigne une forte érection et puisse la pénétrer ; au moindre son sortant de la bouche de son épouse – même un petit cri étouffé juste avant l'orgasme –, monsieur perdait toute contenance... Cette femme aimait beaucoup faire l'amour, mais le silence que lui imposait son mari la frustrait. Je n'ai pas eu l'occasion d'interviewer cet homme, et ne puis donc dire avec certitude pourquoi il tenait tant à ce que sa femme ne pipe pas mot, mais je soupçonne qu'il ne pouvait obtenir une érection qu'en se plongeant dans un fantasme intime (où madame ne figurait peut-être pas),

que le moindre son aurait perturbé et fait partir en débandade...

Un autre de mes patients aimait enfoncer dans la bouche de sa petite amie une paire de bas roulés en boule, puis lui sceller les lèvres avec du ruban adhésif, pratique qu'on pourrait qualifier de sadomasochiste mais à laquelle la petite amie en question se livrait de bonne grâce. Mon patient m'expliqua que sa compagne devait « fermer sa gueule » pour le laisser écouter la « bande-son » qui se déroulait dans sa tête – cruelle, remplie de voix éructant le nom des mille et un outrages qu'il avait envie d'infliger à sa partenaire (raison pour laquelle, entre autres, il estimait devoir suivre une psychothérapie).

Un autre encore, homme plutôt doux et attentionné, punissait néanmoins son épouse si elle parlait pendant leurs ébats. Ce monsieur n'était qu'amour et dévotion pour sa femme, mais au bout de vingt ans de mariage, me dit-il, la vue de ses seins affaissés et de ses fesses flasques le rebutait, et il préférait penser à sa secrétaire. En fantasmant sur cette jeune femme, il atteignait une érection satisfaisante, grâce à laquelle il la faisait ensuite jouir. Mais aux moindres vocalises de cette dernière, le fantasme s'effondrait – elle devait donc impérativement garder le silence.

Je ne suis pas du tout en train de dire que, chaque fois que nous faisons l'amour dans le noir et en silence, c'est pour mieux nous délecter de quelque fantasme sexuel subversif – mais enfin il semble que ce soit souvent le cas...

Ces trois anecdotes soulèvent une question aussi douloureuse qu'inévitable : à qui songeons-nous lorsque nous faisons l'amour ? Nous savons qui partage nos draps – mais connaît-on jamais les pensées qui occupent l'esprit de nos partenaires sexuels ?

Dans les chapitres qui suivent, j'entends explorer plus en détail ces épineux problèmes, et j'espère apporter quelques réponses à ces questions fort complexes. Bienvenue dans le monde intriguant et souvent tabou des fantasmes sexuels.

2

La science des empreintes psychologiques

> « Telle est l'essence de la science : posez une question impertinente, et vous êtes déjà sur la voie d'une réponse pertinente. »
>
> Jacob BRONOWSKI, *The Ascent of Man*

La cheville foulée de David Beckham et autres fantasmagories secrètes

Imaginez : depuis votre plus tendre enfance, vous êtes passionné de football, et votre plus grand rêve serait de devenir le nouveau Zinedine Zidane, le nouveau David Beckham. Vous vous entraînez encore et encore, à vous en faire saigner les orteils, les murs de votre chambre sont recouverts de posters de foot, et vous n'attendez qu'une chose : que votre père vous emmène au stade voir jouer l'équipe d'Angleterre. Le jour enfin venu, dans la voiture, vous vous laissez aller à une petite rêverie, imaginant les paroles de l'annonceur dans les haut-parleurs du stade : « Mesdames, mesdemoiselles, messieurs, nous sommes au regret de vous annoncer que M. Beckham s'est tordu la cheville. Mais n'ayez crainte, il sera remplacé par le petit

Jamie Greene, dix ans, de Huddersfield, la plus jeune star du football britannique. » La foule est en délire, et dans votre fantasme vous êtes le héros du match, marquant une pluie de buts et exultant sur les épaules de vos coéquipiers qui vous portent en triomphe devant la tribune officielle. En vous couchant ce soir-là, vous revivez ce fantasme et glissez dans un paisible sommeil. Qu'on se soit imaginé footballeur, star de cinéma, chef d'orchestre, idole du rock ou amant légendaire – qui n'a jamais eu ce genre de fantasme dans son enfance, et même à l'âge adulte ?

Comment définir exactement ce qu'est un fantasme ? Et quelle est la différence entre un fantasme *ordinaire* et un fantasme *sexuel* ?

Les psychanalystes et les psychologues spécialistes du développement pensent depuis longtemps que nous sommes capables de générer des pensées intimes au moins dès notre naissance, et peut-être même plus tôt, à partir des trois derniers mois de la grossesse. Quand on étudie de près le comportement d'un nouveau-né, on s'aperçoit qu'il a une vie intérieure riche de fantasmes. Par exemple, si un bébé se met à crier et que sa mère le pose d'un geste tendre sur son sein pour le calmer et lui donner le lait qu'il réclame, ne peut-on en déduire que le bébé *fantasmait* sur le lait, ou sur une forme de nourriture quelconque susceptible d'apaiser comme par magie la douleur au creux de son estomac ? Les psychothérapeutes d'obédience freudienne (dont je suis) pensent que même à cet âge très précoce, notre esprit est animé d'un grand nombre de pensées et de désirs que, pour la plupart, nous ne partageons pas avec autrui ni ne comprenons tout à fait nous-mêmes.

A mesure que nous grandissons, nos fantasmes tournent de moins en moins autour du sein et du lait maternel qui nous maintiennent en vie, mais commencent à prendre la forme d'objets aimés transfigurés en symboles. Par exemple, un petit garçon, rêvant de recevoir tel ou tel jouet pour son anniversaire ou pour Noël, espère de tout cœur que sa mère

ou son père percevront ce profond désir ou fantasme et agiront en conséquence. Ensuite, nous ne désirons plus seulement des objets concrets, extérieurs, comme un ours en peluche ou une poupée Barbie, mais aussi une nouvelle identité. Les petits garçons auront par exemple envie de devenir Harry Potter, de s'envoler à califourchon sur un balai et de posséder des pouvoirs magiques, et les petites filles, sautant dans tous les sens et serrant dans leurs mains une brosse à cheveux en guise de micro, s'imagineront en reines de la *pop*, telle Britney Spears.

Puis nos fantasmes évoluent encore, de manière toujours plus complexe. Un garçon de dix-sept ans, stressé par ses examens scolaires, a le fantasme d'obtenir d'assez bonnes notes pour être admis dans une prestigieuse université ; sa sœur, âgée de dix-huit ans et qui vient de passer l'été à faire un stage de tennis, a le fantasme de devenir la future Martina Navratilova ou Anna Kournikova. La veille de notre mariage, nous pouvons nourrir le fantasme que notre amour durera toujours et que nous aurons deux beaux enfants, un garçon et une fille. Ou encore que nous deviendrons président de notre société, ou multimillionnaire, ou célèbre. Quelle qu'en soit la teneur, tout être humain passe une bonne partie de son existence à fantasmer.

Selon moi, cette disposition est complètement normale. Je serais même très inquiet si je rencontrais un patient incapable de fantasmer, car cela pourrait être le signe d'une déficience de l'activité mentale et de graves troubles psychologiques. L'une des descriptions les plus frappantes de ce qu'est un fantasme se trouve dans *Madame Bovary*. La jeune héroïne de Flaubert, Emma Bovary, née Rouault, passe son enfance dans une petite ferme de province, près du village de Caux, endroit désolé et accablant d'ennui dont elle rêve de s'échapper. La jeune écolière raffole des histoires que lui conte une vieille bonne de son couvent, ainsi que des « longs chapitres » qu'elle dévore en cachette :

« Ce n'étaient qu'amours, amants, amantes, dames persé-

cutées s'évanouissant dans des pavillons solitaires, postillons qu'on tue à tous les relais, chevaux qu'on crève à toutes les pages, forêts sombres, troubles du cœur, serments, sanglots, larmes et baisers, nacelles au clair de lune, rossignols dans les bosquets, *messieurs* braves comme des lions, doux comme des agneaux, vertueux comme on ne l'est pas, toujours bien mis, et qui pleurent comme des urnes. Pendant six mois, à quinze ans, Emma se graissa donc les mains à cette poussière des vieux cabinets de lecture. Avec Walter Scott, plus tard, elle s'éprit de choses historiques, rêva bahuts, salle des gardes et ménestrels. Elle aurait voulu vivre dans quelque vieux manoir, comme ces châtelaines au long corsage, qui, sous le trèfle des ogives, passaient leurs jours, le coude sur la pierre et le menton dans la main, à regarder venir du fond de la campagne un cavalier à plume blanche qui galope sur un cheval noir. »

N'ayant pour la divertir aucun de nos accessoires modernes – CD, DVD, iPod, palm-pilot, email, fax, Internet haut débit et autres lecteurs MP3 –, on comprend qu'Emma Bovary se perdît en songes dans les légendes historiques, s'imaginant dans la peau d'un personnage d'*Ivanhoé* et s'abandonnant aux délicieux frissons de ce que Flaubert appelle sa « fantasmagorie ». Bien sûr, les distractions technologiques n'empêchent pas de fantasmer, et bien souvent, comme nous l'a montré Jasper au chapitre précédent, un simple DVD peut enflammer l'imagination... Mais dans le cas d'Emma, c'est sans doute la grisaille de son existence (y compris de sa vie intérieure) qui a développé ce penchant à la rêverie.

Ainsi le fantasme peut-il fournir un plaisir conscient et une échappatoire face aux contraintes et à l'étroitesse de la réalité ordinaire. Comme le petit Jamie Greene de Huddersfield qui rêve de devenir David Beckham, ou comme Emma qui se projette en héroïne de quelque roman d'aventures chevaleresques, nous fantasmons tous. Nous appelons parfois nos fantasmes des « rêves éveillés », et les travaux de recherche de certains grands psychologues (comme le professeur Je-

rome Singer de l'université Yale) nous ont appris que l'être humain passe un temps considérable à « rêver debout ». C'est un des aspects les plus normaux de la vie psychologique. Selon le professeur Singer, les rêves éveillés prennent souvent l'une des tournures suivantes :

- Je gagne plus d'argent l'année prochaine.
- Je possède mon propre yacht et je fais une grande croisière.
- Je m'aperçois soudain que je peux voler, et je plane au-dessus des passants éberlués.
- Je m'imagine dans les bras d'une personne tendre et attentionnée qui satisfait tous mes besoins.
- Je me représente l'endroit où je vis frappé par une bombe atomique.

Les travaux fondateurs de Singer sur cette question, fruit d'une longue enquête auprès d'un panel de témoins américains, révélaient que nous faisons tous ce genre de rêves éveillés, mais avec des différences notables – ils étaient plus fréquents, par exemple, chez les habitants des grandes villes que dans les banlieues résidentielles. Il existe aussi des différences d'ordre culturel ; l'une des premières études de Singer démontrait une plus grande fréquence de rêves éveillés dans les communautés noire-américaine et juive que chez les individus d'origine anglo-saxonne. On peut se demander si des personnes issues de minorités longtemps opprimées rêvent d'obtenir plus de liberté et d'égalité, tandis que les groupes de la majorité « intégrée » auraient plutôt tendance à être satisfaits de leur condition sociale. Il ne s'agit là toutefois que de différences mineures ; en tout état de cause, ce que la recherche nous enseigne à ce sujet, c'est que nous connaissons tous ce genre de rêveries, et qu'elles sont d'une variété infinie.

Outre nos rêves *conscients*, notre esprit recèle une autre forme de fantasmes, *inconscients* ceux-là. Mais comment est-il

possible de fantasmer sans en avoir conscience ? Ce concept est né des travaux de Freud, qui au cours de ses nombreuses années de pratique clinique, auprès d'individus sains d'esprit mais aussi de grands névrosés et psychotiques, observa qu'une bonne partie de notre vie mentale demeure enfouie dans la zone inconsciente de notre cerveau. D'où son hypothèse : quand bien même nous n'avons pas conscience des profondeurs cachées de notre activité mentale, l'inconscient exerce une influence décisive, un peu à la manière d'un iceberg, dont seule la pointe est visible à la surface de l'eau mais dont la masse, quoique dissimulée dans les abîmes de l'océan, peut agir avec une force dévastatrice, comme les passagers du *Titanic* en firent la cruelle expérience en 1912...

L'un de mes patients, un *gentleman* de soixante et un ans que nous appellerons « M. Hildebrand », souffre d'un fantasme d'autodestruction, dont il n'a hélas pas du tout conscience. Il se désole de ses trois divorces successifs, des grosses pertes d'argent qu'il a essuyées par deux fois suite à des investissements malheureux, ainsi que de l'éloignement de la plupart de ses amis et de ses cinq enfants, qui ne lui parlent plus. Il exprime une envie de stabilité, de solidité et de créativité dans son existence ; mais, à son propre insu, il a tout mis en œuvre pour saboter et détruire sa vie. Durant les premiers temps de sa psychothérapie, M. Hildebrand avait tendance à se considérer comme un « pauvre type malchanceux », victime des coups bas de ses « sournoises ex-femmes », de son « connard » de patron et de ses « rejetons ingrats ». Il lui était impossible d'admettre qu'il était peut-être lui-même à l'origine de ce déplorable scénario. Fort heureusement, au terme de nombreuses années d'efforts thérapeutiques acharnés, de ma part comme de la sienne, M. Hildebrand a réussi à adopter une attitude plus productive et moins agressive, dans sa vie privée comme au travail. Mais son lourd passé d'automutilations sadomasochistes inconscientes a laissé des cicatrices, le rendant bien plus fragile que la plupart de ses semblables.

M. Hildebrand a grandi dans un foyer très austère ; sa mère, monstre d'exigence, ne manquait jamais une occasion de le rabaisser et de le traiter de bon à rien. Lorsqu'il remplissait son cahier de coloriage et débordait des pointillés, elle l'insultait, et elle se mettait à hurler dès que la moindre trace de feutre venait souiller la table en bois verni du salon. S'il n'obtenait pas 20 sur 20 à une dictée, elle s'égosillait de plus belle, projetant sur son petit garçon ses propres sentiments de frustration et d'échec. Une *idée* finit par germer dans l'esprit du jeune M. Hildebrand – ce que les psychanalystes appelleraient un fantasme *inconscient* : « Je suis un déchet, un incapable, et je n'arriverai à rien dans la vie. » Pensée destructrice et terrifiante, qu'il s'empressa donc de refouler ; pensée inconsciente, donc, mais qui n'en exercerait pas moins une influence déterminante sur le développement de sa personnalité.

Résumons : nos fantasmes ou rêves éveillés peuvent être conscients ou inconscients ; facteurs de plaisir, comme ceux du petit Jamie Greene s'imaginant en David Beckham ; d'évasion, comme ceux d'Emma Rouault ; ou de destruction, comme ceux que M. Hildebrand, à son grand désarroi, s'est découverts sur mon divan.

Dans cette grossière cartographie de l'esprit humain, où donc se situent nos fantasmes *sexuels* ? Et, d'abord, qu'entendons-nous exactement par ce terme ?

Dans le cadre de la présente enquête, je décrirais pour ma part le fantasme sexuel, en premier lieu, comme une pensée consciente (ou un ensemble de pensées) contenant la représentation d'une ou plusieurs actions, scènes ou images sexuelles, souvent accompagnées d'un langage relevant du même registre, le tout procurant dans la plupart des cas des sensations allant de la satisfaction mentale à l'excitation physique des parties génitales. Souvent, cette stimulation physiologique enclenche une série de changements physiques : gonflement des tétons (chez les hommes comme chez les femmes), émission partielle ou complète de fluides au

niveau du vagin ou du pénis, etc. Au cours de mon expérience thérapeutique, j'ai rencontré de nombreux cas où le fantasme sexuel procurait à la fois excitation et répulsion chez le patient – c'est ce que j'ai appelé plus haut le *paradoxe masturbatoire*, dans la mesure où la plupart de ces réactions ambivalentes et conflictuelles face aux fantasmes sexuels se manifestent pendant l'exercice solitaire de la masturbation.

Un fantasme sexuel peut se présenter sous la forme d'une pensée très brève, éphémère – pas plus de quelques secondes. Nous nous promenons par exemple sur une grande avenue, nous croisons un(e) inconnu(e) fort attirant(e), et nous songeons : « Tiens, je me demande à quoi elle ressemble, toute nue », ou « Je me demande s'il est bon au lit », ou « Je lui fourrerais volontiers ma langue au fond de la gorge »... Mais un fantasme sexuel peut aussi durer plus longtemps – il peut se développer en un récit complet, dense et élaboré, s'étendre sur cinq, dix, trente minutes, voire plus, et rythmer une séance de masturbation, souvent jusqu'à l'orgasme. De même, un fantasme sexuel peut survenir dans notre esprit pendant les préliminaires ou le coït avec une autre personne. Parfois, tel fantasme ne nous visitera qu'une seule fois, dans telle circonstance bien particulière, mais pour la plupart des hommes et des femmes adultes, c'est un seul et même fantasme (ou ensemble de fantasmes) qui revient de manière lancinante.

Cela peut nous arriver à n'importe quel moment, de jour comme de nuit, n'importe où, qu'on soit sobre, éméché après un verre de vin ou complètement « défoncé » à l'herbe ou à la cocaïne... Et, n'en déplaise à une vieille idée reçue, les femmes fantasment tout autant que les hommes.

Nos fantasmes peuvent être tout ce qu'il y a de plus simple, direct et innocent – si le CSA les passait en revue, il ne verrait aucun inconvénient à ce qu'ils soient diffusés en première partie de soirée... On peut fantasmer, par exemple, de serrer dans ses bras son vieux mari, sa vieille épouse, d'échanger un tendre et langoureux baiser. Dans le même

registre, un cran plus haut dans l'érotisme, on peut avoir envie de caresser les parties génitales de son partenaire, ou tout simplement de faire l'amour. A l'opposé, certaines personnes ont des fantasmes infiniment plus compliqués, faisant intervenir un casting pharaonique, sur un scénario très complexe que d'aucuns pourraient juger « dégoûtant » ou « pervers ». Prenons par exemple l'un des participants à mon enquête : dans le fantasme sexuel préféré de ce sympathique monsieur, Sa Majesté la Reine d'Angleterre et Margaret Thatcher, l'ancienne Dame de fer en personne, se livraient avec lui à toutes sortes de galipettes, et, après les avoir attachées l'une à l'autre avec une grosse corde, il leur faisait l'amour à tour de rôle.

A chacun ses fantasmes. Certains lecteurs auront trouvé très excitante la scène d'ébats au sommet qu'on vient d'évoquer, d'autres auront été choqués, d'autres encore se seront contentés de ricaner devant ce fantasme qui leur paraît absurde. « *De gustibus non est disputandum* », disait-on dans la Rome antique : « Des goûts et des couleurs, on ne dispute pas. » Notre enquête au cœur de la psychologie des fantasmes sexuels nous révélera pourtant que, par-delà les différences et les incompréhensions, qu'on brûle de désir pour Margaret Thatcher ou, disons, pour Jennifer Lopez, nos préférences érotiques ne sont peut-être pas aussi arbitraires que nous le pensons ; il se peut, après tout, que les connaissances psychologiques et cliniques actuelles ne nous permettent pas de rendre pleinement compte de nos goûts en la matière.

Revenons un instant sur la distinction entre fantasmes conscients et inconscients, et intéressons-nous au cas de « M. Illingsworth », un banquier de quarante-six ans, venu me consulter pour des problèmes d'alcoolisme. Plus jeune, M. Illingsworth avait avec sa femme des rapports sexuels tout à fait conventionnels. Il menait une vie rangée et traditionnelle. Mais, les années passant, l'ennui le rattrapa, au point qu'il sombra dans la dépression. Il essaya de s'en sortir

– en vain, bien entendu – par la boisson. Son épouse, n'en pouvant plus de ses violences verbales de plus en plus fréquentes et de son goût immodéré pour l'alcool, finit par quitter le foyer conjugal. Six mois plus tard, M. Illingsworth dénichait à Londres un club « SM », où des hommes et des femmes se frappaient les uns les autres avec des lattes en bois et des tiges de métal. A ce spectacle, m'avoua M. Illingsworth, lui qui n'avait jamais eu affaire de près ou de loin au sadomasochisme avait été pris aussitôt d'une furieuse érection ; en quelques semaines à peine, il était devenu un habitué du lieu et un expert patenté dans l'art de châtier ses nouveaux partenaires sexuels, ce qui lui procurait des orgasmes d'une rare intensité, tels qu'il n'en avait jamais connu durant sa vie d'homme marié.

A ce stade, selon moi, on peut dire que M. Illingsworth était entré au royaume de la perversion sexuelle – même si le mot « perversion » est à manipuler avec précaution. Beaucoup y voient un terme injurieux et démodé ; dans le vocabulaire psychanalytique moderne, cependant, il est employé de manière bien spécifique. Nous appelons perversion le désir de faire du mal à autrui ou à soi-même, désir si intense qu'il devient facteur de plaisir sexuel. M. Illingsworth se livrait donc désormais corps et âme à une perversion sexuelle sadomasochiste qu'il pratiquait de manière obsessionnelle, se mettant lui-même (ainsi que ses « partenaires ») en danger, du point de vue physique et psychologique, voire au regard de la loi.

M. Illingsworth était le premier surpris par l'intensification de sa perversion sexuelle. « Je ne savais pas que j'étais habité par de tels sentiments, m'expliqua-t-il au cours de nos entretiens. Ils ont jailli comme ça, d'un seul coup, et j'ai eu l'impression d'être redevenu moi-même. J'avais trouvé ma vraie nature ! »

Je soupçonne M. Illingsworth d'avoir toujours obéi à une structure mentale sadomasochiste, et d'avoir toujours eu des fantasmes de cet acabit, mais jusqu'alors, ils n'avaient jamais

affleuré à la surface consciente de son esprit. Désinhibés suite à sa rupture conjugale, ils s'étaient enfin révélés au grand jour, s'offrant dans toute leur étendue à la disposition de mon patient. Les fantasmes sexuels peuvent donc résider dans différentes strates de la conscience : nous en connaissons certaines, et d'autres nous demeurent cachées, parfois pendant de nombreuses années.

Au cours de mon enquête, je me suis rendu compte que la plupart d'entre nous possédons deux sortes de fantasmes sexuels *conscients* : ceux que nous révélons à nos amis, et ceux dont nous réservons la primeur (quoique, pas toujours et en tout cas avec une grande prudence...) à nos amants. Imaginons par exemple cinq mâles hétérosexuels accoudés au bar d'un café, en train d'échanger quelques impressions cinéphiles : on ne sera sans doute pas surpris de les entendre s'extasier à l'unanimité sur les charmes de l'actrice Sharon Stone. La formule marche aussi, bien sûr, dans l'autre sens, en remplaçant ces messieurs par des demoiselles et Mlle Stone par Brad Pitt. Le frisson érotique suscité par ce genre d'icônes du grand écran tendrait à prouver que de nombreuses personnes ont des fantasmes en commun. Mais il ne s'agit là, comme je l'ai déjà souligné, que de « fantasmes de comptoir », basiques et innocents, qu'on ne risque pas grand-chose à avouer en public. Je mettrais même ma main à couper qu'une fois rentrés à la maison, au moment de se coucher avec leur partenaire ou de se livrer à une petite séance de masturbation en solo, nos cinq messieurs (ou demoiselles) n'hésitent pas à convoquer l'image mentale de Sharon Stone (ou de Brad Pitt). En revanche, lorsqu'on s'éloigne du comptoir de bar et de ses aveux bravaches à peu de frais, on s'aperçoit que nous avons souvent *quelque chose* ou même *quelqu'un d'autre* en tête... Nos fantasmes les plus raffinés et jouissifs ne se manifestent pas autour d'une bière entre amis, mais pendant l'acte sexuel, et plus encore quand nous nous masturbons, seuls, nos scénarios intimes bien à l'abri de toute interférence extérieure. De nombreuses personnes

croient qu'on ne peut pas avoir ce genre de pensées en présence d'un partenaire (comme M. Illingsworth, qui n'aurait jamais pu donner libre cours à ses fantasmes SM avec son épouse), de peur de souiller la couche conjugale.

Ces fantasmes spécifiques, les émules d'Anna Freud (la fille de Sigmund, qui s'était spécialisée dans le traitement des enfants) les désignent sous l'appellation générique de « fantasme masturbatoire central ». On peut le décrire comme le fantasme érotique auquel nous revenons toujours et qui, selon la vulgate freudienne, représente le pivot et la clé ultime de notre vie psychologique. Ainsi, certains d'entre nous tournent en effet sans cesse autour d'un seul et même fantasme, qui ne change jamais ; d'autres ont à leur disposition plusieurs fantasmes de ce type ; d'autres enfin sont attachés à telle ou telle structure particulière (la domination, la soumission, l'humiliation, la douleur, etc.) mais jouent sur la variation des détails (Untel, par exemple, rêvera un soir de se faire humilier par une maîtresse d'école, et le lendemain par une collègue de bureau).

Notre vie fantasmatique peut être fixe et rigide, ou au contraire souple et changeante. Pour la majorité d'entre nous, cependant, la vérité se situe quelque part entre ces deux extrémités, le long d'un *continuum*.

Certains parlent volontiers de leurs fantasmes, les racontent à leur meilleur ami, à leur épouse, à leur petit ami, à leur psychothérapeute ; d'autres, en revanche, ne confieront leur fantasme masturbatoire central qu'à une prostituée, ou à un inconnu rencontré sur Internet ; d'autres encore emporteront dans la tombe leur précieux secret intime. Pour certains, les fantasmes n'ont de place que dans la chambre à coucher, pendant le coït ou la masturbation ; d'autres se mettront en quatre pour assouvir leurs désirs à l'aide de costumes et d'accessoires divers, souvent dans des lieux publics ou semi-publics comme des clubs érotiques, des soirées très privées, des ruelles ou tout autre endroit connu pour faciliter les rencontres.

On peut avoir des fantasmes très banals, comme faire l'amour avec son conjoint. Mais dans une grande majorité de cas, nos rêveries sexuelles sont peuplées de gens, d'animaux ou d'objets avec lesquels nous n'avons aucun lien réel dans la vie de tous les jours. Parfois, nous pouvons être choqués par nos propres fantasmes. L'une des participantes à mon enquête, une vieille dame d'origine juive dont les parents étaient morts dans l'Holocauste en 1942, m'a avoué, rongée par la honte, que chaque fois qu'elle se masturbait, elle imaginait un groupe de SS, habillés de pied en cap en uniforme nazi : ils la forçaient à se dénuder, puis l'attachaient à la table d'examen du Dr Josef Mengele, aux mains duquel elle subissait les pires expériences cliniques. Ce fantasme, qu'on aurait toutes les raisons de trouver complètement atroce et illogique, procurait pourtant à cette dame de puissants orgasmes (c'est là un nouvel exemple du paradoxe masturbatoire). Comment les bourreaux de ses parents avaient-ils pu devenir l'objet de désir de sa vie sexuelle secrète ? Elle n'en avait pas la moindre idée. Et jusqu'à une époque récente, ce genre de fantasmes déroutait tout autant les professionnels des questions psychologiques et sexuelles.

Certains fantasmes sont prévisibles et faciles à comprendre (comme celui de la blonde ravageuse à la Marilyn Monroe chez le mâle hétérosexuel moyen). D'autres le sont beaucoup moins. J'ai par exemple rencontré une femme qui ne faisait l'amour qu'avec des hommes, mais qui, lorsqu'elle se masturbait, ne pensait qu'à des femmes. Malgré ce fantasme, jamais au grand jamais, me dit-elle avec insistance, elle n'aurait couché avec une femme.

Nos fantasmes proviennent de nombreuses et diverses sources. Pour beaucoup d'entre nous, ils naissent dans notre esprit ; autrement dit, nous les créons nous-mêmes, à partir d'impressions et d'expériences antérieures. Mais parfois nous adoptons les fantasmes des autres, ceux de nos partenaires ou ceux que nous avons pu voir mis en scène dans un film, un magazine, sur Internet ou n'importe où ailleurs – l'accès de

plus en plus facile à la pornographie, sous toutes ses formes, a sans aucun doute des effets sur la fréquence et la diversité de nos fantasmes.

Certains se servent de leurs fantasmes pour pimenter leur vie sexuelle ; pour d'autres, fantasmer est parfois la *seule* source de satisfaction érotique. C'est d'ailleurs l'une des découvertes auxquelles m'a conduit mon enquête : aujourd'hui, il existe des *millions* de personnes qui n'ont aucun contact sexuel avec un autre être humain, et pour qui le fantasme et la masturbation sont donc les seuls moyens d'accéder au plaisir érotique.

Certains individus n'ont pas de rapports sexuels parce qu'ils ne trouvent pas de partenaire ; d'autres s'y refusent par crainte des maladies sexuellement transmissibles ; d'autres encore ont une telle phobie de l'intimité que la recherche du contact physique est la dernière de leurs préoccupations. « Troy », un homme de cinquante et un ans que j'ai interrogé, m'a dit qu'il avait eu une vie sexuelle très active à l'époque insouciante des années 1970 et 1980, mais qu'il s'arrêta net dès l'apparition du SIDA : depuis 1987, il n'a eu que deux rapports sexuels, tous deux très insatisfaisants car il était angoissé à l'idée d'être contaminé, même s'il a chaque fois utilisé un préservatif. Ses craintes étaient telles que, par la suite, il a développé une grave phobie de toute forme d'intimité – il est toujours célibataire aujourd'hui et se masturbe trois ou quatre fois par jour afin de soulager ses envies sexuelles. Ainsi, pour Troy comme pour des millions d'autres personnes, la fantasmagorie secrète des rêveries sexuelles constitue l'axe central et indispensable de la vie érotique.

Avant de conclure sur ce point, j'aimerais rappeler au lecteur que la grande majorité des fantasmes sexuels, que nous les tenions au secret dans l'intimité de notre esprit ou que nous les révélions dans l'intimité de notre chambre à coucher, demeurent contenus et innocents : ils ne regardent que nous-mêmes et nos partenaires. Il arrive cependant que nos fantasmes nuisent à autrui. J'ai longtemps travaillé dans un

service de médecine légale, et j'ai eu affaire à des violeurs ou à des pédophiles ; souvent, ces derniers ont réussi pendant des années à réfréner leurs élans, à les soulager par la masturbation, et n'ont jamais abusé d'un enfant, se contentant de regarder de la pornographie. Mais on peut aussi penser que nourrir l'industrie de la pornographie pédophile constitue en soi un acte criminel. Ainsi, dès lors qu'il y a passage à l'acte, certains fantasmes deviennent dangereux, illégaux, et dans certains cas extrêmes, ils peuvent porter atteinte à l'intégrité physique et mentale de victimes innocentes, les traumatisant parfois à vie – et même à mort.

Pour résumer, je dirais que fantasmer est l'activité la plus normale qui soit : elle se développe en nous dès la prime enfance, et s'enrichit de dimensions de plus en plus sexuelles au cours de la vie. Nous avons certes des fantasmes en commun, mais chacun les *transforme*, un peu à la manière d'un artiste, selon ses propres dispositions d'esprit, et chacun est titillé par des détails bien spécifiques. Prenons par exemple trois hommes adultes qui se masturbent en pensant à l'actrice Jennifer Aniston : chacun convoquera l'image de la jeune femme selon son bon plaisir. Le premier s'imaginera en train de lui faire l'amour ; le deuxième atteindra l'orgasme à l'idée d'avoir conquis l'ancienne petite amie de Brad Pitt ; et le troisième engagera la jeune héroïne de la série *Friends* pour la faire jouer dans un court-métrage sadomaso de son propre cru fantasmatique... Bref, se contenter de dire « Je fantasme sur Jennifer Aniston » ne nous avance pas à grand-chose. Pour pénétrer au cœur de notre intimité psychique, il nous faut fouiller la question plus à fond et dresser une carte plus précise de nos fantasmagories secrètes, en suivant, tel un détective à la recherche d'indices, ce que j'appellerais les « empreintes psychologiques » qui appartiennent en propre à chacun d'entre nous et nous différencient.

Les sexperts

Avant de dévoiler les résultats de ma propre enquête sur la psychologie des fantasmes, je voudrais replacer ce travail dans une perspective historique et rendre hommage à mes intrépides prédécesseurs, les pionniers de la sexologie. A vrai dire, c'est une très petite confrérie – on pourrait les compter sur les doigts de la main –, car même si nous vivons dans une époque où le sexe est omniprésent, nous en savons en réalité beaucoup *moins* sur les origines de nos préférences érotiques, sur le caractère normal ou pathologique de certaines activités sexuelles, ou sur les sources de nos plaisirs profonds, que les « experts » n'oseraient jamais l'admettre.

L'étude de la sexualité est une discipline qui s'est développée avec une certaine discrétion, le sujet étant demeuré tabou pendant très longtemps. En 1844, le Dr Heinrich van Kaan, médecin allemand qui s'était spécialisé dans le traitement des « fous », publia un ouvrage intitulé *Psychopathia Sexualis*, sur la pathologie mentale de la sexualité humaine. Van Kaan prononçait notamment de sévères mises en garde contre les dangers de la masturbation. A cette époque, la majorité des médecins étaient d'avis que c'était une pratique néfaste : on pensait que cette dépense inutile de semence provoquait une perte d'énergie vitale. Mais van Kaan allait jusqu'à dire que la masturbation constituait une dangereuse perversion pouvant mener à la dégénérescence mentale, d'autant qu'elle allait souvent de pair avec une activité *fantasmatique* : ce déchaînement de l'esprit menaçait de faire perdre la tête, littéralement. On ne peut qu'imaginer les abîmes d'angoisse dans lesquels ont dû sombrer des millions d'hommes et de femmes, suite aux éminentes leçons pédagogiques du Dr van Kaan et consorts... Nous savons aujourd'hui, bien entendu, que les fantasmes sexuels sont une

composante normale et universelle de la psychologie humaine ; mais à cette époque très stricte et répressive (on couvrait même d'un drap pudique les pieds des pianos à queue, aux formes trop suggestives), la seule idée que notre esprit renferme d'intenses pensées sexuelles à tout moment du jour et de la nuit était intolérable. Van Kaan et ses pairs ne voyaient donc que perversion dans la sexualité même la plus ordinaire.

Le titre *Psychopathia Sexualis* devait être très accrocheur : il fut réutilisé en effet quarante-deux ans plus tard, en 1886, par un psychiatre autrichien de noble extraction, le professeur Richard von Krafft-Ebing, dont l'opus, sous-titré *Eine klinisch-forensische Studie* (dans l'édition française : « Etude médico-légale à l'usage des médecins et des juristes »), eut un impact encore plus fort. Dieu merci, les vues du professeur sur la psychologie sexuelle humaine étaient un peu plus libérales que celles, empreintes d'une morale toute victorienne, de Heinrich van Kaan ; de sorte que ses compatriotes se pressaient à son cabinet pour lui confier leurs tourments et leurs fantasmes. Krafft-Ebing rapportait par exemple le cas d'un gentleman berlinois qui se livrait à de véritables « orgies de fantasmes » – au menu, coups et humiliations en tout genre. Ce patient, aussi ouvert que disert, expliqua à Krafft-Ebing qu'il avait pris conscience de ses fantasmes masochistes (notamment de son désir d'être emprisonné, flagellé, roué de coups et torturé par une femme) dès la petite enfance. Mais il précisait que lorsqu'il se prêtait « en vrai » à ce genre d'expériences, en recourant aux services d'une prostituée, il en était très insatisfait : il tirait plus de plaisir du *fantasme* lui-même que de sa *réalisation*, phénomène que connaissent par cœur les psychothérapeutes d'aujourd'hui. Comme le disait l'un de mes patients : « C'est parfois meilleur de baiser en imagination que de n'importe quelle autre façon. »

Krafft-Ebing désignait les fantasmes sexuels sous le terme pittoresque d'« onanisme psychique » (autrement dit : masturbation mentale), créant ainsi, sans le savoir, une toute nou-

velle discipline : l'étude des fantasmes sexuels. Il fut le premier à comprendre que la masturbation ne se passe pas uniquement au niveau des parties génitales mais aussi dans la tête. Dans une édition ultérieure de sa formidable encyclopédie des perversions sexuelles, Krafft-Ebing remarquait que l'onanisme psychique (les fantasmes masturbatoires, donc) était un trait essentiel des personnalités masochistes. Il nota aussi que certains hommes fantasmaient sur d'autres hommes afin de s'exciter quand ils étaient au lit avec une femme (à une époque où les pratiques homosexuelles pouvaient vous conduire devant les tribunaux). Ainsi, grâce aux études sexologiques révolutionnaires de Richard von Krafft-Ebing, médecins et scientifiques découvrirent peu à peu l'existence et l'importance des fantasmes. Ils ne s'intéressaient toutefois qu'aux cas cliniques, aux malades mentaux ou aux grands névrosés. Tous ces savants prussiens et autrichiens n'avaient-ils donc rien à nous apprendre sur les fantasmes sexuels des individus « normaux » comme vous et moi ?

Krafft-Ebing était la plus grande sommité des cercles psychiatriques viennois, mais un de ses jeunes et brillants collègues se fit bientôt remarquer dans les colloques, désireux de présenter les résultats de ses premiers travaux de recherche sur les origines des troubles névrotiques. Ce jeune médecin d'origine juive s'appelait Sigmund Freud. Il avait reçu son diplôme de l'université de Vienne en 1886, l'année de la publication du *Magnum opus* de Krafft-Ebing, *Psychopathia Sexualis* – dont il achèterait au moins quatre éditions différentes. L'un de ces exemplaires contient encore les annotations de Freud dans les marges, laissant deviner avec quel soin il avait lu l'ouvrage du maître. S'il reconnut donc sa dette envers l'aristocratique Krafft-Ebing, Freud révolutionna cependant notre connaissance de la sexualité et des fantasmes. Le maître ne prêta guère attention aux théories de son jeune disciple sur le lien entre les premières expériences sexuelles et les maladies névrotiques ; en 1896, lorsque Freud présenta une communication sur les causes de l'hystérie

devant la Société Viennoise de Psychiatrie et de Neurologie, Krafft-Ebing, qui présidait la commission, déclara que les travaux de Freud n'étaient que « fantaisie scientifique ». En privé, ce dernier aurait rétorqué : « Qu'ils aillent tous se faire voir. »

Malgré ce camouflet, Freud poursuivit ses recherches cliniques et sexologiques, s'acharnant à décrypter le fonctionnement de l'esprit humain et à démontrer que tous les individus sans exception, « normaux » ou « anormaux », sont confrontés à de puissants désirs érotiques et à de violentes pulsions. Dans son premier ouvrage majeur, *Trois essais sur la théorie de la sexualité*, publié en 1905, Freud remarquait que la sexualité soi-disant « perverse » (le fait de sucer, lécher, ou mordre, par exemple) renvoie aux expériences de la petite enfance, notamment au sein de la mère, et que la plupart d'entre nous ne limitons pas nos activités sexuelles au coït génital hétérosexuel et à la procréation. Autrement dit, Freud donna une légitimité scientifique aux *préliminaires*, dimension dès lors acceptable – incontournable, à vrai dire – de la vie érotique.

S'appuyant sur les travaux de Krafft-Ebing dans le domaine de la psychopathologie sexuelle, Freud poussa encore plus loin l'exploration des origines secrètes des fantasmes et de leur rôle dans notre vie de tous les jours. Krafft-Ebing avait lui aussi tenté de lever ce voile, mais pour l'essentiel il n'envisageait la sexualité humaine que sous le signe de la dégénérescence ; Freud, à l'inverse, voulait démontrer la *normalité* des comportements sexuels, même en l'absence de pénétration ou à des fins non procréatrices.

Au fil de ses recherches, Freud fit deux découvertes majeures : il comprit d'abord que les fantasmes sexuels servent à combler des désirs primaires et difficiles à admettre, et en second lieu qu'ils mettent l'esprit à l'abri de pensées encore plus insoutenables. Le fantasme n'est pas un simple prélude à la masturbation ou à l'orgasme, mais une production mentale qui joue un rôle essentiel dans la psychologie humaine.

En 1895, Freud rapporta le cas d'une cantatrice, « Frau P.J. », jeune mariée dont l'époux, représentant de commerce, voyageait beaucoup. Un jour, après le départ de Herr J., elle entonna la célèbre « Séguidille » de *Carmen.* Frau P.J. fut soudain envahie, à sa propre stupéfaction, par une étrange sensation dans tout le corps, et tandis qu'elle s'époumonait sur la fameuse aria, elle n'eut pas moins de trois orgasmes. J'ai moi-même enquêté auprès de nombreuses cantatrices, leur demandant si *Carmen* avait jamais produit un tel effet sur elles, mais toutes m'ont assuré que non, même si elles s'accordaient à trouver à la musique de Bizet une dimension langoureuse, voire excitante. Mais revenons à Frau P.J., qui, mortifiée par sa singulière réaction, courut voir Freud à son cabinet. Notre fin limier des profondeurs psychologiques mit en œuvre tous ses talents de détective pour éclaircir ce mystère et découvrit bientôt la cause des orgasmes très particuliers de la chanteuse.

Pour ceux qui ne connaîtraient pas la « Séguidille », précisons qu'à ce moment de l'opéra, Carmen plonge dans la rêverie et imagine la joie des retrouvailles avec son amant. Dans le pont, entre deux couplets de la principale mélodie, elle explique :

Oui, mais toute seule on s'ennuie,
Et les vrais plaisirs sont à deux ;
Donc, pour me tenir compagnie,
J'emmènerai mon amoureux !

Freud ne tarda pas à comprendre de quoi il retournait. Dans cette aria, Carmen, jeune femme délaissée, soulage ses souffrances liées à la perte et à la séparation en *fantasmant* sur l'union amoureuse (« les vrais plaisirs sont à deux »). Ainsi, fiction et réalité se rejoignaient : la situation de Carmen renvoyait la cantatrice viennoise, comme en miroir, à ses propres affres de femme esseulée après le départ de son époux.

Cela étant dit, les maris qui partent en voyage d'affaires sont légion, et ce n'est pas pour autant que leurs femmes se mettent à jouir en faisant des vocalises sur un opéra français du XIXe siècle ! Mais souvenons-nous que lorsque Freud reçut Frau P.J. en consultation, nous étions dans les années 1890, au plus fort de l'ère victorienne, époque guère permissive en matière de sexe. Selon toute vraisemblance, Frau P.J. était arrivée vierge au mariage, et ses premières vraies expériences sexuelles devaient être très récentes. Elle venait donc tout juste de découvrir les joies du lit conjugal – pour en être soudain privée, à peine trois mois plus tard, suite au départ de Monsieur en voyage d'affaires. Freud avait beau raconter cette histoire avec la plus grande délicatesse, il laissait clairement entendre que Frau P.J. devait être « en manque », frustrée à un point tel que la référence même la plus anodine à une situation similaire (celle de Carmen, en l'occurrence) la portait au comble de l'extase sexuelle. Ainsi, selon Freud, les fantasmes résultent, du moins en partie, d'un manque sexuel et sont un moyen de satisfaire un désir frustré.

Mais chez Frau P.J., le fantasme et le triple orgasme qui s'ensuivit durant la « Séguidille » de *Carmen* ne répondaient pas seulement à un désir sexuel ; ils remplissaient aussi une fonction défensive, en permettant à la jeune femme de s'imaginer dans les bras de son mari plutôt que de l'imaginer, lui, courant les jupons de quelque *Fräulein* lors de ses voyages à Breslau, Bucarest et Salzbourg, ou même ne revenant plus jamais à la maison.

Fort de son expérience clinique et psychanalytique grandissante auprès de ses patients privés, Freud se rendit compte que nos fantasmes ne sont pas toujours prévisibles. Grâce à Frau P.J., il avait déjà compris que l'excitation sexuelle et l'orgasme peuvent se produire dans les circonstances les plus improbables, par exemple derrière le clavier d'un piano dans un boudoir de la haute bourgeoisie viennoise. En 1899, Freud avait acquis une telle connaissance des vicissitudes de la sexualité humaine qu'il put écrire à l'un de ses confrères :

« Je m'habitue à l'idée de considérer chaque acte sexuel comme un processus faisant intervenir en réalité quatre personnes. » Que voulait-il dire par là ?

Un peu plus haut dans la même lettre, Freud parlait de la bisexualité, sujet qui le fascinait ; et quoiqu'il n'entrât pas dans les détails, je crois qu'il faisait référence, avec ses « quatre personnes », à la double composante féminine et masculine que renferme, chez l'un comme chez l'autre, l'esprit de deux partenaires en train de faire l'amour. Mais Freud commençait peut-être aussi à se douter que, lorsqu'un individu se livre à un acte sexuel, il ou elle fantasme sur quelqu'un d'autre. Par exemple, lorsqu'un couple lambda fait l'amour, Monsieur a peut-être l'image d'une autre femme en tête, et Madame l'image d'un autre homme : ainsi ces ébats n'impliquent-ils pas deux mais quatre personnes. Le psychologue expérimenté qu'était Freud n'ignorait sans doute pas que ses patients avaient des liaisons extraconjugales, mais il devait subodorer aussi l'existence de ce que j'appellerais des « liaisons intraconjugales », autrement dit ces pensées sexuelles intimes qui nous permettent tous de tromper nos partenaires au moment même où nous faisons l'amour avec eux.

Selon une autre hypothèse de Freud, le contenu de nos fantasmes se développe à partir d'expériences réelles, vécues durant la petite enfance. Pour Freud et ses émules modernes tels que moi-même, le choix de nos objets de fantasme est lié en grande partie à nos « amours » d'enfance, et notamment aux figures parentales. Freud remarqua en outre que les fantasmes ne reproduisaient pas toujours ces expériences infantiles trait pour trait, mais qu'ils avaient plutôt tendance à se présenter sous la forme de variantes. Par exemple, l'un des participants à mon enquête, Kelvin, me dit qu'il avait appris à se masturber dans l'obscurité d'un placard. Il se cachait là afin que ses « tyranniques » parents ne le prennent pas en flagrant délit dans sa chambre. Sa famille vivait à la campagne, près d'un marécage boueux, et la mère de Kevin

rangeait dans ce placard toute une collection de lourdes bottes en caoutchouc, contre lesquelles Kelvin aimait se frotter la peau lorsqu'il était sur le point de jouir. Des années plus tard, alors qu'il était devenu adulte et vivait désormais seul, le souvenir exaltant du plaisir éprouvé au cours de ces séances masturbatoires dans le placard lui revint, et dès lors, dans ses fantasmes sexuels, Kelvin imaginait toujours ses partenaires chaussés de bottes en caoutchouc. Cette petite anecdote illustre l'idée de Freud selon laquelle nous nous emparons d'un objet ou d'un souvenir d'enfance, pour ensuite l'élaborer, le transfigurer, voire le théâtraliser, de sorte que, plus tard dans notre vie, cette expérience constitue le fondement même de nos fantasmes et de nos désirs. Le fantasme de Kelvin n'aurait pas le moins du monde étonné Freud, lui qui, en 1905, remarquait que les fantasmes érotiques peuvent se présenter sous une « variété infinie » de formes.

Après plus de vingt années de pratique psychologique, Freud n'était plus un simple apprenti scientifique, animé par une curiosité amusée et tâtonnant au petit bonheur la chance dans la manne de ses découvertes singulières et inédites. En 1908, son analyse du fantasme sexuel était devenue beaucoup plus sérieuse et grave : certes, les fantasmes répondaient à des désirs secrets, protégeaient l'esprit contre d'autres pensées gênantes et puisaient leur source dans les expériences de la petite enfance, mais, faisait-il à présent remarquer, ils témoignaient aussi d'un trouble mental. Dans son court essai sur « La création littéraire et le rêve éveillé », Freud déclarait : « On peut dire que l'homme heureux n'a pas de fantasmes, seul en crée l'homme insatisfait. Les désirs non satisfaits sont les promoteurs des fantasmes, tout fantasme est la réalisation d'un désir, le fantasme vient corriger la réalité qui ne donne pas satisfaction. » Plus loin, il remarquait que nos fantasmes sont source non seulement de plaisir mais aussi de tourment : « L'adulte [...] a honte de ses fantasmes et les dissimule aux autres, il les couve comme ses intimités les plus

personnelles ; en règle générale, il préférerait avouer ses fautes que de faire part de ses fantasmes. Il peut arriver qu'il se figure ainsi être le seul à former de semblables fantasmes et qu'il ne se doute pas de l'universelle diffusion de créations tout à fait analogues chez les autres [1]. »

Freud met ici le doigt sur un point délicat, à savoir que tout le monde a des fantasmes sexuels et qu'ils suscitent en nous de la honte et de l'inquiétude ; quand bien même ils émaneraient de certaines frustrations, ils nous procurent du plaisir, mais nous souffrons souvent d'un sentiment d'isolement, croyant que personne d'autre n'a de semblables pensées intimes.

Si certaines personnes ont sans doute une vie sexuelle et fantasmatique très simple, ne rêvant que de tendres étreintes dans les bras de leur conjoint, une grande majorité d'entre nous paraît au contraire nourrir des fantasmes beaucoup plus complexes et bigarrés, facteurs non seulement de plaisir mais aussi de douleur. Peu avant sa mort, en 1939, Freud raconta, dans un texte publié de manière posthume, le cas d'un de ses patients qui souffrait d'impuissance psychologique. Il était absolument incapable d'avoir une érection lorsqu'il était au lit avec sa femme. Mais lorsqu'il se masturbait, seul, il avait le fantasme de faire l'amour avec sa mère et son père en même temps, et cette pensée l'aidait à retrouver quelque rigidité. J'imagine avec quel embarras ce monsieur dut raconter ce fantasme masturbatoire intime au professeur Freud ; mais ce dernier savait mettre ses patients à l'aise, créant des conditions de calme et de confidentialité propices à ce genre de confessions. En outre, les patients sont parfois si traumatisés par leurs symptômes sexuels, et si menacés dans leur vie de couple, qu'ils n'hésitent pas à se confier, dans l'espoir d'être bientôt guéris.

Freud n'étudie pas vraiment ce cas en détail ; rêver de faire

1. Sigmund Freud, « La création littéraire et le rêve éveillé » (1908), traduit de l'allemand par Marie Bonaparte et E. Marty (1933).

l'amour avec sa mère et son père est pourtant un fantasme qui soulève de nombreuses questions. Pourquoi ce patient était-il excité en pensant à ses vieux parents, plutôt qu'à sa jeune et charmante épouse ? Était-il atteint d'une grave perversion incestueuse ? Ou avait-il, en s'affranchissant ainsi des interdits, permis à Freud de percevoir tout un pan caché des origines de nos pulsions érotiques ? Peut-être est-il vrai après tout, comme le pensait Freud, que nos parents deviennent dans nos fantasmes nos premiers « amants », dans la mesure où ce sont eux qui, les premiers, ont eu accès à notre corps – eux qui nous ont nourris, cajolés, donné le bain et changé nos couches. Nous refoulons les sensations de plaisir éprouvées durant la petite enfance, mais, selon Freud, elles demeurent présentes dans les zones inconscientes de notre esprit, d'où elles continuent d'agir, dissimulées mais puissantes, tout au long de notre vie adulte. Les observations cliniques de Freud soulèvent une question cruciale : ne concernent-elles que des individus « dérangés », ou nous aident-elles à comprendre la psychologie de tout un chacun ?

Jamais Freud, au cours de sa longue carrière, ne s'intéressa de près à l'étude du fantasme sexuel proprement dit ; mais il fournit aux psychologues, psychothérapeutes, psychanalystes et sexologues d'aujourd'hui toutes les armes nécessaires à cette nouvelle exploration. Si Freud occupe une place si éminente dans l'étude de la sexualité humaine, c'est aussi parce qu'il sut vaincre les résistances de ses collègues ; à l'époque, même les médecins considéraient la sexualité comme une affaire privée, voire honteuse, et sa façon d'en parler en toute franchise ne leur inspirait la plupart du temps que scepticisme ou dérision.

Moins de neuf ans après la mort de Sigmund Freud, qui eut lieu en 1939, une nouvelle révolution se produisit dans l'histoire de la sexologie, lorsque le professeur Alfred Charles Kinsey choqua l'Amérique en publiant son célèbre rapport sur *Le Comportement sexuel de l'homme*, somme inégalée, par son ampleur et sa nature explicite, sur les *pratiques* sexuelles. Cet

homme discret, portant nœud papillon, entomologiste et zoologiste à l'université de l'Indiana, s'était jusqu'alors consacré à l'étude d'une sous-espèce de guêpes, les cynips. Son livre, cosigné par ses assistants Wardell Pomeroy et Clyde Martin, fit sensation et devint le sujet de conversation de tous les salons d'Amérique : en à peine deux mois, il s'en écoula 100 000 exemplaires. Ce fut un tel phénomène que quelques mois plus tard, en décembre 1948, Cole Porter, le célèbre parolier de Broadway, immortalisa Kinsey dans sa chanson *Too Darn Hot* (« C'est chaud ! »), tirée de la comédie musicale *Kiss me, Kate.*

Il faut resituer l'époque : on était au lendemain de la Seconde Guerre mondiale, et si Kinsey fit scandale, c'est non seulement qu'il avait mené la plus vaste enquête jamais entreprise sur ce sujet, mais aussi qu'il dévoilait, aux yeux d'une nation ne jurant encore que par les films rose bonbon de Shirley Temple et l'héroïque patriotisme du président handicapé Franklin Delano Roosevelt, tout un pan secret et obscur de la sexualité.

Les quelque 800 pages du rapport Kinsey ne pouvaient être considérées comme l'œuvre d'un vulgaire pornographe. Avec ses collègues, le professeur avait sillonné le pays de long en large pour interviewer près de 12 000 de ses concitoyens, dénichés dans tous les milieux : dans les lycées et les universités, dans les casernes et les prisons, dans les relais routiers, dans les hôpitaux psychiatriques, et jusque dans les théâtres de Broadway (il interrogea les acteurs de la pièce de Tennessee Williams alors à l'affiche, *Un tramway nommé désir*, ce qui signifie que, parmi tous les témoignages anonymes recueillis par Kinsey, se trouve sans doute celui de Marlon Brando). Il s'était entretenu des heures durant avec des hommes « blancs » ou « noirs », « hétérosexuels » ou « homosexuels », du Michigan à Manhattan, soumettant ses témoins à un long et strict interrogatoire – de 300 à 521 questions, sur des sujets allant du statut marital à l'examen détaillé des techniques masturbatoires. Au terme de cette épopée, Kinsey avait con-

signé dans ses notes l'histoire sexuelle complète d'individus de toutes sortes : contrebandiers, hommes d'Eglise, paysans, joueurs professionnels, gigolos, clochards, proxénètes, gardiens de prison, psychiatres, enseignants, malfrats, travailleurs sociaux, clercs de notaire, avocats, médecins ou encore policiers.

L'une des plus ahurissantes révélations de Kinsey, pour l'époque, fut la découverte que pratiquement tous les hommes se masturbaient, même si très peu l'avaient jamais avoué auparavant. En outre, on apprenait avec stupéfaction qu'un très grand nombre d'hommes avaient eu des aventures avant le mariage, entretenaient des liaisons extraconjugales, ou avaient des expériences homosexuelles. Rien de très alarmant pour le lecteur du XXIe siècle (sauf peut-être le taux très élevé d'expériences homosexuelles chez des individus se disant hétérosexuels), mais pour ses contemporains, le rapport Kinsey fit l'effet d'une bombe. Et son enquête était si imposante, minutieuse et rigoureuse, qu'il était impossible d'en ignorer les résultats. En 1953 parut son volet jumeau, intitulé *Le Comportement sexuel de la femme*, cosigné à nouveau par Kinsey, Pomeroy et Martin mais aussi par l'anthropologue Paul Gebahrdt et neuf autres chercheurs. Là encore, le choc fut sensationnel : Kinsey faisait voler en éclats le mythe de la femme au foyer des années 1950, modèle d'innocence virginale, apprêtée et permanentée, qui n'avait jamais fait l'amour que trois ou quatre fois, dans la position du missionnaire et uniquement dans le but de procréer.

Comprendre l'immense portée du rapport explosif de Kinsey et son influence sur le développement de la sexualité en Amérique, en Grande-Bretagne et dans le reste du monde relèverait de la sociologie, mais tous les sexologues et les psychologues ont conscience qu'il eut un impact monumental : en jetant la lumière sur une partie de la sexualité humaine jusqu'alors tenue au secret, il contribua à débarrasser les esprits de la honte et de la culpabilité qui pesaient comme une chape de plomb sur les hommes et les femmes

du milieu du XXe siècle, en particulier au sujet de la masturbation et de l'homosexualité.

Si Kinsey apporta une contribution monumentale à l'étude de la sexualité humaine, son enquête se limitait cependant aux *comportements* factuels, extérieurs. En d'autres termes, il ne fournissait d'informations que sur *ce que* nous faisons au lit (par exemple *quelle* pratique sexuelle nous aimons, à *quelle fréquence* et *avec qui*). Kinsey n'ignorait pas les théories freudiennes, mais il n'avait reçu aucune formation en psychologie ; pour lui, les sujets humains n'étaient pas très différents de ses chers cynips : des spécimens dont le comportement pouvait être examiné à la loupe. Il ne disait presque rien de ce qu'il se passe dans notre tête quand nous sommes au lit, ou sur les origines de nos préférences érotiques, ou sur nos réactions psychologiques à telle ou telle expérience sexuelle. Pour lui, les fantasmes étaient de la compétence de ses confrères psychothérapeutes et psychanalystes. Sur les 804 pages que compte son étude sur le comportement sexuel de l'homme, on ne trouve qu'un seul petit paragraphe à ce sujet, dans lequel il remarque que fantasme et comportement peuvent correspondre (par exemple, un hétérosexuel fantasme sur des relations hétérosexuelles pendant qu'il a un rapport hétérosexuel...), ou, à l'inverse, qu'ils peuvent s'opposer (par exemple, un hétérosexuel a des rapports hétérosexuels mais fantasme sur des animaux de ferme...). Kinsey notait aussi en passant, sans autre forme d'analyse, que si les gens fantasment souvent en se masturbant, ils n'en prennent conscience qu'environ un an après avoir commencé à se caresser.

L'œuvre de Kinsey et de ses acolytes (dont le mérite ne fut pas toujours reconnu à sa juste valeur) était d'une importance telle qu'elle changea à jamais le paysage sexuel occidental, signant la fin de l'ère de la répression. Ce fut le point de départ d'une nouvelle période, marquée par la libération du discours sur la sexualité – période qui atteignit son apogée avec la révolution des années 1960. Le sexe était à présent un

domaine qu'on pouvait explorer et dont on pouvait jouir avec une liberté inédite, non seulement pour les hommes mais aussi et peut-être surtout pour les femmes, qui souvent n'avaient jamais connu l'orgasme et découvraient qu'elles en étaient capables.

Au début des années 1970, les Heinrich van Kaan et autres Richard von Krafft-Ebing appartenaient désormais à la préhistoire, et dans le sillage des pionniers, plus humanistes et progressistes, qu'avaient été Sigmund Freud et Alfred Kinsey, de nouveaux défricheurs apparurent sur le devant de la scène. En 1973, l'Américaine Nancy Friday (qui n'était pas psychologue de formation, même si elle connaissait bien les théories psychanalytiques) fut à l'origine d'une nouvelle onde de choc. Son livre, *Mon jardin secret*, était une remarquable contribution à l'étude de l'imaginaire féminin, mais plus encore, un véritable manifeste proto-féministe démontrant que la sexualité des femmes n'était pas moins riche que celle des hommes, et que derrière la femme au foyer de la banlieue résidentielle américaine typique grondait un volcan de désir, de plaisir, de créativité et de liberté. Ce livre révélait que bien des Américaines des années 1970 avaient des fantasmes sexuels on ne peut plus crus et explicites – si certaines rêvaient de doux baisers sur des plages de sable fin, d'autres ne songeaient qu'à se faire sauvagement violer par des brutes épaisses ou par des animaux. Entre 1975 et 1991, Nancy Friday publia trois autres ouvrages de la même veine : *Fleurs interdites*, *Les Fantasmes masculins*, et *L'Empire des femmes*, chacun révélant un peu plus que le précédent et contribuant à asseoir la légitimité des fantasmes sexuels comme sujet d'étude scientifique et universitaire – ce qui ouvrit la voie à la publication massive d'ouvrages psychothérapeutiques, mais aussi de littérature érotique en tout genre. L'œuvre de Nancy Friday, comme elle le dit elle-même avec modestie, aura au moins servi à une chose : faire admettre une bonne fois pour toutes que chaque homme et chaque femme a des fantasmes sexuels intimes, et qu'un même fantasme pourra paraître

pervers, sale, dérangeant ou bizarre à certains et tout à fait naturel et agréable à d'autres. « Depuis la publication de *Mon jardin secret* aux Etats-Unis, écrit-elle, j'ai reçu des milliers de lettres de femmes témoignant des mêmes réactions que chez les Anglaises que j'ai rencontrées durant mes recherches : "Je n'ai jamais entendu d'autres femmes exprimer de telles pensées. Je pensais que j'étais tarée ou perverse, que j'avais des pensées sexuelles 'mauvaises'. A présent je sens que je peux m'accepter telle que je suis. Merci mon Dieu, je ne suis pas seule." »

Le Projet de Recherche sur les Fantasmes des Britanniques

Depuis que j'ai commencé à exercer, en 1982, j'ai acquis une vaste expérience clinique et entendu toutes sortes d'histoires d'abus, de deuil, de perversion, et même de meurtre, mais je n'ai rencontré que très peu de patients disposés à me confier dans leur intégralité les détails intimes de leurs fantasmes. Mes collègues font état des mêmes lacunes dans leur travail.

Quand je me suis lancé dans ce projet, j'ai effectué un petit sondage : moins de 5 % d'entre eux ont entendu leurs patients ou clients parler de leurs fantasmes masturbatoires ou coïtaux, et ce, en partie à cause de la honte qui nous empêche de révéler le contenu de nos pensées à ce sujet, car celles-ci remettent souvent en question notre propre identité. Par exemple, les rares fois où j'ai été le confident de fantasmes sexuels au début de ma carrière, j'ai été confronté à diverses situations problématiques :

- Un membre du corps médical qui avait le fantasme d'accomplir des actes chirurgicaux sadiques sur des jeunes femmes.

- Un homme marié et père de trois enfants, se disant hétérosexuel, mais dont le fantasme était de se faire uriner dessus par des homosexuels.
- Un employé des services sociaux préposés à l'enfance qui avait des fantasmes masturbatoires pédophiles (quoiqu'il ne fût jamais passé à l'acte).
- Une romancière à succès qui fantasmait de faire l'amour avec des animaux plutôt qu'avec des êtres humains. Elle avait l'impression de commettre une imposture en écrivant ses romans « à l'eau de rose » alors que sa propre vie psychologique tournait autour de la zoophilie.

On imagine sans mal les dilemmes et les angoisses qui étreignaient ces individus. Et il n'est guère étonnant qu'il leur fallût beaucoup de temps et de courage pour révéler à voix haute ces fantasmes, qui menaçaient leur propre équilibre. Comment peut-on s'accepter soi-même en tant que chirurgien quand on éprouve de la jouissance à l'idée de découper des femmes au scalpel, quand on se sent victime du syndrome de Dr Jeckyll et Mr. Hyde ?

L'une de mes collègues, Elspeth Morley, de la Société de Psychothérapie Psychanalytique du Couple, m'a suggéré une explication fort pertinente au fait que nos patients nous livrent rarement leurs fantasmes les plus intimes. Selon elle, à moins qu'ils franchissent le pas dès le début de leur thérapie, et prennent le risque de révéler leurs fantasmes, parfois très embarrassants, voire humiliants, nombreux sont ceux qui demeureront trop inhibés pour les révéler par la suite – d'autant que la relation professionnelle établie entre eux et le psychothérapeute sera alors devenue de plus en plus étroite. En d'autres termes, bien des individus trouvent sans doute plus facile de raconter leurs fantasmes à une prostituée anonyme, ou sur un site Internet de discussion en ligne, plutôt qu'à un homme ou une femme qu'ils voient régulièrement, plusieurs fois par semaine pendant de nombreuses années, dans certains cas. A cet égard, nous, les psychothéra-

peutes, nous trouvons parfois dans la même situation qu'un conjoint : nous sommes souvent les derniers au courant.

J'étais bien obligé de le reconnaître : même si mon travail m'amenait à connaître mes patients « en profondeur », que je passais des mois, parfois des années à soigner avec eux leurs traumatismes d'enfance (abus, négligence et actes de cruauté en tout genre), le cœur de leur identité sexuelle me demeurait, dans la plupart des cas, parfaitement inconnu. Il se peut, bien entendu, que certains n'aient pas de fantasmes inavouables ; mais je sais d'expérience, comme me l'ont appris par exemple mes rencontres avec les patients mentionnés plus haut, le chirurgien sadique et le bon père de famille aux tendances ondinistes, que ce sujet peut devenir très compliqué et qu'il peut être extrêmement difficile pour certains d'en parler, même dans un cadre professionnel et confidentiel.

On aurait toutes les raisons, bien sûr, de s'interroger sur la valeur de cette « expérience » ; peut-être, comme chez beaucoup de praticiens, ma vision des choses a-t-elle été déformée par les confessions que j'ai entendues, depuis de nombreuses années, émanant d'individus parfois très déséquilibrés sur le plan émotif. Les psychothérapeutes, à n'en pas douter, sont confrontés aux aspects les plus sordides de l'existence, bien plus que ne le sont les professionnels d'autres branches médicales. Pas un jour ne passe sans que j'entende parler d'abus sexuels sur des enfants, d'infidélité, de mort, le tout souvent en l'espace d'une seule séance de cinquante minutes. Je tiens cependant à le répéter : la très grande majorité des individus qui viennent me consulter ne sont pas « fous ». J'ai bien sûr travaillé avec des patients atteints de schizophrénie, de troubles de la personnalité et de psychoses diverses, sans parler de ceux qui avaient enfreint la loi ; mais, pour l'essentiel, mes patients ont toujours été des hommes et des femmes stables, créatifs, équilibrés, fréquentables – mais qui, souffrant de certaines angoisses ou inhibitions, ont le courage et l'intelligence de venir consulter plutôt que de rester pri-

sonniers de ces tourments, comme le font tant d'autres. Je refuse donc de voir, dans les fantasmes sexuels dont j'ai pu être le confident tout au long de ma carrière, le produit d'esprits « dérangés » : cela ne reflèterait tout simplement pas la réalité clinique.

S'il est difficile de recueillir des données fiables, complètes et avérées dans le domaine des fantasmes, ce sujet n'a cependant jamais cessé d'affleurer lors de mes consultations – et plus encore au cours de la dernière décennie, à cause, en partie, de la popularisation et de l'accessibilité croissantes de la pornographie sur Internet. Celle-ci crée des situations de dépendance dont j'entends régulièrement parler dans mon cabinet, lors de mes séances individuelles en tête-à-tête mais aussi et surtout chez les couples, que ce phénomène met parfois en grand danger.

Toutefois, malgré l'augmentation des cas de pornographie sur Internet auxquels mes collègues et moi avons pu être confrontés dans notre travail (ce qui nous permet d'en apprendre beaucoup sur les ressorts complexes des fantasmes secrets), je me suis rendu compte, dans ces années 1990, que nous n'en savions pas vraiment plus sur les fantasmes ni sur les dangers relatifs de cette forme spécifique de pornographie. Les maris qui s'y livraient n'y voyaient qu'une « amusante distraction »; leurs épouses, en revanche, étaient mortifiées de découvrir chez eux ce « vice » secret. En 2002, j'ai fini par comprendre qu'on ne pouvait plus ignorer le domaine des fantasmes sexuels, et j'ai décidé de m'intéresser de plus près à cet aspect trop souvent négligé de la psychologie humaine, en lançant une vaste étude : le Projet de Recherche sur les Fantasmes des Britanniques. Inspiré par les théories psychologiques de Sigmund Freud, l'ampleur et la rigueur des investigations d'Alfred Kinsey et la courageuse éthique de transparence de Nancy Friday, j'ai entrepris ma propre enquête afin de répondre à quelques questions élémentaires.

Je voulais par exemple en savoir plus sur le consommateur

typique de pornographie sur Internet. Tous les hommes allument-ils leur ordinateur pour satisfaire leurs fantasmes, de la même façon que tous les adolescents ou presque lisent en cachette *Playboy* ou *Penthouse*? Les amateurs de sites pornographiques ont-ils un comportement ordinaire, « normal », et leurs partenaires n'ont-ils d'autre choix que de « faire avec » ? Ou est-ce le signe de quelque chose de beaucoup plus inquiétant ? Je voyais de plus en plus d'hommes pour qui les images de violence à l'égard des femmes sur Internet étaient source d'excitation sexuelle ; faut-il *l'accepter*, me demandais-je, ou faut-il plutôt *soigner* ces individus ? Représentent-ils une menace concrète pour les femmes, dans la vraie vie, et faut-il, à ce titre, les incarcérer ? Ces cas soulèvent de nombreuses questions morales, éthiques, professionnelles et même légales, et j'avais conscience que mes collègues et moi avions la responsabilité d'y répondre de manière sérieuse et approfondie.

Suivant les préceptes méthodologiques de Kinsey, j'ai commencé par mener un certain nombre d'entretiens « pilotes » avec des volontaires, en face-à-face, afin de déterminer si les gens, de fait, seraient prêts à me parler en détail de leurs fantasmes et du rôle qu'ils jouent dans leur vie. Je ne voulais ni ne pouvais utiliser mes patients comme cobayes : mener ce genre d'entretien avec eux aurait pu être une source d'interférences et nuire au traitement thérapeutique en cours. Un psychothérapeute expérimenté ne dicte jamais à son patient ce dont il doit parler ; si j'avais interrompu mes séances pour demander des entretiens formels au sujet des fantasmes, cela aurait créé des problèmes bien inutiles. Je savais donc qu'il me fallait trouver de « vrais » anonymes, des personnes ordinaires, qui n'aient pas forcément eu affaire à la psychothérapie auparavant, et les faire parler de leurs fantasmes pour m'aider à mieux comprendre les origines, la structure et la fonction de leur vie intime, masturbatoire et sexuelle.

Mais où les trouver ? Coller des affichettes ou passer une

petite annonce dans les journaux ne me paraissait pas une très bonne idée : Dieu sait quels individus seraient intéressés par ce genre de démarche...

La solution se présenta à moi, de manière tout à fait inopinée, au cours d'une soirée. Je dînais avec des amis et des collègues, à qui je mentionnai mon projet de recherche, précisant que je n'avais pour l'instant guère avancé : j'avais étudié de très près toutes les études médicales publiées sur le sujet, et j'en avais longuement discuté avec d'autres psychothérapeutes, mais c'était tout. L'un des convives, un producteur de télévision qui avait passé une licence en psychologie expérimentale et réalisé plusieurs documentaires scientifiques, me dit qu'il pouvait peut-être m'aider. Je le revis plusieurs fois pour en parler, et il m'offrit de financer mes premiers entretiens : grâce à cet argent, je pourrais rétribuer un petit groupe d'hommes et de femmes, choisis au hasard, qui voudraient bien se prêter à mon enquête « pilote ». Mon mécène n'agissait pas par pure bonté de cœur; il avait l'espoir que mon projet se révèle suffisamment intéressant pour servir de base, par la suite, à un documentaire. J'allais avoir besoin d'assistants de recherche, et collaborer avec une équipe de télévision spécialisée dans les émissions scientifiques me paraissait une idée astucieuse pour gérer les lourdes contraintes administratives qu'allait entraîner une étude à si grande échelle.

Pour trouver des volontaires, je décidai de m'adresser à un institut de sondage national et réputé : eux qui avaient l'habitude de sélectionner des individus pour leur demander leur avis à tel ou tel propos pourraient me fournir un échantillon de recherche potentiel : des personnes adultes, hommes et femmes, prises au hasard dans la population britannique. J'obtiendrais ainsi les réponses les plus représentatives possibles.

Je pris donc contact avec plusieurs instituts de sondage, et optai finalement pour YouGov, une organisation fondée en 2000, spécialisée dans les enquêtes d'opinion politique auprès

du grand public. YouGov, en envoyant par exemple des questionnaires portant sur les intentions de vote aux élections nationales, fournit aux hommes politiques des informations indispensables – et les données qu'ils recueillent sont très fiables. Le PDG de YouGov, M. Nadhim Zahawi, comprenant tout de suite à quel point mon projet de recherche sur les fantasmes pouvait se révéler important, accepta d'embarquer avec moi dans cette longue aventure.

J'étudierai les résultats de mes recherches dans les chapitres suivants, mais disons d'ores et déjà que chaque entretien m'a permis de récolter une immense quantité de données fascinantes et très instructives sur les fantasmes, leur origine, leur rôle dans notre vie privée et dans notre vie de couple. Précisons aussi d'emblée qu'aucun des participants ne semblait jusqu'alors avoir réfléchi en profondeur à la signification ou à la cause de ses fantasmes intimes. Quand je posais des questions du genre : « Pourquoi, à votre avis, êtes-vous excité par l'idée de faire l'amour avec votre belle-sœur plutôt qu'avec, disons, Kate Moss ? », je ne recevais pour toute réponse qu'un silence ahuri. Cette observation, à elle seule, m'a permis de comprendre que les fantasmes demeurent, en général, un aspect inconnu et négligé de notre vie mentale, auquel il était grand temps de s'intéresser.

Les résultats préliminaires des entretiens pilotes, tout à fait probants, m'encouragèrent à collecter plus de données encore. Les confessions orales que j'avais recueillies, auprès d'un petit nombre de volontaires choisis par mes soins, ne me fournissaient après tout qu'un échantillon partiel, et peut-être partial ; pour obtenir des données qui reflètent vraiment une population entière, tout chercheur se doit d'étudier un nombre très important d'individus, sélectionnés au hasard dans l'ensemble du pays. Si je m'étais contenté des informations recueillies auprès des dix personnes qui se prêtèrent à ces entretiens pilotes, cela aurait pu me fournir matière à une très intéressante étude de « cas » particuliers, mais pas de la population britannique en elle-même. Et si mes dix partici-

pants avaient tous été, par coïncidence, de fervents adeptes du sadomasochisme, des abstinents militants, ou que sais-je encore ? Il eût été irresponsable, pour ne pas dire dangereux, d'avancer des conclusions fondées sur une étude aussi restreinte. Si, en revanche, j'agrandissais mon échantillon de manière drastique et interrogeais plusieurs milliers d'individus, la probabilité de retomber toujours sur les mêmes biographies sexuelles serait pour ainsi dire réduite à néant.

Grâce aux moyens fournis par l'équipe de scientifiques, les statisticiens et les assistants de recherche de YouGov, j'avais à présent accès à un panel incomparable d'hommes et de femmes adultes, de tous âges et de toutes origines religieuses, sociales, professionnelles, politiques et géographiques – panel qui constitue une représentation proportionnelle exacte de la population britannique dans son ensemble. Bien entendu, il était absolument impossible d'interroger les 45 millions d'adultes que compte la Grande-Bretagne. Aucun ordinateur au monde ne serait capable de compiler autant de données de manière satisfaisante. En général, YouGov interroge environ 1 000 personnes tirées de leur fichier, et dans la plupart des cas, on considère que cet échantillon est scientifiquement représentatif.

Après en avoir longuement discuté avec mon entourage, j'ai décidé d'autre part d'effectuer un sondage informatique sur les fantasmes des Britanniques, dont les réponses seraient analysées par ordinateur. Avec l'aide de mes collègues chercheurs, j'ai établi un formulaire de 52 questions, et nous l'avons envoyé à 3 617 membres du panel britannique de YouGov (48 % d'hommes et 52 % de femmes, ce qui reflète la répartition par sexe de la population générale).

Nous demandions à ces participants de répondre, individuellement, à des questions diverses, portant sur la nature et la fréquence de leurs fantasmes, mais aussi sur leur histoire sexuelle – y compris, le cas échéant, sur les abus dont ils avaient pu être victimes pendant leur enfance. En tant que

psychothérapeute, je voulais savoir en particulier si l'on pouvait établir une corrélation entre ces traumatismes d'enfance et le fantasme adulte consistant à faire subir ou à subir soi-même des abus sexuels. Certains travaux de recherche, comme ceux de Nancy Friday, m'avaient déjà appris que ce genre de fantasmes (tout ce qui a trait à la punition physique ou aux contacts sexuels inappropriés – rapports forcés entre adultes ou imposés à des enfants, par exemple) étaient hélas très répandus.

Les résultats préliminaires du Projet de Recherche sur les Fantasmes des Britanniques, fondés sur mes entretiens pilotes et mon sondage informatique, me permirent de dégager quelques grandes lignes :

- Oui, les adultes britanniques, dans leur immense majorité, ont des fantasmes, et de manière assez fréquente.
- Mais la plupart, paradoxalement, n'en parlent jamais à autrui, en partie à cause des sentiments de honte et de culpabilité que ces fantasmes suscitent chez eux, dans la mesure où ils portent très souvent sur quelqu'un d'autre que leur conjoint.
- On retrouve, dans de nombreux fantasmes, un imaginaire sadique, masochiste ou, de façon générale, associé à la douleur. Pour certains, si nous réalisions nos fantasmes les plus agressifs, nous finirions en prison.
- N'en déplaise aux médias et à l'industrie cinématographique, nous ne fantasmons sur des « célébrités » (artistes, sportifs, personnalités politiques) que dans une très faible mesure. La plupart d'entre nous fantasmons plutôt sur des personnes que nous connaissons, ou sur des personnes que nous « créons » dans notre imagination afin de les enrôler dans nos scénarios intimes, subversifs, sadiques ou masochistes.
- Si l'on tremble en général à l'idée de confier ses fantasmes à son partenaire, nombreux sont ceux, en revanche, qui se montrent désireux d'en parler avec un spécialiste

des questions psychologiques, ce qui laisse à penser que nous éprouvons une forte curiosité, ou peut-être même de l'inquiétude, à ce sujet.

Dans ce premier formulaire d'enquête figuraient non seulement des questions à choix multiple, mais aussi une case vide dans laquelle les participants pouvaient décrire, avec autant de détails qu'ils le souhaitaient, le fantasme masturbatoire ou sexuel qui les excitait le plus. On pourra lire tels quels certains de ces récits dans les chapitres suivants de ce livre.

Mes données commençaient donc à prendre forme : grâce aux dix entretiens psychodiagnostiques préliminaires et aux 3 617 réponses que j'avais reçues suite à l'envoi de mon questionnaire, je disposais d'informations conséquentes et détaillées sur l'histoire et les fantasmes sexuels d'environ 4 000 individus. Autant de pièces à conviction, solides, denses et statistiquement fiables, pour étayer mon enquête, mais je voulais pousser ma recherche encore plus loin.

Pour étudier de manière vraiment approfondie la nature d'un phénomène aussi éphémère et intangible que le fantasme sexuel, je devais collecter le plus grand nombre possible de données. Encouragé par les résultats de l'étude pilote, je décidai de la poursuivre, à l'échelle nationale cette fois ; avec l'aide de collègues (entre autres, un psychologue, un spécialiste de la psychothérapie de couple, un psychanalyste, des psychothérapeutes, un statisticien, un épidémiologiste spécialisé dans les questions de santé liées à la sexualité), je commençai à réunir les fonds nécessaires à cet immense projet de recherche.

De 2004 à 2006, je récoltai donc des données encore plus étendues sur les fantasmes de mes compatriotes. Toujours en coopération avec YouGov, j'envoyai une nouvelle version de mon questionnaire à 34 303 personnes en novembre et décembre 2004, et reçus 15 000 réponses. Ce questionnaire étant très long (il fallait en moyenne entre trente et soixante

minutes pour le lire et le compléter), certains n'allèrent pas jusqu'au bout – mais ils furent tout de même pas moins de 13 553 à répondre à chacune des 52 questions posées, ce qui me fournissait une base de données considérable [1].

Les analyses statistiques des informations recueillies proviennent uniquement des résultats du questionnaire envoyé aux membres du panel YouGov, cela afin de préserver l'intégrité et la représentativité de cet échantillon ; tous les pourcentages et autres données chiffrées ont donc été établis à partir des réponses des 13 553 principaux participants. Parfois (et dans ce cas je le signale), je compare ces données avec celles obtenues grâce aux 3 617 réponses de l'enquête pilote. Quant aux divers récits, témoignages et « cas » individuels compilés, ils sont tirés pour l'essentiel des entretiens psychodiagnostiques confidentiels que j'ai menés. En général, les études scientifiques sur ce sujet ne s'appuient que sur quelques centaines de cas ; par son ampleur inédite, le Projet de Recherche sur les Fantasmes des Britanniques peut donc se targuer d'être, du point de vue statistique, beaucoup plus représentatif de la population britannique dans son ensemble. A ma connaissance, cette enquête est la plus vaste jamais publiée sur la question.

1. On trouvera le texte intégral de ce questionnaire, ainsi que les principaux résultats statistiques de cette enquête, en annexe du présent ouvrage.

DEUXIÈME PARTIE

LES FANTASMES

« Neuf adultères, 12 liaisons,
64 fornications et un presque viol
Hantent nuitamment l'esprit de notre cher et délicat Florialis,
Et pourtant il est si calme et réservé de tempérament
Qu'on le tient pour un être dépourvu de sang et de sexe.

Bastidides, à l'inverse, qui ne parle que de copulation,
Est devenu père de deux jumeaux,
Mais cette prouesse lui a coûté :
Il est quatre fois cocu. »

Ezra POUND,
« The Temperaments », *Lustra*

3

Introduction à la psychologie des fantasmes

> « Ma femme dit que son fantasme le plus extravagant serait de me voir déménager. »
>
> Rodney DANGERFIELD

Examinons à présent de plus près les ressorts de nos fantasmes sexuels, en nous familiarisant tout d'abord avec les fantasmes de nos contemporains dans leur extraordinaire diversité, grâce à ces quelques témoignages.

L'Arche de Noé des fantasmes

AARON

Être coincé sur une île déserte avec la blonde de mes rêves.

BEATRICE

Je rencontre un bel et riche inconnu, qui m'invite à dîner, boire du bon vin, et nous passons une soirée très romantique qui se termine dans une étreinte passionnée. J'ai plusieurs orgasmes. Puis, dans sa somptueuse chambre, surgissent d'autres hommes, aussi beaux que lui. Je commence par leur

dire : « Les partouzes, ce n'est pas mon truc », mais l'un d'eux m'écarte les jambes, un autre me tient les bras, et un troisième me lèche et me suçote les seins, puis le clitoris, et ensuite il fait aller et venir sa langue dans mon vagin jusqu'à ce que je le supplie en hurlant de me pénétrer. Je fais l'amour frénétiquement avec chacun à tour de rôle, tandis que les autres me maintiennent clouée au lit. (Je suis excitée rien qu'en écrivant ces mots.)

CATALINA

Me faire sodomiser par un voisin.

DUNCAN

Sucer Robbie Williams.

EVERETT

J'aime bien imaginer que je suis médecin dans un hôpital qui ressemble à une prison, et que je déshabille les patients pour les examiner.

FREDDIE

J'imagine un groupe de chasseurs, vêtus à l'ancienne, qui tombent sur une jeune fille de seize ans dans les bois. Ils discutent un peu, ils gagnent sa confiance, puis tous les hommes s'en vont, sauf un, qui commence à l'embrasser et à la toucher. Elle cède à ses avances et il la plaque debout contre un tronc d'arbre. Tandis qu'il l'embrasse, les autres reviennent ; toute à son excitation, elle ne remarque pas que plusieurs d'entre eux lui pelotent les seins et lui caressent les jambes, sous le regard des autres. Peu à peu, on lui écarte les jambes, et l'un des hommes se met à lui lécher le vagin. Elle est de plus en plus excitée, bien sûr, et se met à remuer dans tous les sens, et à ce moment-là les hommes sortent de leurs poches divers objets, une banane, un concombre, un gourdin, et pour finir ils la prennent chacun leur tour, par devant et par derrière, du plus petit pénis jusqu'au plus énorme. Ils la retournent et abusent d'elle de toutes les façons possibles.

GARETH

Une partie à trois, moi et deux femmes.

HORTENSIA

Faire l'amour dans la douche avec un parfait inconnu rencontré le jour même.

ISABELLE

Dans mon fantasme, je suis avec un type à tomber par terre, qui m'adore et adore mon corps, et qui fait tout ce que je lui demande. J'ai des goûts sexuels plutôt classiques, donc ce n'est pas si excitant que ça, mais il me fait l'amour pendant des heures et satisfait tous mes besoins.

JEREMIAH

Une séance de *bondage* avec ma compagne, puis faire l'amour avec elle.

KAREN

Préfère ne pas répondre.

LEILA

Aucun fantasme.

MELCHIOR

Me retrouver sur un bateau rempli de femmes aux gros seins.

NANDO

Je me masturbe sur mon lit, tandis que d'autres hommes me regardent par la fenêtre et trouvent ça tellement excitant qu'ils se mettent eux aussi à se masturber.

ORA

Mon compagnon me demande si je peux montrer à son ami comment faire jouir une femme, en le laissant me regarder pendant que je me masturbe. Je m'allonge sur le lit, nue, et je

commence à me caresser. Il fait entrer son ami. Celui-ci me regarde pendant un moment, puis me fait un cunnilingus, sous les yeux de mon compagnon. Je finis par faire l'amour avec son ami, tandis qu'il continue de nous regarder.

PEDRO

Je suis domestique à Buckingham Palace, et un jour, on me demande d'amener deux jeunes et jolies servantes dans la Salle du Trône, où attendent le Prince William et le Prince Harry. Ils m'ordonnent d'obliger les servantes à se pencher sur le trône, puis de relever leurs petites jupes noires et de baisser leur culotte en dentelle pour qu'on voie leur vagin entre leurs jambes. Je dois ensuite déboutonner la braguette des princes et les masturber tous les deux, un dans chaque main, jusqu'à ce qu'ils soient en érection. Le Prince William dit alors : « Merci, Pedro, pour votre loyal service rendu à Sa Majesté. » William et Harry enfoncent ensuite leur pénis dans le vagin des servantes, puis se retirent et échangent leurs places. Leurs queues sont luisantes. Ils ne tardent pas à juter dans la chatte des deux filles. Pendant ce temps, je me masturbe dans un coin de la Salle du Trône, et mon bel uniforme est couvert de taches de sperme, ce qui contrarie beaucoup le Grand Chambellan et la Reine. Les princes me font jurer de ne rien dire à leurs petites amies.

QUENTIN

A mon âge, on n'a pas de pensées sexuelles.

RAMONA

Sur un lit de bronzage à la verticale, avec des ventilateurs soufflant de bas en haut.

STEPHANIE

Une pièce avec des bougies partout, une baignoire au milieu et une douce musique romantique. La personne de mes rêves entre, m'embrasse tendrement dans le cou, me déshabille, puis embrasse lentement chaque partie de mon corps, je le laisse faire – et ensuite il m'embrasse avec délicatesse entre les cuisses avant de me lécher, puis il me pénètre en me regardant droit

dans les yeux à la lumière des bougies. Nous faisons ensuite l'amour comme des fous, puis je prends une douche brûlante et je retourne au lit, je me recroqueville dans ses bras et je m'endors.

TYRONE

Faire l'amour avec une adolescente.

UMBERTO

J'ai trente-neuf ans, je suis italien et j'adore les femmes (qui ne les aime pas ?). J'ai très envie de tromper ma femme, mais comme je suis un bon catholique, je ne ferais jamais une chose pareille. Mais, je l'avoue, je fantasme sur presque toutes les femmes que je rencontre. Il suffit que j'en croise une dans la rue et je ne peux pas m'empêcher de la dévisager ; j'imagine son vagin, son cul, ses seins, etc. Parfois je suis tellement excité, quand je me rends au bureau et que je vois tant de jolies filles partout dans la rue, que j'ai une énorme érection en arrivant. Alors je vais aux toilettes et je me branle avant de commencer, en pensant à ce que je ferais à toutes ces femmes. Je suis un fan inconditionnel du cunnilingus, et j'aimerais me retrouver avec une jolie petite Anglaise, blonde, je lui sucerais le clito, la sentirais devenir tout humide, et je lui procurerais un putain d'orgasme délirant, là, comme ça, dans la rue. Ma femme demanderait le divorce si elle savait tout cela. Même les vieilles m'excitent. Je sais que je pourrais leur donner beaucoup de plaisir.

VERA

Faire l'amour sur le capot d'une Ferrari.

WILSON

Le fantasme auquel je pense le plus souvent varie selon plusieurs paramètres, mais il s'agit toujours de dominer mon partenaire – ce qui change, c'est le lieu, les pratiques, nos vêtements et le degré de soumission. Le scénario est chaque fois différent – sous l'influence de conversations récentes, j'imagine, ou de tel ou tel film que je viens de voir, etc.

XANTHE

Me faire séduire par une belle femme et coucher avec elle.

YOLANDA

J'ai vingt-quatre ans, et je fantasme sur mon petit frère Wesley (dix-neuf ans), qui a un corps superbe. Je n'avais jamais vraiment fait attention à lui, mais l'année dernière, il a soudain grandi (1,85 mètre), des poils ont poussé sur son torse et autour de ses tétons, ses muscles se sont affinés, et maintenant, tout à coup, je le trouve très attirant. Je sais que c'est mal, mais c'est comme ça. Quand je suis seule et que je me masturbe, j'imagine que Wesley entre dans ma chambre, ivre, avec deux ou trois copains de son âge, bien baraqués. Ils s'approchent du lit en se caressant le pénis à travers leurs jeans tandis que Wesley grimpe sur moi à califourchon. Je fais semblant d'avoir peur mais en réalité, j'adore ce qui est en train de se passer. Wesley me dit de me tenir tranquille, qu'il va me montrer comment prendre son pied avec une vraie bite de mec. Il se débraguette lentement, écarte les pans de son jean, et je suis excitée en apercevant la bosse qui gonfle son entrejambe. Il m'ordonne de caresser son membre dur à travers son caleçon, et dès que je commence, le bout surgit par l'ouverture sur le côté, déjà luisant de sperme. Ses copains lui arrachent sa chemise, puis ils se déshabillent à leur tour en continuant à se toucher le pénis et les couilles. Sans aucun lubrifiant – de toute façon je n'en ai pas besoin –, Wesley enfonce sa grosse queue dans ma fente, et après deux ou trois va-et-vient seulement (il est tellement excité), il décharge un énorme jet de sperme dans mon vagin, et je jouis à fond. Wesley se retire, fait un clin d'œil à ses copains ; à leur tour, l'un après l'autre ils me prennent, et eux aussi déchargent à l'intérieur de moi. Je m'endors comblée. Je serais dévastée si Wesley découvrait que j'ai ces pensées, même si, secrètement, j'aimerais qu'il sache ce que sa sœur pense vraiment de lui.

ZEB

Me faire traiter comme une femme, devenir transsexuel sous la contrainte de ma maîtresse, qui m'attacherait et ferait de moi son esclave sexuel dévoué corps et âme.

Voilà 26 réponses, de A à Z, choisies au hasard parmi les quelque 19 000 fantasmes que j'ai recueillis auprès d'anonymes citoyens britanniques adultes – une véritable Arche de Noé de pensées intimes, qui va nous aider à pénétrer dans la *terra incognita* de l'imaginaire sexuel.

Ces témoignages offrent un premier aperçu de l'immense variété de nos fantasmes secrets, y compris en termes de style. Certains se sont appliqués pour raconter leurs pensées avec un luxe infini de détails et sans détour ; d'autres en revanche demeurent plutôt laconiques et timorés. Ces récits nous enseignent que certains d'entre nous ont envie d'être enchaînés, pénétrés, mis à nu, humiliés, frappés, séduits de toutes les façons imaginables ; d'autres se satisfont de scènes plus simples et romantiques.

On ne peut s'empêcher de se demander si ce sont là les fantasmes d'individus souffrant de pathologies sexuelles particulières ou si, comme je le crois, ils ne font que refléter l'incroyable diversité des pensées intimes de nos très ordinaires semblables. Nous découvrirons ainsi que même les individus les plus « normaux » ont souvent des fantasmes complexes, comportant parfois des éléments dérangeants, voire choquants au regard de nos habitudes. Comment une jeune femme peut-elle rêver de son petit frère ? Comment un homme peut-il avoir envie d'être transformé en esclave sexuel par sa maîtresse ? L'étendue des fantasmes répertoriés soulève de nombreuses questions, non seulement sur la nature des pensées de nos amis, de nos voisins et de nos proches, mais sur la « normalité » de notre sexualité en général.

« Normaux » ou « anormaux », en tout cas, une grande majorité de nos fantasmes ont pour objet quelqu'un ou quelque chose d'autre que nos épouses, nos maris, nos compagnes et compagnons. En d'autres termes, nous sommes « infidèles » dans nos fantasmes : c'est ce que j'ai appelé plus haut la *liaison intraconjugale* – comme une liaison extraconju-

gale mais qui se déroulerait dans le cadre relativement sûr et protégé de nos pensées. La plupart des êtres humains n'ont jamais avoué leurs liaisons intraconjugales – du moins jusqu'à aujourd'hui.

Quand nous allons au cinéma, nous achetons notre précieux billet, notre pop-corn, et nous installons confortablement dans un multiplex géant ou une petite salle d'art et d'essai – mais nous fréquentons plus souvent des salles obscures d'un autre genre : celles de nos fantasmes secrets. Selon « Roy », l'un des participants à mon enquête, quand on fantasme, « c'est un peu comme si on tournait un film dans sa tête : on est à la fois le réalisateur, le scénariste, le directeur de casting et l'acteur principal ».

C'est exactement cela. Vous vous souvenez, bien sûr, de Jasper, qui se masturbait en regardant ses deux jeunes amies, les boxeuses allemandes Helga et Ulla ; on pourrait dire qu'il menait une vraie double vie – le banquier d'affaires se transformant chaque soir en metteur en scène amateur, s'occupant de l'image et du son, disposant ses accessoires et s'entourant de ses actrices fétiches. Il mettait autant de soin à régler les plus infimes détails de sa liaison intraconjugale masturbatoire qu'un grand réalisateur lors d'un tournage. Mais à la différence d'un Fellini ou d'un Spielberg, dont l'espoir est d'attirer dans les salles des millions de spectateurs, nous serions morts d'embarras si les films que nous produisons dans notre tête étaient vus par le public – nous en sommes les seuls spectateurs, le billet d'entrée est gratuit, et nous pouvons, sans honte ni restriction, projeter sur cet écran nos pensées et nos émotions les plus secrètes.

Des fantasmes en chair et en mots

Les fantasmes d'autrui peuvent susciter, chez ceux qui en lisent le récit, des réactions très diverses : une excitation

sexuelle, de la gêne, du dégoût, un choc, de l'inquiétude, ou même l'indifférence. Ces réactions dépendent du niveau de maturité, de l'histoire sexuelle et de la personnalité de chacun. Il est important que le lecteur, en découvrant ces témoignages, prête attention non seulement à leur style et à leur contenu, mais aussi aux émotions que lui-même ressent devant ces récits, car ces réactions sont aussi riches d'enseignements que les fantasmes eux-mêmes. Par exemple, si vous êtes horrifié par tous les fantasmes rapportés dans ce livre, il n'est sans doute pas déraisonnable d'en conclure que vous avez grandi dans un foyer très strict, élevé par des parents pour qui le jeu et l'imaginaire sont sources de danger. Si vous en trouvez certains excitants, en revanche, cela peut signifier que vous êtes d'une constitution psychologique plus tolérante. Pour ce qui est des fantasmes qui provoquent le dégoût, voire la répulsion, il se peut très bien que leurs auteurs aient inconsciemment *voulu* susciter ce genre de réaction, afin de tester l'affection des autres, ou pour conjurer des traumatismes sexuels qu'eux-mêmes auraient subis pendant leur enfance. Quoi qu'il en soit, les réactions provoquées par ces témoignages ne sont pas moins importantes que les témoignages eux-mêmes.

Pour ce qui est des participants à cette enquête, un grand nombre d'entre eux m'ont confié leurs fantasmes érotiques en toute liberté – mais certains ont eu beaucoup de mal à trouver les mots pour s'exprimer. Environ 10 % de mes concitoyens interrogés ont répondu qu'ils ne fantasmaient jamais. Difficile de savoir ce qu'il faut penser de ce chiffre, surtout au regard des fantasmes nombreux et détaillés dont fait état le reste de la population adulte.

Comme je l'ai déjà remarqué, beaucoup de mes patients, au début de leur traitement thérapeutique, m'affirment qu'ils n'ont aucun fantasme, mais au bout de quelques années, s'étant habitués à parler de leur vie intime, et y prenant même un certain plaisir, ils se sentent soudain plus en confiance, plus à l'aise et, à ma grande surprise, ils reconnaissent,

du bout des lèvres, que oui... enfin... parfois... quand ils font l'amour, ou quand ils se masturbent... il leur arrive bel et bien de fantasmer. De même, lorsque j'ai commencé mon enquête, un certain nombre de participants – surtout des femmes, soit dit en passant – me disaient au début ne pas fantasmer. Après cinq heures d'interrogatoire, toutefois, ces dames commençaient à se détendre et à me confier leurs petits secrets.

Pourquoi donc les hommes ont-ils plus de facilité que les femmes à admettre leurs fantasmes ? Être interrogé par un homme mettait peut-être certaines femmes mal à l'aise – de la même façon qu'elles répugnent parfois à consulter un gynécologue du sexe masculin. (J'aurais pu demander l'assistance d'une collègue, mais je tenais à collecter moi-même toutes les données.) Cette explication est plausible – mais alors pourquoi la même différence apparaissait-elle dans les résultats de l'enquête informatique, alors que les participants avaient répondu seuls au questionnaire, chez eux ou au bureau ? Là encore, en effet, parmi ceux qui affirmaient ne jamais fantasmer, on trouvait beaucoup plus de femmes (16 %) que d'hommes (4 %).

Si j'en crois mon expérience pratique, les femmes ont autant de fantasmes que les hommes mais éprouvent plus d'embarras, encore à notre époque, à les *raconter*. Pourquoi ? Une fois de plus, c'est notre bon Dr Freud qui détient peut-être la clé de ce mystère. En 1925, dans un essai intitulé *Quelques conséquences psychologiques de la distinction anatomique entre les sexes*, Freud suggérait que les différences physiques (les parties génitales étant visibles à l'extérieur chez les hommes et, au contraire, dissimulées à l'intérieur chez les femmes) jouaient un rôle crucial dans le développement sexuel. Or, je me suis rendu compte qu'elles ont également une incidence sur la façon dont nous parlons de nos fantasmes, liés pour la plupart à nos pratiques masturbatoires.

Je soupçonne aussi depuis longtemps que les différences dans notre façon d'uriner (acte qui relève plus du besoin

naturel que la masturbation) infléchissent notre rapport au fantasme. Les hommes urinent debout, le plus souvent (en attestent les urinoirs des lieux publics), ce qui les oblige à saisir leur pénis afin de contrôler le jet d'urine. Chez les femmes, en revanche, la miction se fait généralement en position assise, et elles n'ont la plupart du temps aucune raison de toucher leurs parties génitales au cours de cet acte. Ainsi, toutes considérations masturbatoires ou hygiéniques mises à part, les femmes sont moins habituées que les hommes à ce genre de contact, pour eux parfaitement naturel et ordinaire, répété plusieurs fois par jour, chaque jour de l'année. Les hommes, étant dotés d'un appendice sexuel plus visible et accessible, ont donc un rapport physique plus fréquent, simple et direct à cette partie de leur propre anatomie, ce qui pourrait expliquer qu'ils ressentent moins de gêne à ce sujet.

Bien entendu, certains hommes éprouvent de l'aversion pour leurs parties génitales (c'est le cas notamment des transsexuels, qui se font enlever le pénis par ablation chirurgicale). A l'inverse, beaucoup de femmes tirent un immense plaisir à voir et toucher leur vagin, leur clitoris ou leurs lèvres, par exemple. Gardons-nous des généralisations, mais les réticences que j'ai si souvent rencontrées chez les femmes, au cours de mes entretiens, ne continuent pas moins de m'intriguer : ont-elles reçu une éducation très stricte ? N'ont-elles vraiment aucun fantasme ? Ou ont-elles simplement du mal à se confier parce que leurs fantasmes, voire leur propre corps, leur inspirent une sorte de honte ?

La question ne se pose pas que pour les femmes, bien sûr. Certains hommes ont réagi de la même façon à mon questionnaire. « Des fantasmes, moi ? Certainement pas ! », a par exemple répondu Samuel. A-t-il menti ? A-t-il honte de ses fantasmes ? Et dans ce cas, quelles pensées intimes, quelles angoisses cette réaction dissimule-t-elle ? Comme je ne l'ai pas interrogé en personne, nous n'en saurons jamais rien. Mais sa réponse nous montre en tout cas que, chez les hom-

mes comme chez les femmes, le sujet peut être délicat et que, selon les circonstances, certains individus refuseront toujours de parler de leurs fantasmes ou affirmeront même, envers et contre tout, ne pas en avoir.

Jusqu'à une période encore récente, avant la Seconde Guerre mondiale, on ne parlait presque jamais de masturbation : c'était une pratique honteuse (honte de ne pas avoir de partenaire sexuel, de préférer ce plaisir solitaire aux joies du couple) et à laquelle étaient attachées toutes sortes de superstitions et de peurs (se masturber était un péché, rendait sourd ou fou, faisait pousser des poils dans la paume de la main). Mais en 1948, dans son étude sur le *Comportement sexuel de l'homme*, Alfred Kinsey révéla au monde entier que pratiquement tous les êtres humains se masturbaient, et ce fut le début de la fin d'un tabou : aujourd'hui, personne ne serait choqué d'apprendre que son compagnon, ses amis, ses voisins ou ses parents se livrent à cette pratique. Ce phénomène de libéralisation fut sans doute encore accentué suite à la publication du *Jardin secret* de Nancy Friday en 1973. Et pourtant, nombreux sont les individus qui demeurent embarrassés à l'idée que leur esprit produise, pour ainsi dire à leur insu, des fantasmes sexuels – surtout quand ces derniers concernent une personne autre que leur partenaire. On ne s'étonnera guère, dans ces conditions, d'en voir certains aborder la question avec la plus grande gêne, même dans le cadre d'un projet de recherche clinique garantissant l'anonymat à ses participants.

« Fais-moi mal » : petit aperçu des pratiques masochistes

Le refus de répondre ou le déni des fantasmes demeure très minoritaire ; la plupart des individus que j'ai interrogés se sont livrés, de manière succincte ou en détail, sans la moindre

inhibition. Que nous apprennent encore ces récits, dans leurs grandes lignes ? Certains fantasmes semblent témoigner de la générosité de leurs auteurs. Voici comment Verena, par exemple, décrit le sien : « Voir mon amant prendre du plaisir de toutes les façons possibles. » Cela veut-il dire que Verena est une femme douce et attentionnée, disposée à satisfaire les besoins de son bien-aimé – ou sa réponse dénote-t-elle plutôt une attitude *masochiste* ? En d'autres termes, il est possible qu'elle ait très peu d'estime de soi et accorde moins d'importance à son propre plaisir sexuel qu'à celui de son partenaire. Verena est peut-être l'une de ces femmes qui ont sacrifié leur vie et leur individualité pour leur compagnon, le faisant passer avant elles dans tous les domaines, y compris au lit. Une fois de plus, impossible de connaître le fin mot de l'histoire (car je n'ai pas interrogé cette femme en personne), mais si mon enquête et ma longue expérience m'ont appris une chose, c'est que les fantasmes sont toujours plus complexes qu'il n'y paraît. Celui de Verena semble d'une grande simplicité ; mais on peut se demander s'il révèle une personnalité vraiment altruiste ou plutôt un rejet masochiste de son propre plaisir. Rejet qui pourrait bien dissimuler en réalité un sentiment de *haine* envers ce compagnon auquel elle semble si dévouée. Rien n'est plus facile, évidemment, que de spéculer sur la signification cachée des fantasmes d'autrui, et l'on a souvent toutes les chances de se tromper – mais lorsqu'on étudie le sujet en profondeur, on apprend à déceler des ambiguïtés et des zones d'ombre dans certains témoignages en apparence anodins.

Si le masochisme à l'œuvre dans le comportement effacé de Verena ne saute sans doute pas aux yeux du profane, d'autres cas sont beaucoup plus probants. Prenons celui de Marguerita, par exemple, qui s'imagine « sur une île, nue, les yeux bandés, enchaînée et livrée sans retenue à la merci de mon partenaire ». Un tel fantasme paraîtra peut-être excitant à certains lecteurs, hommes ou femmes (selon qu'ils s'identifieront à la jeune femme ou à son partenaire), mais on

se demande bien pourquoi Marguerita prend du plaisir à être soumise de la sorte à son amant. Avons-nous affaire à une femme particulièrement imaginative, libérée, ouverte d'esprit et débarrassée du carcan « bourgeois » qui ne voit dans la sexualité qu'un moyen de reproduction ? Ou son masochisme s'explique-t-il autrement ?

Souvent, les gens qui témoignent de fantasmes masochistes (être attaché, par exemple) ont été victimes d'abus dans leur enfance ; en fantasmant, plus tard, sur des pratiques abusives, ils se *réapproprient* cet épisode douloureux et le transforment en source de plaisir. Les psychothérapeutes et les psychanalystes appellent ce phénomène *l'érotisation du traumatisme*. Nous ne savons pas si c'est le cas de Marguerita, mais c'est une explication possible.

D'après les résultats de mon enquête, des millions d'individus ont des fantasmes à caractère masochiste – environ 30 % de la population adulte britannique, c'est-à-dire pas moins de 13 500 000 personnes. Il paraît très peu probable, toutefois, que chacune d'elles ait subi des violences sexuelles durant l'enfance. Comment, alors, expliquer l'extraordinaire prolifération des fantasmes masochistes ? S'ils ne sont bien sûr pas tous liés à un traumatisme d'enfance, mon expérience clinique m'a appris que de tels fantasmes sont souvent un moyen de protection contre d'autres fantasmes – *sadiques*, ceux-là. Les psychanalystes le savent bien : au cours de leur thérapie, les patients masochistes se découvrent souvent des pensées et des réactions d'une très grande violence. Autrement dit, derrière chaque masochiste se cache un « sadique inconscient ». Les masochistes font tout pour réfréner leurs instincts agressifs en les retournant contre eux-mêmes : ils s'en prennent ainsi à leur propre personne plutôt qu'à leur mari, épouse ou petit(e) ami(e). Dans le cadre d'une analyse, on aurait sans doute découvert chez Marguerita une immense agressivité rentrée, qu'elle n'a jamais réussi à traduire autrement qu'en dirigeant cette violence contre elle-même, plutôt que de s'attaquer de manière sadique à autrui.

Mais les choses ne sont pas si simples : on peut très bien développer des fantasmes masochistes et des instincts sadiques sans avoir été physiquement victime d'abus sexuels. De nombreux individus ont eu une enfance malheureuse, laquelle a fait naître chez eux le *sentiment* d'avoir été maltraités, ou même de le mériter, ce qui peut aussi expliquer certains fantasmes masochistes.

Erotiser la mort

Intéressons-nous maintenant à deux autres fantasmes assez particuliers, ayant trait à la mort. Voici celui de Davida : « J'imagine mon mari, qui est décédé, en train de faire l'amour avec une belle femme bien en chair. » Petrina, dont le partenaire est également décédé, a écrit pour sa part : « Dans mon fantasme, mon compagnon est vivant et nous faisons l'amour partout, comme des bêtes, dans les grands magasins, sur le capot de la voiture – enfin partout. » Pas besoin d'être psychanalyste pour voir que ces deux témoignages confirment l'intuition de Sigmund Freud selon laquelle le fantasme nous permet d'exaucer un *souhait.* Ces deux veuves se servent de leur imagination pour ramener à la vie leurs époux ; celui de Davida revient d'outre-tombe pour étreindre une autre femme, aux formes généreuses, et celui de Petrina ressuscite mais demeure un amant fidèle, et même vorace ! On pourrait trouver douloureuse l'idée de se masturber en pensant à une personne disparue ; mais pour un certain nombre d'entre nous, le fantasme aide à affronter l'horrible finalité de la mort – de manière parfois ludique, parfois moins saine, en refusant la réalité, en se persuadant que notre conjoint n'est pas mort. A lire le récit de Petrina, en tout cas, son mari paraît toujours bien vivant !

L'expérience clinique des psychothérapeutes et les études médicales publiées sur le sujet nous apprennent que de

nombreuses personnes, suite au décès d'un être cher, sont victimes d'hallucinations visuelles ou auditives : elles voient le fantôme de leur compagnon décédé ou entendent sa voix. Ces hallucinations sont fréquentes chez les gens qui ont perdu un conjoint ou un parent et sont par ailleurs tout à fait sains d'esprit – elles ne sont pas du tout un signe de démence, mais simplement l'un des moyens que nous mettons en œuvre pour supporter l'insupportable. Par exemple ma propre grand-mère, qui était en parfaite santé et avait toute sa tête, m'a raconté qu'un jour, peu de temps après la disparition de mon grand-père, elle avait vu ce dernier en train de se promener dans la maison. Cette hallucination n'avait pas duré plus de cinq secondes, puis l'image de mon grand-père avait disparu. Face à l'inacceptable, notre esprit cherche à transformer la réalité, et dans le cas de ma grand-mère, invoquer cette apparition imaginaire avait été unc façon de supporter le deuil.

Parfois, nous érotisons ces hallucinations, qui servent aussi à satisfaire un désir – c'est ce que font Davida et Petrina, deux femmes intelligentes et imaginatives qui essaient d'inverser la réalité de la mort en fantasmant sur leurs maris sous les traits d'amants bel et bien vivants. La plupart du temps, cette érotisation de la mort remplit une fonction psychologique très utile : elle nous aide à supporter la douleur. Si ce genre de fantasme persiste et empêche de faire le deuil, en revanche, il peut devenir pathologique.

Il y a quelques années, j'ai traité une patiente en hôpital psychiatrique ; elle avait cinquante-cinq ans et souffrait d'une grave dépression nerveuse. Elle avait perdu ses parents trente ans auparavant mais demeurait incapable de se séparer d'eux, à tel point que chaque soir, à l'heure du dîner, elle mettait le couvert pour trois personnes – elle-même et ses parents. Cette femme, seule et endeuillée, ne pouvait tout simplement pas accepter la mort de son père et de sa mère – elle s'imaginait donc, en fantasme (quoique celui-ci fût dépourvu de toute dimension sexuelle), qu'ils n'étaient pas

vraiment morts. Incapable de faire son deuil de manière saine, elle avait sombré dans la dépression et connu pendant de nombreuses années d'immenses souffrances psychologiques.

Poursuivons à présent notre parcours dans le monde foisonnant des fantasmes sexuels, grâce à ces quelques témoignages recueillis durant mon enquête :

ZADIE

Faire l'amour avec mon partenaire dans un grand jacuzzi – ce qui, hélas, me serait impossible, car je suis handicapée.

YUL

Faire l'amour avec deux femmes.

XENIAH

Aucun fantasme – je suis très heureuse avec mon mari, donc je n'en ai pas besoin.

WENDELL

A 85 ans, je n'ai plus d'envies sexuelles. Je préfère rire.

PENELOPE

Faire l'amour avec mon partenaire dans un lieu public, par exemple une cabine d'essayage dans un grand magasin ! Dans un ascenseur, dans n'importe quel endroit où nous risquerions de nous faire surprendre.

OWEN

J'imagine que j'ai quatorze ans et que je suis à l'école (en réalité, j'ai vingt-neuf ans). J'avais une prof de français que j'aimais beaucoup : Mlle McAllister. Elle n'était pas vraiment belle, mais elle était très sexy, et on voyait bien qu'elle n'était pas indifférente aux jeunes adolescents. Dans mon fantasme, j'imagine que je rentre chez moi après les cours, lorsque Mlle MacAllister passe devant moi en voiture et me dit : « Owen, tu as l'air surchargé avec tous ces livres – quel élève consciencieux tu es... Veux-tu que

je te dépose chez toi ? » J'accepte son aimable proposition, sans plus y réfléchir, mais soudain je m'aperçois qu'elle va dans la mauvaise direction – elle ne me conduit pas chez moi, mais chez elle. « Viens donc prendre un verre avant de réviser tes conjugaisons », me dit-elle, et je la suis. Mlle MacAllister me dit qu'elle est impressionnée par mes progrès en français, et que, en guise de récompense, elle va me sucer. Je suis sur le point de partir en courant, tout ça me fait un peu flipper – je n'ai jamais ne serait-ce qu'embrassé une fille de mon âge, alors la prof de français... Mais j'ai les jambes en coton, et elle me plaque au sol. Elle enlève ma ceinture et ouvre ma braguette en même temps. Bientôt, je me retrouve le pantalon sur les chevilles, et mon sexe de garçon de quatorze ans, autour duquel les poils ont à peine commencé à pousser, se dresse. Elle avale ma bite, qui devient énorme. J'ai peur de l'étouffer, mais elle me rassure, en français : « *Ne t'inquiète pas, mon petit* », et je me détends, ma queue dans sa bouche soyeuse. Elle commence à me caresser les couilles, puis à les lécher. Ça me rend dingue. Puis elle passe sa langue dans la raie de mes fesses, et voilà : je jute partout sur ses cheveux blonds. Je jouis encore et encore, pendant cinq minutes. Epuisé, je m'endors par terre, et quand je me réveille, elle me raccompagne chez moi. Ma maman est inquiète de me voir rentrer si tard, mais Mlle MacAllister, imperturbable, la rassure en lui disant qu'elle m'a fait rester un peu plus longtemps en classe pour me donner un cours particulier. C'est le cas de le dire !

NATALYA

Faire l'amour à l'improviste avec un inconnu, fantasme de me faire presque violer, pas consentante mais attirée. Fellation, baisers, grosse queue, pénétration profonde.

HORST

Fantasme de faire une fellation à l'homme que j'aime vraiment – pas mon compagnon.

ELIZA

Il s'agit presque toujours de faire une fellation à un beau mec.

CHARLENE

Je suis seule avec une femme. Elle a des seins magnifiques, ronds et fermes, et de longs cheveux blonds. Elle est vraiment belle, tout droit sortie d'un numéro de *Playboy*. Elle ne porte qu'un string et des talons hauts. Ce n'est pas de l'« amour » mais plutôt une étreinte érotique interdite. Elle me fait tout, puis je la regarde se caresser. Ensuite, l'une de ses amies arrive – encore une blonde avec des seins fermes, vêtue seulement d'un string et de talons hauts. Elles se mettent à se caresser et à se lécher devant moi. Puis elles me touchent partout, elles jouent avec mes seins et pressent leur corps contre le mien, pendant des heures, et l'une d'elles me lèche le clitoris, de plus en plus vite, jusqu'à me faire jouir.

Infidélités mentales

L'échantillon de témoignages qu'on vient de lire nous montre que presque tous les fantasmes correspondent à la satisfaction d'un désir ou d'un souhait. Zadie, par exemple, s'imagine en train de faire l'amour dans un jacuzzi, mais précise aussitôt que ce serait impossible en réalité parce qu'elle est « handicapée ». Elle ne précise pas la nature de ce handicap (peut-être son corps est-il atteint d'une déformation congénitale, ou d'une infirmité liée à l'âge, comme l'arthrite, ou peut-être encore a-t-elle été victime d'un accident qui l'a laissée paralysée ou amputée), mais quoi qu'il en soit, elle se sert de son fantasme sexuel pour *conjurer* ce handicap physique et contourner l'obstacle que représente pour elle son corps.

De la même manière, Yul et Charlene rêvent de faire l'amour avec non pas une mais *deux* femmes. Dans la vraie vie, faire l'amour à plusieurs n'est pas évident – que se passe-t-il si l'un des partenaires devient jaloux de l'autre, attrape une maladie sexuellement transmissible ou tombe enceinte ? En fantasme, on peut faire l'amour avec autant de personnes que l'on veut sans prendre ce genre de risques. A ce titre, le

fantasme sexuel peut se révéler beaucoup plus séduisant que la *réalité sexuelle* – il est non seulement moins hasardeux mais aussi beaucoup moins onéreux : pas besoin d'inviter un fantasme à dîner, alors qu'une personne réelle exige qu'on soit plein d'attentions, physiques et financières, à son égard.

Si les fantasmes cités permettent donc d'exaucer des souhaits impossibles à satisfaire dans la réalité, on ne peut s'empêcher de remarquer, d'autre part, qu'ils concernent très souvent non pas un partenaire habituel, un mari ou une épouse, mais *quelqu'un d'autre*. Autrement dit, *la plupart des gens sont infidèles dans leurs fantasmes*. Parmi les témoignages qu'on vient de lire, seuls trois individus – et toutes des femmes – rapportent des fantasmes liés à leur compagnon (Penelope, qui rêve de faire l'amour avec son petit ami dans un lieu public, Zadie dans son jacuzzi, et Xeniah, qui s'estime si heureuse avec son mari qu'elle n'a pas besoin de fantasmer). A l'exception de Wendell, qui à quatre-vingt-cinq ans préfère un bon fou rire à l'excitation sexuelle, tous les autres fantasmes apparaissant dans cette section (choisis au hasard parmi les milliers de réponses collectées) relèvent de « l'infidélité mentale » : tromper son partenaire *en imagination*.

Eliza, par exemple, se préoccupe peu de savoir à qui elle fait une fellation, du moment que c'est « un beau mec ». Horst écrit qu'il rêve de satisfaire « l'homme qu'il aime vraiment », mais s'empresse de préciser, contrairement à nos attentes, que ce n'est « pas mon compagnon ». Natalya désire faire l'amour avec un inconnu, et Owen fantasme sur son ancienne prof de français. Bien d'autres fantasmes pourraient être cités (Iggy, par exemple, qui voudrait se trouver « une maîtresse », ou Josie, qui espère tomber sur un homme « ressemblant à Elvis Presley ») ; sous toutes ses formes, « l'infidélité mentale » est en tout cas l'une des caractéristiques les plus fréquentes des fantasmes que j'ai recueillis au cours de mon enquête.

Mais pourquoi trompons-nous nos partenaires quand nous fantasmons ? Qu'est-ce qui peut bien nous pousser à rêver de

notre prof de français, d'Elvis Presley, ou de n'importe qui d'autre, pourvu que ce ne soit pas notre mari, notre épouse ou notre petit(e) ami(e), quand nous faisons l'amour (fantasme coïtal) ou quand nous nous masturbons (fantasme masturbatoire) ? Je me pencherai plus en détail sur cette question dans un autre chapitre, mais disons pour le moment que ces infidélités mentales sont un moyen extrême de satisfaire un désir inavoué. En fantasmant sur notre prof de français, nous laissons de côté nos soucis quotidiens. De nombreuses personnes m'ont dit qu'elles n'avaient certainement pas l'intention de fantasmer sur le partenaire avec qui, une heure auparavant, elles s'étaient disputées sur de sempiternelles questions d'argent ou de travail. Declan (trente-huit ans, chauffeur routier) m'a déclaré : « J'adore ma femme, mais elle me rend marteau. Quand on baise, elle me fout vraiment les nerfs en boule. Elle me suce toujours la bite de la même façon – et de toute manière elle n'a jamais été très bonne suceuse... Si je veux continuer à bander, je suis obligé de penser à quelqu'un d'autre. Et puis je suis avec elle *tout le temps*, ça finit par être ennuyeux. Alors quand je me paluche, ou quand je saute ma bourgeoise, je pense à d'autres femmes – des filles avec qui je n'ai aucun lien dans le monde extérieur, des filles que je n'ai pas besoin d'emmener dîner et qui ne passent pas leur temps à geindre sur leurs petites vies pathétiques. »

Des femmes et des motos

Les fantasmes nous permettent donc de satisfaire nos désirs secrets et interdits, mais aussi de *corriger* la réalité, de la rendre aussi excitante que nous aimerions – comme Zadie, qui dans son fantasme retrouve toutes les fonctions corporelles qui lui font défaut, ou Josie, qui préfère s'imaginer dans les bras d'Elvis Presley plutôt que ceux de son mari. Je pourrais égale-

ment citer Rodelinda (cinquante-deux ans, femme au foyer), si déprimée par sa vie domestique que, tout en préparant un gâteau d'anniversaire pour son fils, elle songe à une seule chose : faire l'amour avec son voisin, Theo. J'ai bien sûr inventé le nom « Rodelinda », mais je ne sais pas si elle-même, dans son récit, a déguisé le nom de son voisin : s'appelle-t-il vraiment Theo ? Si ce n'est pas le cas, on peut se demander si Rodelinda, en choisissant ce diminutif, avait conscience que « théo », en grec, signifie « dieu » (comme dans « *théo*logie »). Et qui pourrait lui en vouloir de préférer une étreinte divine à celle d'un mari qu'elle a sous les yeux tous les jours ?

Freud avait raison d'insister sur le rôle *compensatoire* des fantasmes, qui nous aident donc à satisfaire nos désirs sexuels les plus naturels, en nous excitant et en stimulant notre imagination, mais peuvent aussi avoir une fonction subversive et nous renvoyer à une part plus obscure de nos pulsions. Les psychothérapeutes et les psychanalystes savent bien que le comportement des êtres humains est dicté par des élans non seulement *érotiques* mais aussi *agressifs*. Les analystes freudiens se réfèrent à la « théorie du double instinct », selon laquelle nous sommes excités à la fois par le *sexe* et la *violence*. Pas besoin d'aller chercher très loin pour trouver confirmation de cette théorie : elle est attestée par les histoires dont regorgent nos journaux, nos écrans de télévision et de cinéma, et dont nous nous délectons tous les jours. Sexe et violence vont souvent de pair, jusqu'à se confondre parfois dans notre esprit, à tel point que, chez de très nombreux individus, la violence explicite est un élément primordial du fantasme sexuel. C'est le cas de millions de mes concitoyens, d'après les résultats de mon enquête – nous le verrons plus en détail dans un prochain chapitre.

Que cela nous plaise ou non, le fait est que l'idée d'être violenté, ou de faire du mal à autrui, provoque chez ces personnes une excitation d'ordre sexuel. Si j'ai voulu donner à lire dans ces pages de nombreux témoignages crus et même choquants, j'avoue que j'ai dû en censurer quelques-uns,

vraiment insoutenables – certains participants sont allés jusqu'à décrire par le menu les scènes moyenâgeuses de torture et d'exécution qui les amènent à l'orgasme.

Pourquoi tant de personnes sont-elles excitées par les fantasmes de violence ? Si les sadiques et les sadomasochistes *cliniques* recherchent bel et bien la douleur physique, chez la plupart des gens, ce fantasme est d'ordre *psychique* – ils ont horreur de la douleur dans la vraie vie mais en tirent une grande jouissance en imagination. Il n'est sans doute pas évident d'accepter l'idée que pour nos proches (ou pour nous-mêmes), la violence a parfois une dimension érotique. Karl, par exemple, aime se dire, quand il regarde une femme, que « ce serait un bon coup et que ce serait agréable de lui monter dessus ». J'imagine qu'on peut être offensé par ce fantasme, et notamment par le langage utilisé pour le décrire. Ce n'est pas comme si Karl avait écrit : « Lorsque je regarde une femme, j'ai une érection en me disant qu'il serait sans doute fort plaisant de faire l'amour avec elle. » Non, Karl a plutôt envie de « monter » sur l'objet de ses fantasmes – comme on monte sur une moto. Faut-il en conclure que cet homme est un cruel sadique qui dénigre les femmes et les traite comme des objets – ou qu'il fait tout simplement preuve d'honnêteté dans l'expression de son désir viscéral ? Après tout, Karl est peut-être un père de famille idéal, prodiguant à son épouse des caresses tendres et passionnées après avoir couché les enfants et fait la vaisselle. Mais les termes qu'il emploie révèlent un désir d'une nature beaucoup moins décente... Le fantasme de Karl n'est rien, comparé à ceux, beaucoup plus violents, que nous aurons bientôt l'occasion de lire, mais il laisse déjà deviner le plaisir que tirent certains individus à l'idée de maltraiter autrui, de le transformer en objet.

Si les hommes rêvent parfois de perpétrer des actes de violence sur autrui, ils peuvent aussi avoir le fantasme d'être les victimes de cette violence. Prenons l'exemple de Struan, qui aimerait qu'une femme l'entraîne dans une chambre en le tenant par le pénis, ou celui de Quint, qui s'imagine nu,

« exposé » telle une pièce de musée et livré aux regards d'un groupe d'hommes qui lui feraient ensuite l'amour un par un. Dans la réalité, ces deux scénarios seraient sans doute humiliants, voire douloureux.

Bien entendu, les hommes n'ont pas le monopole de la violence sexuelle. De très nombreuses femmes partagent le même fantasme, qu'il s'agisse d'infliger des souffrances ou d'en être la victime. Revenons par exemple à notre femme au foyer, Rodelinda, qui préférerait coucher avec son voisin Theo plutôt que de faire un gâteau pour son fils. Dans la scène qu'elle imagine, selon ses propres termes, Theo « brandit à deux mains son énorme bite et me l'enfonce dans la chatte ». A-t-on affaire ici à un fantasme *sexuel*, à un fantasme *violent*, ou à une combinaison des deux ? L'excitation de Rodelinda semble liée non seulement à l'idée de plaisir sexuel mais à l'image violente d'une « énorme bite brandie à deux mains ». Dans le même registre, certaines femmes ont le fantasme d'être violées, ou, comme Natalya, d'être « quasiment prise de force » par un inconnu. Beate, elle, désire un homme qui « ignore mes protestations et me soumet à toutes ses envies » ; selon elle, cette scène ne relève pas du « viol », mais de la « séduction ». Quelle que soit la définition qu'on donne à de tels fantasmes, il est clair en tout cas que l'élément de violence y est prépondérant.

Ce rapide tour d'horizon nous a montré à quel point les fantasmes sexuels pouvaient être divers et complexes : ils ont trait bien entendu au plaisir et à la satisfaction du désir, mais recèlent aussi une dimension beaucoup plus obscure (infidélité mentale, violence). Il est temps à présent d'examiner plus en détail les mille et une constellations de nos fantasmes spécifiques, afin de mieux comprendre certains aspects souvent ignorés de la psychologie sexuelle humaine.

4

Contes de la sexualité ordinaire

> « Je te laisserai entrer dans mes rêves
> si tu me laisses entrer dans les tiens. »
>
> Bob DYLAN,
> « Talkin' World War III Blues »

Au moins 19 % des individus interrogés ont reconnu que les fantasmes étaient pour eux un moyen d'échapper à l'ennui de la vie quotidienne. 21 % des Britanniques y voient une sorte d'antidépresseur, qui leur remonte le moral quand celui-ci est en berne. Et une grande majorité de participants avouent que les fantasmes leur permettent d'explorer de nouvelles facettes de la sexualité, dont il leur serait moins facile de faire l'expérience dans la vie réelle. Au moins 40 % des Britanniques, hommes et femmes confondus, utilisent leurs fantasmes dans ce sens.

Les fantasmes « simples », constitués de pratiques sexuelles « de base », forment l'essentiel de la vie érotique des Britanniques. 58 % des personnes interrogées ont fantasmé un jour ou l'autre sur leur conjoint. Bien sûr, on pourrait se demander pourquoi ils ne sont pas 100 % dans ce cas. Certains estiment peut-être qu'ils n'en ont pas besoin, puisqu'ils peuvent jouir de leur partenaire, pour de vrai, où et quand ils

le désirent ; d'autres n'ont ce genre de fantasmes qu'en période de séparation (lors d'un voyage d'affaires, par exemple) ; d'autres encore fantasment sur leur partenaire mais imaginent se livrer avec eux à des pratiques « interdites » ou ne faisant pas partie de leur répertoire sexuel habituel. L'un des participants aimait beaucoup faire l'amour « à la régulière » avec sa femme, mais, me dit-il, dès qu'il la pénétrait, il avait le fantasme de lui enfoncer des couteaux partout dans le corps. Nous l'avons déjà souligné : il peut y avoir d'immenses disparités entre le côté *ordinaire* de nos habitudes sexuelles et le caractère *extraordinaire* de nos fantasmes.

Entrons maintenant dans le vif du sujet, en lisant les témoignages bruts que j'ai recueillis au cours de mon enquête. Je me suis efforcé de les classer en diverses sous-catégories. Parfois, la cause était vite entendue : Untel, rêvant de faire l'amour avec une star de la chanson, trouvait naturellement sa place dans le chapitre « sexe et célébrités » ; on verra toutefois que d'autres fantasmes, beaucoup plus complexes, pourraient être rangés dans plusieurs catégories à la fois (par exemple, le fantasme d'humilier et de violer un enfant de sa famille ressortit tout aussi bien au registre du sadisme, de l'extrême violence sexuelle, de la pédophilie ou de l'inceste). Pour ce genre de témoignages, j'ai procédé au classement en essayant d'identifier, dans la mesure du possible, quel était le principal élément déclencheur de l'excitation sexuelle.

Notre florilège commence par des fantasmes révélateurs de l'orientation sexuelle. Laquelle ne détermine pas toujours de manière stricte la nature des fantasmes, mais, de manière générale, les pensées sexuelles de mes compatriotes semblent en accord avec leur orientation ; autrement dit, la plupart des hétérosexuels ont des fantasmes de type hétérosexuel, et la plupart des homosexuels ont des fantasmes de type homosexuel.

Quant aux bisexuels, précisons que seulement 4 % des hommes et 3 % des femmes se reconnaissent dans cette

catégorie. Cependant, ces chiffres sont soudain beaucoup plus élevés lorsqu'il s'agit de *fantasmes ;* ainsi, 13 % des hommes et 17 % des femmes en Grande-Bretagne reconnaissent qu'ils sont excités à l'idée de faire l'amour avec un homme et une femme en même temps. On pense souvent que la bisexualité n'est qu'une forme déguisée d'homosexualité – mais, à lire les témoignages recueillis auprès des bisexuels, les choses ne sont pas si simples et tranchées. En fait, on le verra, les bisexuels semblent trouver du plaisir à part égale avec des partenaires des deux sexes, dans la *réalité* autant qu'en *fantasme.*

Voici donc quelques contes « ordinaires », et néanmoins fort « explicites », de la sexualité des Britanniques, recueillis dans les coulisses secrètes de notre psychologie.

Fantasmes hétérosexuels

CONNIE

Mon mari est pompier et ça m'excite à mort.

NASH

J'ai quarante-deux ans et je crois que je suis un type plutôt normal. Quand je me branle, j'aime bien serrer ma queue et penser à ma petite amie. On est ensemble depuis pas mal d'années maintenant, et croyez-le ou non, je suis toujours fou d'elle. Quand elle part pour son travail, ce qui arrive assez souvent, je m'allonge sur le lit, j'enlève mon pantalon et je commence à me caresser. Parfois j'utilise un peu de lotion et j'imagine que c'est la mouille de sa chatte ; ensuite je fais aller et venir ma main sur ma queue et j'imagine que c'est celle de ma petite amie. J'aime bien aussi me caresser les couilles quand je pense à elle comme ça. Je n'aime pas me branler trop vite. J'essaie de faire durer, et j'attends toujours le dernier moment pour jouir : l'orgasme est beaucoup plus puissant de cette façon.

Je ne vois vraiment pas l'intérêt d'une petite branlette rapide. Moi, il m'en faut plus. Il faut que ce soit sensuel. Parfois j'enduis mes doigts des premières gouttes qui jaillissent de la fente de ma queue et je les frotte sur mes tétons, toujours en imaginant que ce sont les doigts de ma copine en réalité. Je fais descendre la peau de mon prépuce jusqu'en bas, puis je le fais remonter, je suis vraiment à fond dedans. Ensuite, j'aime nous imaginer, ma copine et moi, en train de baiser. Je la prends comme un cowboy, je la pénètre et je ressors, encore et encore, et je sens les parois de sa chatte qui se contractent autour de ma bite. A la fin je ne tiens plus et je jute partout sur les draps, en imaginant que tout ce foutre jaillit de sa chatte. Ensuite je laisse le sperme sur mon corps et je m'endors comme ça, en me disant que quand ma nana rentrera de voyage on fera sans doute ça pendant des heures. Ce sera encore meilleur en vrai, bien sûr, mais ce fantasme est quand même foutrement génial.

ALONZO

Ma petite amie me fait une fellation dès que je le lui demande, où qu'on soit.

DAWSON

Faire l'amour avec une fille qui me prend dans sa main tandis que je la caresse à l'intérieur et que je la fais mouiller comme une folle, et elle me supplie de la pénétrer et de la lui enfoncer le plus loin possible pendant que je lui suce les tétons.

PRYOR

Frotter mon pénis sur ses seins.

KATY

Faire l'amour avec mon mec et son gros engin.

SAUL

Faire l'amour avec une femme qui se met à califourchon sur moi tout en se masturbant.

CONRAD

Avoir l'énergie de faire l'amour avec ma femme dans chaque pièce de la maison (il y en a 15) en une seule fois.

UGO

J'adore penser à baiser ma femme. Elle a le vagin le plus étroit qu'on puisse imaginer. Quand je ne suis pas avec elle, j'imagine que je fais glisser ma queue dans sa chatte et que je la défonce. Ça me fait jouir à tous les coups. Après ses deux grossesses, on pourrait croire que les muscles de sa chatte ne sont plus aussi forts qu'avant, mais elle fait tout le temps des exercices pelviens et personne ne m'enserre la bite comme elle.

CLARK

Une fille demande à Clark de se déshabiller, Clark obéit, la fille demande à Clark de se masturber, Clark obéit, Clark manque d'imagination mais Clark est content.

RONALD

Me branler sur les seins d'une très belle femme. Mon foutre atterrit directement sur ses deux tétons dressés.

HILLEL

La première fois avec ma femme. C'était aussi ma toute première fois.

ANTHONY

Une fille avec la chatte rasée qui danse en se frottant sur moi. J'ai eu droit à un *lap dance* de ce genre, une fois, en boîte, et ça m'a excité à mort, j'ai cru que j'allais jouir là, direct dans le pantalon.

CORAL

Faire l'amour avec mon mari comme avant notre mariage.

Fantasmes homosexuels

CORIN

Voir mon mec de dos enlever sa chemise me fait toujours instantanément bander. Je pense à ça tout le temps. Il est super baraqué et j'ai une vue d'enfer sur tous ses muscles, si bien dessinés et tout à moi !

GEORGIO

Je pars avec mon petit ami pour un week-end en amoureux. Personne ne nous dérange, on ne sort pas de notre chambre d'hôtel. On ne boit que du champagne, que nous apporte le service d'étage, avec toute la nourriture qu'on veut – si on a faim... Se faire dorloter et pouvoir faire et avoir tout ce qu'on veut mais sans avoir besoin de s'habiller ou de voir qui que ce soit d'autre.

SANDER

Faire l'amour avec mon partenaire dans toutes les positions, et sodomie pour terminer.

RAFAEL

A genoux, devant mon mec, son dix-huit centimètres sous les yeux et mes doigts dans son cul.

GLYNNIS

Elle porte cette veste rouge que j'adore. Elle commence par m'enlever mon haut et mon soutien-gorge, puis elle s'agenouille devant moi. Elle me dit combien elle m'aime, et entre chaque phrase elle me lèche les seins. Ensuite elle me laisse lui enlever son haut et son soutien-gorge tandis qu'on s'embrasse. Puis c'est à mon tour de lui lécher et de lui sucer les seins, et ça l'excite tellement qu'elle nous déshabille toutes les deux en même

temps. On explore chacune le corps de l'autre avec les mains et la langue. Sa chambre est petite, on a tout juste la place de s'allonger devant son bureau et on adore ça parce que ça rend difficiles nos mouvements et pendant tout ce temps on doit être très silencieuses pour que les autres dans les chambres à côté ne nous entendent pas et rappliquent. Au bout d'une heure environ, on commence à se masturber en même temps, nos jambes entremêlées. Nous sommes tellement excitées que nous jouissons très vite – elle d'abord et moi tout de suite après. Ensuite on reste allongées, l'une à côté de l'autre, et on discute. Comme elle a un autre client je dois me lever et m'en aller à la fin de nos deux heures, mais nous prenons un nouveau rendez-vous.

DALTON

J'imagine que je me fais baiser par Superman. Il me traite comme Lois Lane, sauf que dans ma version, Superman est une tantouze – mais très masculine.

JOAB

Me faire masturber et sodomiser.

GISELLE

Je suis gouine et ravie de l'être. Jamais je ne voudrais d'un pénis à l'intérieur de moi, ça me ferait trop mal et de toute façon je trouve ça atrocement laid. Moi, ce qui me branche, c'est le corps d'une femme – surtout si elle est très féminine, tout en rondeurs, avec des gros seins et un joli petit cul qu'on a envie d'attraper. Je suis avec ma copine depuis cinq ans, et je fantasme souvent sur elle, mais il m'arrive de regarder une sublime fille hétéro dans la rue, ou dans un restaurant, et de me demander ce qui se passerait si je plongeais soudain sous la table, que je glissais ma tête sous ses jupes et que je me mettais à la lécher par-dessus sa petite culotte. J'adore l'odeur du vagin, tout propre et parfumé, et j'adore encore plus enfoncer ma langue bien profond dans le trou mouillé d'une femme. J'ai aussi un grand fantasme, c'est de draguer des hétéros et de leur montrer à côté de quoi elles passent depuis tout ce temps.

KRISTEN

Faire l'amour avec une ou plusieurs autres femmes. Les laisser prendre l'initiative, me draguer, me déshabiller, me forcer à les déshabiller et à me prêter à toutes sortes d'actes sexuels avec elles.

MARILEE

Avec ma copine lesbienne. Elle me lèche, je la lèche. Nous faisons l'amour toute la nuit avec de la musique romantique et à la lumière des bougies. On adore le 69, se lécher mutuellement notre petit pot de miel. On s'endort dans les bras l'une de l'autre.

SHELBY

Débarquer sans le savoir dans une soirée homo. Une conversation innocente avec un homme dans une chambre ou un salon où d'autres hommes sont en train de s'embrasser et de se caresser. Soudain, un petit groupe m'attrape et me déshabille. Je résiste, mais en fait je n'ai pas vraiment envie qu'ils me lâchent. Ils me maintiennent, l'un d'eux me fait une fellation et j'aime ça. Puis ils me disent que je dois leur retourner le compliment – et je finis par aimer ça aussi.

SMOKEY

Sodomie.

JON-ERIK

Me faire vénérer par tout un groupe de mecs qui font semblant d'être hétéros (ou qui le sont vraiment !) : certains me sucent tandis que les autres m'embrassent tout le corps. Toute leur attention serait concentrée sur moi.

EDWIN

J'ai un fantasme incroyable qui revient tout le temps et marche à tous les coups. J'imagine que je suis pilote d'avion, et je dis aux passagers que je suis en train de m'endormir parce que c'est un très long vol. Pour m'aider à rester éveillé, tous les

hommes présents dans l'avion décident qu'ils doivent chacun leur tour me faire une pipe tous les quarts d'heure. Ils sont super mignons.

KEITH

J'ai toujours fantasmé sur mes amis hétéros. J'ai réussi (dans la vraie vie !) à déshabiller ou à faire bander la plupart d'entre eux... l'alcool aidant. Je ne suis pas un homo très entreprenant. J'étais vierge jusqu'à mes vingt-deux ans. Mais j'avais fait mon « coming-out » à dix-sept. Je savais ce que je voulais, mais je ne me sentais pas à l'aise avec n'importe quel type, alors j'avais tendance à draguer les mecs avec qui j'étais « pote ». Ils savaient tous de quoi il retournait et ils aimaient bien flirter avec moi, et du coup je fantasmais encore plus sur eux. Bref, vous connaissez cette blague : « Quelle est la différence entre un hétéro et un bi ? Six pintes de bière » ? Eh bien c'est beaucoup plus vrai qu'on ne croit... Le matin au réveil, quand je suis au lit avec l'homme que j'aime, je continue de penser à tous ces mecs, homos, hétéros ou bi, avec qui je n'ai pas pu faire tout ce dont j'avais envie... Et voilà !

Fantasmes bisexuels

NIKOS

Je voudrais faire l'amour avec un homme et une femme en même temps. J'aime le mélange de la virilité, les bras poilus, les cuisses épaisses, et de la féminité, la douceur des seins, l'humidité du vagin, etc. Je voudrais baiser une femme pendant qu'un homme me baise. Ça me procurerait une grande satisfaction sexuelle – savoir que je ne serais pas passé à côté de quelque chose.

WOLFGANG

Je veux baiser ma sublime femme, dans la chatte, tandis qu'un beau mec, peut-être un type qui ressemblerait à Robbie

Williams ou Jude Law, m'enfonce sa bite dans la bouche et décharge au fond de ma gorge.

FANNY

Je fantasme souvent sur un truc qui m'est réellement arrivé. J'étais au lit avec mon ex-mari, en train de faire l'amour, quand tout à coup, son ex-petite amie, qui passait la nuit chez nous, a grimpé dans notre lit, sans crier gare et sans y avoir été invitée – et bientôt on s'y est mis tous les trois et j'ai joui comme jamais. Ma première expérience « bi » – mais sûrement pas ma dernière !

ELAINE

Dans mes fantasmes, j'alterne entre des hommes et des femmes, selon mon humeur. Si j'ai envie de douceur, ce sera un dîner intime et romantique avec une belle fille, mais pour une bonne baise, il faut que ce soit un mec. Désolé, mesdames.

DWAYNE

Des hommes et des femmes en uniforme.

JERMAINE

A trois dans un lit. Un type à ma gauche et une fille à ma droite – tous deux me caressent les tétons et la queue. Une véritable orgie, tout le monde pénètre tout le monde dans tous les sens. La fille met un gode-ceinture et me baise tout en enculant l'autre type avec un énorme gode. On s'endort les uns sur les autres.

CLEMENT

Je suis sur un lit d'hôpital. Un médecin et une infirmière viennent me ranimer. Ils défont les draps et découvrent mon énorme érection. Le médecin dit à l'infirmière de me sucer jusqu'au bout, tandis qu'il se met devant mon visage et me fait avaler son foutre. Du coup, tous mes signaux vitaux reviennent à la normale et ce connard prétentieux de médecin est très satisfait de son travail. Puis ils passent au lit suivant et administrent à mon voisin le même traitement.

TARLETON

Moi et un type bien monté en train de faire l'amour à ma femme. C'était il y a longtemps.

ADAM

Dans mon fantasme, je suis au lit avec ma femme, quand soudain un cambrioleur pénètre par effraction. Il me tient en joue avec son flingue et me force à me déshabiller, puis m'attache à une chaise. Ensuite il se branle, grimpe sur ma femme et la baise à fond, ce qui me fait bander. Voir sa queue plonger dans la chatte de ma femme me fait jouir à tous les coups.

IDRONE

Je suis bisexuelle, et je fantasme souvent sur des hommes et des femmes, mais séparément dans la mesure du possible. Avec les femmes, c'est toujours un fantasme de cunnilingus parfait – ce que toutes mes copines savent très bien faire. Avec un homme, je reconnais que c'est plutôt traditionnel : j'ai besoin de me faire mettre – un bon coup, direct à l'intérieur.

KELSEY

Un mec de dix-neuf ans et sa copine, dix-sept ans. Je les prends en stop. Je leur dis que je vais les avancer de 150 kilomètres, comme ils me l'ont demandé, mais qu'ils doivent contribuer en payant l'essence. Ils me disent qu'ils n'ont pas d'argent – c'est d'ailleurs pour ça qu'ils font du stop. Mais ils me proposent de me payer en nature, et j'accepte volontiers. Alors le type de dix-neuf ans suce mon pénis tandis que sa copine le suce lui. Quand on a fini de jouir tous les deux, il y a du foutre partout dans la voiture.

BENNETT

J'aime la chatte et la bite, dans cet ordre, et comme je suis plutôt beau mec, je peux en avoir autant que je veux – les deux à la fois, dans l'idéal. Quand ce n'est pas le cas, je m'imagine entre un beau type et une belle nana qui me mordillent partout.

HYACINTH

Imaginer une femme en train de me lécher les seins pendant que mon mari me baise la chatte.

ROZ

Des films porno, des hommes et des femmes en train de faire l'amour, ou bien deux hommes et une femme.

Les fantasmes qu'on vient de lire donnent un bon aperçu de la diversité de la vie érotique des Britanniques – d'autant que ces témoignages sont les plus « sages » et « ordinaires » figurant dans mon enquête. Bien sûr, les fantasmes bisexuels, qui par définition comportent des actes sexuels auxquels participent au moins un homme et une femme en même temps, ne paraissent peut-être pas si « sages » ; mais qu'on les trouve innocents ou plutôt osés, ils font en tout cas pâle figure en comparaison de ceux qu'on va découvrir à présent.

5

Formations groupées

« J'ai surpris ma femme au lit avec un autre homme, et ça m'a fait mal. Alors j'ai dit : "Hé, descendez de là, vous m'écrasez !" »

Emo PHILIPS

Toujours plus !

Un nombre étonnant de Britanniques fantasment sur des pratiques à plusieurs – du simple « ménage à trois » à l'orgie bacchanale à la romaine, avec des milliers de figurants... Le désir orgiaque peut être une façon de satisfaire des envies de plaisir sexuel maximal et d'intense stimulation érotique, mais aussi un moyen de défense et de protection contre la solitude. Quels que soient les mécanismes psychologiques à l'œuvre dans ce fantasme, variables d'un individu à un autre, l'idée de faire l'amour à trois, quatre « et plus si affinités », séduit indéniablement un très grand nombre d'hommes et de femmes en Grande-Bretagne. En témoigne le tableau suivant :

Fantasmes sur les pratiques sexuelles à plusieurs

Fantasme	*Total*	*Hommes*	*Femmes*
Avec un homme et une femme	15 %	13 %	17 %
Avec deux hommes ou plus	18 %	8 %	28 %
Avec deux femmes ou plus	35 %	58 %	10 %
Ménage à trois	30 %	40 %	19 %
Orgie	20 %	28 %	12 %
Regarder un homme et une femme faire l'amour	21 %	24 %	17 %
Regarder deux hommes ou plus faire l'amour	7 %	7 %	6 %
Regarder deux femmes ou plus faire l'amour	23 %	36 %	10 %
Être regardé en train de faire l'amour	19 %	15 %	22 %
Être filmé en train de faire l'amour	16 %	17 %	15 %
Jouer dans un film pornographique	11 %	14 %	9 %

Plus de la moitié des mâles britanniques (58 %, soit 13 millions d'individus) ont le fantasme de faire l'amour avec deux femmes ou plus en même temps. Seulement 28 % des femmes, en revanche, ont le fantasme correspondant (faire l'amour avec deux hommes ou plus). Nous avons tous été éduqués dans l'idée que l'activité sexuelle est une affaire privée entre deux personnes – et pourtant, nous sommes pas moins de 11 % à tirer du plaisir en nous imaginant jouer dans un film X. Si tout le monde réalisait ses fantasmes, la Grande-Bretagne compterait aujourd'hui près de 5 millions de stars du porno.

En m'intéressant à la différence d'âge entre les inconditionnels du sexe à plusieurs, j'ai tout de suite remarqué un immense fossé entre les personnes nées avant 1953 et celles nées après. Le sujet passionne beaucoup moins les individus âgés de cinquante ans et plus que leurs cadets – alors que, dans ce dernier groupe, qu'on ait vingt, trente ou quarante ans, le pourcentage est à peu près le même pour tous, et l'enthousiasme unanime devant la perspective d'une cham-

bre remplie à craquer – c'est là une preuve indubitable des effets profonds de la révolution sexuelle.

Les fantasmes de pratiques sexuelles à plusieurs correspondent à des désirs divers. D'un point de vue concret, ils ouvrent la voie à de nombreuses permutations dans l'activité sexuelle (« une fille me suce, l'autre s'assied sur mon visage, et une troisième me pénètre avec un godemiché », m'a par exemple confié l'un des participants à mon enquête). Mais les psychanalystes ont découvert que ce fantasme peut avoir d'autres fonctions inconscientes :

- Une façon de soigner des blessures narcissiques en possédant plusieurs amants en même temps.
- Un moyen de dissimuler une profonde inquiétude au sujet de son propre corps ou de ses performances sexuelles ; ainsi, certains hommes imaginent que leur compagne a besoin non pas d'un mais de deux pénis pour être satisfaite.
- Une marque d'inconfort devant l'intimité qu'implique une relation à deux.
- Pour les hétérosexuels une façon d'explorer des désirs homosexuels refoulés (et vice versa). Par exemple, un individu se disant hétérosexuel peut être excité à l'idée de pénétrer sa femme pendant qu'un autre homme la pénètre également. Même si les deux hommes n'ont pas de contact physique direct dans ce scénario, la présence d'un autre mâle est source d'excitation.
- L'occasion de recréer un moment de l'enfance, lorsque nous sommes au lit, blottis entre la mère et le père. L'enfant éprouve alors une sensation de sécurité et de confort, mais réalise aussi son désir de séparer le couple parental/sexuel, ce qui lui procure un sentiment d'omnipotence.
- Le fantasme de la sexualité à plusieurs prend souvent sa source dans des souvenirs d'enfance, dans le cas d'individus ayant été élevés par plusieurs personnes. Nombre de mes patients nourrissant ce fantasme ont

souffert, dans leur enfance, de soins erratiques, prodigués par un groupe d'adultes, au lieu d'avoir fait l'objet d'une attention soutenue de la part d'un ou deux parents.

- Les fantasmes de voyeurisme proviennent en général d'un désir irrépressible de regarder à l'intérieur de la chambre des parents par le trou de la serrure – ce que Freud appelle la *scène primaire*. Les enfants supportent souvent mal d'être exclus de la chambre de leurs parents et, à l'âge adulte, cherchent donc à s'y réintroduire de manière symbolique en espionnant les activités sexuelles d'autrui. A cet égard, la pornographie comporte toujours certains éléments de voyeurisme infantile.

Voici un échantillon de fantasmes sexuels à plusieurs, que j'ai organisé en deux sections : ceux où le sujet participe activement, et ceux où le sujet regarde, en position de voyeur.

Participation active

CHICO

Faire l'amour avec une autre femme pendant que ma partenaire nous regarde avant de se joindre à nous. Une orgie.

DORIAN

Deux belles femmes se touchent tandis que je les regarde puis je les rejoins.

CASEY

Être au centre d'une orgie de femmes qui veulent faire l'amour avec moi de toutes les façons possibles et imaginables.

THORNTON

Regarder deux femmes faire l'amour, puis me joindre à elles. Les prendre l'une après l'autre, puis les deux en même temps. Je resterais allongé et elles me lécheraient et me suceraient.

LILAC

Faire l'amour avec d'autres femmes – de séduisantes inconnues – au moins deux. Dans n'importe quelle situation – elles se mettent à se caresser et je les regarde, puis je les rejoins.

ZEBEDIAH

Mon plus grand fantasme est de me faire kidnapper et attaquer sexuellement par trois belles femmes, une Noire, une Asiatique et une blonde. D'abord, elles m'attachent à une table d'examen médical, puis elles me forcent à exciter leurs parties génitales avec ma langue jusqu'à l'orgasme, et ensuite, l'une après l'autre, je les pénètre et je jouis.

CUBA

Faire l'amour avec deux femmes à tour de rôle, pipe, sodomie, pratiques lesbiennes. Le grand jeu.

LEANDER

Avec plein de gens.

TEX

Le vestiaire d'une équipe de foot !!!

KRYSTAL

Mon petit ami baise une blonde et ils poussent des soupirs haletants. Je la termine en lui léchant la chatte et sa mouille. Puis mon petit ami la baise comme un malade, et quand il est au bord de jouir, je les sépare et j'avale tout.

BJORN

Ce serait deux femmes en train de me tailler une pipe, et ensuite éjaculer sur leur visage.

DARLING

Je suis une femme plantureuse, et j'ai une colocataire sublime. A part quelques variantes dans les couleurs (de cheveux, de sous-vêtements...), on porte toutes les deux les mêmes tenues.

Nous vivons au rez-de-chaussée d'une maison où ça déménage tout le temps. Un jour, deux types à tomber par terre s'installent à l'étage et on les invite à boire un verre chez nous. Ils apportent du vin, on leur fait à dîner et on les sert. On finit tous sur le canapé, à discuter, à parler de nous (les détails changent à chaque fois), et au bout d'un moment on ne peut pas s'en empêcher, l'un des types se met avec moi et l'autre avec ma coloc, par terre ou sur le canapé. On porte des jupes pour faciliter l'accès, et on leur montre nos dessous identiques, etc. A un moment donné, les deux mecs nous emmènent dans le fond de l'appartement, dans la chambre, et on se retrouve tous les quatre dans le lit les uns sur les autres à faire l'amour tous ensemble.

EARL

Me faire caresser et exciter par deux filles habillées de manière érotique.

VASLAV

Être immobilisé et entre les mains de plusieurs jolies filles.

Par le trou de la serrure

FORD

Le plus souvent, je fantasme sur la fois où moi et ma femme sommes allés dans un club échangiste. A mesure que la soirée avance, elle devient de plus en plus aguicheuse ; je commence à comprendre ce qui se passe et je suis un peu nerveux, mais je la laisse continuer. Sur la piste de danse, elle est de plus en plus excitée et elle attire l'attention. Nous quittons la boîte à la fin de la soirée en compagnie d'un petit groupe, que nous ramenons chez nous. On boit encore, l'atmosphère devient chaude. Certains des hommes se mettent à toucher ma femme ; elle me regarde, je fais oui de la tête, et elle monte dans la chambre avec eux. Je les rejoins cinq minutes plus tard et les découvre tous

nus. Les hommes ont des pénis énormes et je regarde ma femme faire l'amour avec eux et se tordre d'extase tout du long.

DAVIS

Ma femme m'indique les gestes sexuels à accomplir avec une autre fille tandis qu'elle nous regarde en se masturbant.

ANNA

Mon mec regarde des femmes nues, très sexy, les touche, puis leur fait à toutes l'amour, avec mon approbation.

DIRK

Regarder ma femme faire l'amour avec d'autres hommes.

DAWN

Ce qui m'excite à mort, c'est d'imaginer qu'en rentrant du boulot je surprends mon mari au lit avec ma meilleure amie. Ils ne savent pas que je suis rentrée, et je me cache discrètement derrière une grande penderie d'où je peux regarder leur partie de jambes en l'air sans être vue. Ma copine est super jolie, et je sais que mon mari est raide dingue d'elle – normal, comme tout le monde. Dans mon fantasme, ils sont déjà à poil et se la donnent comme des fous. Il malaxe ses seins, doux, rond et fermes, et elle lui chatouille les tétons pour les faire durcir. Je vois qu'il a une énorme érection et que sa chatte à elle est trempée. Il se met bientôt à frotter le bout de sa queue contre les lèvres de son sexe. Je le sais, parce qu'il fait la même chose avec moi au lit et que ça me rend folle de plaisir. Ensuite elle hurle : « Vas-y mon grand, mets-la-moi, nique-moi, baise-moi, baise-moi, AAAAAHHHH ! » Et elle jouit. Il finit lui aussi par jouir – un gros paquet de foutre gluant jaillit de son pénis, comme un geyser, direct dans sa chatte qui n'attend que ça. Toute cette scène m'excite tellement que je me branle depuis le début derrière la penderie. Je perds mes esprits et je me masturbe jusqu'à l'orgasme, réprimant mes cris en me mordant l'épaule. Puis j'imagine que je dois aller préparer le dîner des gosses, et mon mari redescend, comme si de rien n'était.

FLEUR

Imaginer mon mari avec sa pute ! Je sais qu'ils aimaient baiser n'importe quand et faire des trucs salaces, vu qu'ils avaient pas de gamins ensemble, donc ils pouvaient faire ça pendant la journée, tous les jours. Je les imagine, lui crado, brutal, et elle qui aime pas trop ça. Je suis bien jouasse qu'il m'ait pas réduit à ça, moi !

JUNIOR

Une femme en train de faire l'amour avec trois hommes en même temps, par tous les orifices.

MIGUEL

J'ai une très bonne paire de jumelles, qui me permettent d'observer la chambre du jeune couple qui vient de s'installer à côté. Ils laissent tout le temps leurs rideaux ouverts, et la nuit, je les regarde faire l'amour. Ils sont très libres, désinhibés, et ils ont l'air de beaucoup s'amuser. Le type a une bite énorme, et sa femme lui monte dessus sans cesse. Ils font beaucoup de bruit, et je les entends depuis chez moi. Regarder ce couple m'inspire plein de fantasmes.

DAVIDSON

Je viens de finir le lycée, et je peux vous dire que j'en ai vu se passer, des choses, là-bas, surtout des mecs baiser. Pas moi, malheureusement, vu que je suis plutôt moche, mais j'ai été témoin de PLEIN de trucs, surtout des trucs pervers homo, parce que c'est ça qui se passe dans les écoles publiques en Angleterre, ceux qui vous diront le contraire sont des menteurs. Mon fantasme est basé sur un épisode qui s'est passé pour de vrai, quand j'avais seize ans. J'étais au lit un matin – je partageais ma chambre avec un autre garçon – et tout à coup, ce petit blondinet mignon qui m'a toujours bien plu débarque et s'assied sur le lit de mon coloc. Ils pensent que je dors à poings fermés, et je les laisse croire. Deux secondes plus tard, le blondinet roule une pelle à mon pote et ils s'y mettent comme des lapins. Je bande direct dans mon pyjama. Je les entends se caresser de plus en plus fort, et bientôt se déshabiller à toute vi-

tesse. J'essaie de les regarder en douce mais j'ai peur qu'ils me remarquent et qu'ils arrêtent, alors je garde les yeux fermés – je les ouvre seulement de temps en temps, un rapide coup d'œil de pur bonheur. Il leur faut pas longtemps pour éjaculer tous les deux à force de se masturber l'un l'autre et de s'embrasser, et moi aussi, sans même m'être touché. J'aimerais juste que ce soit à moi qu'on fasse ça. Peut-être à l'université.

LORENZO

Je suis avocat. Je rencontre beaucoup de très belles femmes dans mon travail. Comme on peut l'imaginer, les tarifs de mon cabinet sont très élevés, et parfois les clientes se mettent à pleurer en m'expliquant qu'elles n'ont pas les moyens. Je leur dis que si elles font l'amour ensemble et me laissent regarder, je ne les ferai pas payer. Je réunis toutes ces femmes obligeantes dans une antichambre ; sur mes ordres, elles se déshabillent et se lèchent la chatte tandis que, assis dans mon fauteuil, la main dans le pantalon, je me branle doucement pour me faire bander. Je jouis en même temps que les femmes, puis je repars au tribunal pour un contre-interrogatoire, mon caleçon plein de foutre.

GUY

Quand j'étais à l'école, les vestiaires des filles et des garçons étaient côte à côte, et bien sûr, quelqu'un avait perforé le mur pour que les garçons puissent voir du côté des filles – fantastique ! Je me rappelle, un jour, j'étais sorti de cours en douce avec deux potes pour aller voir les filles se changer ; on a regardé par l'ouverture secrète, et on a vu deux filles totalement sublimes, avec des seins énormes, enfiler leurs maillots de bain. Et là, comme dans un porno, elles se sont mises à s'embrasser et à se toucher les seins. Ensuite elles ont gloussé et il ne s'est pas passé grand-chose d'autre, mais je me suis demandé ce qui aurait pu arriver. Je crois que moi et les deux autres gars on avait envie de se branler illico, sauf que bien sûr nous ne l'avons pas fait, mais dans mon fantasme, j'imagine que les filles nous surprennent en train de les épier et qu'elles viennent nous donner une bonne leçon. Elles nous forcent à mettre la tête sous leurs jupes

et à les lécher – une odeur de poisson, mais savoureuse – jusqu'à ce qu'elles jouissent sur nos visages, et elles nous disent de nous branler mais de ne pas jouir avant qu'elles nous y autorisent. Plutôt salé, mais un de mes grands fantasmes depuis des années.

6

Infidélités

> « Il faut bien que les hommes se consolent de la monogamie. »
>
> Anonyme

Mais pourquoi sommes-nous infidèles ?

Pourquoi trompons-nous nos partenaires ? Et qu'entendons-nous par *tromper* ? D'après les résultats de mon enquête, environ 55 % des adultes interrogés ont commis, au moins une fois dans leur vie, une infidélité *extraconjugale*. Mais, encore plus choquant peut-être, ils sont 90 % à entretenir une ou plusieurs liaisons *intraconjugales*.

Est-ce un problème si nous sommes infidèles de cette manière, si nous nous masturbons en pensant à notre voisin(e) de palier, à nos collègues de travail, à des inconnus croisés dans la rue ou à des stars de cinéma ? A l'évidence, certaines personnes n'y voient aucun mal. Écoutons par exemple le témoignage de « Missy » : « Je me fiche pas mal que mon mari se masturbe en pensant à d'autres femmes. Pourquoi se gênerait-il ? Moi, je fantasme bien sur d'autres hommes, rien de plus naturel. C'est vrai, on peut pas avoir sous les yeux le

même corps pendant trente ans sans finir par s'ennuyer un peu. Non, ça ne me dérange pas. Aucun problème. Ce qui me rendrait furieuse, ce serait de savoir qu'il prend son pied en pensant à des trucs pervers, vous voyez, des adolescentes ou de la pornographie vraiment tordue. Mais d'autres femmes, c'est jamais que du désir tout ce qu'il y a de plus sain, et s'il se retient, eh bien je lui souhaite bien du courage. »

Voilà une jeune femme de bonne composition, joyeuse et tolérante – à l'image de beaucoup de Britanniques sur ce sujet. D'autres, cependant, sont choqués et perturbés par l'idée d'une « liaison intraconjugale ». Une autre participante à mon enquête, « Alice », la quarantaine, m'a raconté qu'un soir, en rentrant chez elle après une fête entre copines, elle avait surpris son mari, « Benny », affalé sur le canapé, ronflant comme un bienheureux, la main plongée dans son caleçon, un magazine pornographique étalé à ses pieds. Alice ne s'était jamais doutée que Benny aimait ce genre de lectures « pour hommes », ou même qu'il continuait à se masturber (il avait juré ses grands dieux qu'il avait arrêté depuis longtemps), et prendre son mari « en flagrant délit », pour ainsi dire, l'avait profondément troublée : « Je me sentais trahie, trompée, et ce soir-là, je lui ai interdit de dormir dans notre chambre. Oui, je suis en colère, furieuse même, de savoir qu'il pense à d'autres femmes. Je prends soin de moi pour lui. Moi en tout cas, jamais je ne fantasmerais sur d'autres hommes – alors pourquoi lui devrait se le permettre ? Je trouve ça écœurant, et du coup je me demande si je peux continuer à lui faire confiance dans d'autres domaines. »

La notion de liaison intraconjugale suscite à l'évidence des réactions très variées. Il y a ceux, comme Missy, qui tolèrent les infidélités mentales et en prennent leur parti, et ceux, comme Alice, qui ne le supportent pas. D'autres encore ressentent de la honte et de la culpabilité – qu'ils soient ou non pris en flagrant délit.

En 1948, le professeur Kinsey et son équipe estimaient

qu'environ 50 % des hommes mariés aux États-Unis commettaient, à un moment ou un autre de leur vie, une infidélité extraconjugale. En 1953, l'étude de Kinsey & Co. sur la sexualité féminine révélait que ces dames, pour leur part, étaient 26 % à tromper leurs conjoints. Chiffres ahurissants : en tout, au lendemain de la Seconde Guerre mondiale, on dénombrait plus de 100 millions d'Américains adultères.

Les études plus récentes sur la question, usant d'une méthodologie plus raffinée, n'ont fait que confirmer les estimations de Kinsey : environ la moitié des hommes et un quart des femmes s'écartent un jour ou l'autre du droit chemin...

Les chercheurs modernes distinguent le plus souvent trois sortes de liaisons extraconjugales :

- les liaisons purement sexuelles ;
- les liaisons purement sentimentales (sans contact sexuel) ;
- les liaisons mixtes (à la fois physiques et amoureuses).

Selon Annette Lawson, spécialiste des questions d'adultère, ces catégories peuvent à leur tour être subdivisées en trois sous-catégories :

- les liaisons *traditionnelles* (l'infidélité est cachée) ;
- les liaisons *parallèles* (le conjoint tolère ou approuve l'infidélité et peut faire de même de son côté) ;
- les liaisons *récréatives* (les deux conjoints décident de former un couple « libre »).

L'amour moderne ne connaît pas de loi. On peut rester absolument fidèle, être infidèle à l'occasion ou à répétition, et l'autre peut réagir avec colère, tolérance ou même approbation. En d'autres termes, chaque couple mène sa vie conjugale à sa manière.

Le psychologue américain Don-David Lusterman a opéré des distinctions encore plus détaillées ; selon lui, une liaison peut être :

- de longue ou de courte durée ;
- secrète ou non secrète ;
- purement sexuelle, ou également sentimentale dans une plus ou moins grande mesure ;
- hétérosexuelle ou homosexuelle ;
- avec ou sans contact physique ;
- impliquant une seule ou plusieurs personnes.

Les travaux de recherche du Dr Lusterman sur l'infidélité soulignent que les événements de la vie courante peuvent être l'élément déclencheur immédiat d'une liaison. La crise de la quarantaine, par exemple, un deuil ou encore le syndrome du « nid déserté » (quand les enfants quittent la maison parentale) peuvent constituer des « facteurs de risque » augmentant la probabilité d'une liaison. Toujours selon le Dr Lusterman, c'est un élément extérieur qui « déclenche » la liaison, mais cette dernière peut remplir un certain nombre de fonctions. Lusterman en distingue quatre types :

- *la liaison test* : nous mettons à l'épreuve la solidité et la valeur de notre couple en cherchant à savoir si nous ne pourrions pas trouver mieux (en termes sexuels, mais aussi sociaux ou même culinaires) auprès de quelqu'un d'autre ;
- *la liaison compensatoire* : grâce à notre infidélité, nous minimisons notre peur de l'intimité psychologique et nos craintes d'être dévorés par un partenaire envahissant ;
- *la liaison vengeresse* : nous faisons payer à notre partenaire un affront quelconque (réel ou perçu comme tel) ;
- *la liaison échappatoire* : l'infidélité comme moyen d'échapper à un mariage décevant.

Ma propre expérience de psychothérapeute conjugal m'a appris que l'infidélité a des explications nombreuses et variées :

- le désir de changement ;
- le désir de satisfaire des besoins affectifs ou sexuels inassouvis ;
- le besoin de réaffirmer son autorité ou son pouvoir de séduction ;
- la volonté de punir son partenaire ;
- la volonté de se punir soi-même, en sabotant son couple et la stabilité d'une vie de famille ;
- un appel au secours symptomatique, une façon d'exprimer une forme de détresse psychologique ;
- la reproduction d'un traumatisme d'enfance, souvent une identification aux parents quand eux-mêmes ont vécu des liaisons extraconjugales ;
- un moyen de contourner la peur de l'intimité et l'angoisse de fusionner avec un partenaire unique ;
- un moyen de se prémunir contre la crainte primaire d'une trop grande emprise de son partenaire ;
- un moyen de défense maniaque contre les troubles dépressifs.

Voici à présent quelques témoignages illustrant l'importance de l'infidélité dans nos fantasmes sexuels.

A toi toujours...

La première fois que j'ai rencontré Susannah, elle était si propre sur elle et compassée que je me suis dit : jamais cette femme ne me confiera ses fantasmes sexuels. Et de fait, elle trouvait difficile de m'en parler en face-à-face, et me demanda donc si elle pouvait plutôt témoigner par écrit. Elle passa une bonne demi-heure à rédiger sa réponse, avec beaucoup d'application. Son fantasme, comme ceux qui suivent, me paraît exemplaire de l'attitude des Britanniques envers la question de l'infidélité.

SUSANNAH

Je suis une femme au foyer de cinquante-deux ans, et je vis dans le Bedfordshire. Je suis très souvent déprimée, et mon médecin m'a mise sous Prozac, mais je n'ai pas l'impression que ça m'aide beaucoup. Mon mari est un riche homme d'affaires, il voyage tout le temps et comme nous n'avons pas d'enfant, je suis souvent seule. L'argent n'est pas un problème pour nous, nous avons une belle maison, et si j'ai envie de faire des travaux ou de redécorer, mon mari ne regarde pas à la dépense, je n'ai qu'à appeler une entreprise en bâtiment. J'éprouve un frisson sexuel secret à faire venir des ouvriers chez moi pour des gros travaux ou même de petits aménagements dans la maison. Un jour, j'avais besoin d'une nouvelle salle de bains, et un jeune homme, vingt-huit ou vingt-neuf ans peut-être, est venu : Omar. Je lui ai ouvert la porte, il est entré ; il sentait un peu la sueur et empestait aussi la cigarette. Il portait un jean déchiré et couvert de taches de peinture, et un vieux cardigan miteux, mais il était beau, avec sa barbe de trois jours. J'ai tout de suite remarqué qu'il avait une bague au majeur – ce qui voulait sans doute dire qu'il n'était pas marié, que c'était juste un accessoire à la mode. Ma respiration s'est aussitôt emballée, et j'ai pensé que ce serait génial s'il me baisait. Je ne suis pas très attirante, et aucun des ouvriers qui sont venus un jour ou l'autre chez moi ne m'a jamais draguée, mais j'espérais qu'avec Omar les choses se passeraient différemment. Je lui ai montré la salle de bains et je lui proposé une tasse de thé et quelques biscuits, mais il a refusé. J'étais vexée, comme s'il venait déjà de me repousser. Je frappais à la porte de la salle de bains toutes les demi-heures pour lui demander s'il n'avait besoin de rien – j'ai fini par lui apporter du jus de fruit et des muffins, et il avait l'air ravi. J'ai essayé d'engager la conversation, mais rien à faire – il continuait de travailler consciencieusement. Mon cœur se serrait ; je n'avais pas fait l'amour avec mon mari depuis huit mois, et j'espérais vraiment qu'il se passerait quelque chose avec Omar. Trois ou quatre heures plus tard, il était évident qu'il ne tenterait rien, alors je lui ai dit que j'allais dans ma chambre passer un coup de fil et que je reviendrais voir si tout allait bien dans une heure environ. Je suis montée dans ma chambre, j'ai fermé

la porte à clé, puis je me suis déshabillée, ne gardant que ma culotte et mon chemisier. Ensuite, j'ai ouvert un tiroir de la commode, et j'ai sorti le vibromasseur que j'utilise de plus en plus souvent quand mon mari n'est pas là. Je me suis allongée sur le lit, j'ai fermé les yeux, j'ai allumé le vibromasseur et je l'ai passé sur mes seins, par-dessus mon chemisier. J'imaginais qu'Omar était dans la chambre avec moi, qu'il avait enlevé son tee-shirt, révélant de sublimes pectoraux, et que c'était lui qui manipulait le vibro. Quand mes tétons sont devenus bien durs, j'ai fait descendre le vibro jusqu'à ma culotte, plaçant le bout tout contre mon clitoris qui gonflait et mes lèvres humides – et là encore, je faisais comme si c'était Omar qui me prodiguait ces douces caresses. J'imaginais que je sentais ses odeurs de sueur et de tabac, et que tout en continuant à me masser le sexe avec le vibro, il me léchait les seins à travers la soie de mon chemisier. Peu à peu, j'ai enlevé ce dernier, puis ma culotte, et j'ai commencé à me masturber, cette fois avec ma main, en enfonçant un, puis deux, et enfin trois doigts, à l'intérieur de ma chatte. Je les ai retirés, dégoulinants, et frottés contre mes tétons en disant : « Oui, Omar, oui, fais-moi sentir tes odeurs masculines. Oui, Omar, oui, s'il te plaît baise-moi avant que mon mari rentre à la maison. » Je me saisis à nouveau du vibro et il s'enfonce en moi sans aucun mal. Je crois sentir la queue rigide et dressée d'Omar, qui me pénètre, puis ressort, s'appuyant sur ses puissants biceps, me baisant à fond. Je finis par atteindre un extraordinaire orgasme, je jouis encore et encore, jamais je n'ai eu un orgasme pareil avec mon mari, en vingt-quatre ans de mariage. Je me lève, je rince le vibro, et je me rhabille. Je redescends voir Omar, qui ne s'est même pas rendu compte de mon absence – je ne l'intéresse visiblement pas du tout – et je suis déprimée à nouveau. Il fait un travail formidable dans la salle de bains, mais à la fin de la journée, il s'en va et je ne le revois plus jamais. Ça me rend triste à en pleurer, et je n'ai personne à qui en parler. Je me sers beaucoup de ce fantasme, les rares fois où je fais l'amour avec mon mari.

PERCY

Faire l'amour avec ma femme en pensant à quelqu'un d'autre.

JORDANA

Rencontrer un ex par hasard et faire l'amour avec lui à l'improviste.

HESTER

Me retrouver dans une chambre d'hôtel avec mon ex, et pendant qu'il me fait l'amour, mon petit ami actuel m'appelle au téléphone et je lui parle en essayant de retenir mes cris.

PHILIPPE

Mon ex nous invite à dîner, moi et ma petite amie actuelle. Elle dit qu'elle veut enterrer la hache de guerre et qu'elle espère que nous serons tous les trois amis. Je trouve que c'est une bonne idée et j'accepte l'invitation. À la fin du dîner, nous sommes ivres. Mon ex va dans la cuisine faire du café. Elle revient en douce dans la salle à manger, se glisse sous la table et se met à me caresser l'entrejambe à travers mon jean. Je bande aussitôt – elle a toujours été experte dans l'art de me masturber... Je la sens ensuite ouvrir ma fermeture Eclair, et bientôt ma queue se retrouve dans sa main et dans sa bouche, elle me suce à fond, tandis que ma petite amie, toujours assise à table, ne s'aperçoit de rien. Je commence à transpirer d'excitation. Ma petite amie me demande ce qui ne va pas. Je lui réponds : « Rien », et je continue à me faire sucer par mon ex. Je décharge dans sa bouche et elle avale tout. Je n'arrive pas à croire qu'on ne se soit pas fait prendre.

LUCILLE

J'ai le fantasme de dire à mon petit ami que je dois aller au bureau pour une réunion de travail urgente et cruciale, un soir à 19 h 30. En réalité, je vais dans le hall d'un hôtel de Manchester où je retrouve le sublime Italien que j'ai croisé lors d'un cocktail quelques semaines plus tôt. Je n'ai jamais rien fait avec lui, dans la vraie vie, mais dans mon fantasme, nous nous retrouvons dans le hall, nous prenons une chambre au nom de « M. et Mme Smith », et nous baisons comme des fous. L'Italien est super bien monté. Il se déshabille pour moi, me frappe le visage avec sa bite, jouit sur mes seins, et quelques

secondes plus tard il bande à nouveau et il se remet à me baiser, encore et encore. Quand je rentre, mon petit ami est endormi devant la télé, des canettes de bière à ses pieds. Beeeuuuuurk !

OTTOLINE

Faire l'amour avec mon amant alors que sa femme et mon mari sont dans les parages.

CHRISTY

Ailleurs, avec quelqu'un d'autre que mon mari, être excitée par sa manière de s'occuper de moi, de me donner l'impression d'être irrésistible, me faire désirer tout en sachant que je le désire autant que lui, et faire quelque chose de complètement différent du « va et vient » habituel, me sentir pleinement satisfaite mais incapable d'attendre jusqu'à la prochaine fois. Vivre chaque moment.

NATALKA

Je fais l'amour avec le fantôme d'Elvis, et mon mari nous surprend.

7

Fantasmes de célébrités

> « Les stars modernes ne connaissent ni la honte ni l'humiliation – ce qu'on appelle aujourd'hui la publicité. »
>
> P.J. O'ROURKE, *The Enemies List*

Un casting de rêve

Lors de mes deux enquêtes (celle de 2003, portant sur 3 617 Britanniques, et celle de 2004 avec ses 13 553 témoignages), j'ai demandé aux participants à quelle fréquence ils fantasmaient sur des célébrités. J'avais pris soin de ne pas spécifier ce que recouvrait ce terme, laissant chacun préciser sa propre définition de ce qu'est une « célébrité ». On ne sera guère surpris d'apprendre qu'une très faible proportion d'individus me parlèrent d'hommes politiques ou de musiciens classiques ; beaucoup choisirent des personnalités sportives, et pour une écrasante majorité, le mot « célébrité » renvoyait à une star du cinéma, de la télévision ou de la musique populaire.

Environ 25 % des Britanniques fantasment sur une ou plusieurs célébrités ; les hommes se livrent plus souvent que les femmes à ce genre de rêverie, et, détail intéressant, ce sont

surtout les jeunes qui y succombent : il semblerait que plus nous vieillissons, moins le monde des stars éveille notre intérêt sexuel. Par exemple, dans l'étude pilote de 2003, pas moins de 61 % des 18-24 ans avouaient ce fantasme – pour les soixante ans et plus, ce chiffre retombait à 21 %. Dans la mesure où la majorité des stars du grand écran et de la chanson sont elles-mêmes jeunes, ces résultats laissent penser que, même si un homme ou une femme d'un certain âge peut être séduit(e) par le charme et la prestance d'un jeune chanteur ou d'une présentatrice de télévision, nous préférons en général fantasmer sur des personnalités de la même génération que nous.

Lorsque nous fantasmons sur des stars, nous les enrôlons dans des activités sexuelles nombreuses et variées – le coït hétérosexuel conventionnel en premier lieu, suivi de la fellation ou du cunnilingus ou par des scènes romantiques. Moins de 1 % de la population adulte rêve d'avoir un rapport anal avec une star (mais notons que, parmi eux, on compte 91 % d'hommes et seulement 9 % de femmes). On peut ainsi établir un classement des gestes sexuels ou romantiques que les gens préfèrent, lorsqu'ils s'imaginent dans les bras de célébrités :

1. Coït hétérosexuel.
2. Fellation ou cunnilingus.
3. Excitation visuelle.
4. Scènes romantiques.
5. Scènes fétichistes.
6. Sadomasochisme.
7. Sexe à plusieurs.
8. Soumission à une star.
9. Sodomie.
10. Domination d'une star.
11. Dans un lieu public/exhibitionnisme.
12. Violence sexuelle extrême.

On sait que les stars peuvent parfois faire l'objet de harcèlements – il est sans doute rassurant, à cet égard, de s'apercevoir que les fantasmes de violence extrême ne viennent qu'en dernière position dans ce classement (ils ne concernent que 0,15 % de la population). Insistons sur le fait que nous parlons ici de *fantasmes*. Selon toute vraisemblance, jamais les hommes et les femmes qui « rêvent » de violenter telle ou telle star ne passeront à l'acte ; mais on sait que certaines personnalités ont pu être à l'occasion menacées (de viol, ou même de meurtre), souvent par des individus qui nourrissaient ce genre de rêveries sexuelles.

Fort heureusement, la grande majorité de ces fantasmes porte sur des pratiques beaucoup plus agréables, comme l'attestent ces quelques témoignages :

HOGAN

Britney Spears, Jennifer Love Hewitt, Julia Roberts – faire l'amour avec elles (après quelques préliminaires).

ENRICO

Robbie Williams.

HARPER

Faire l'amour avec Kylie Minogue.

SHANE

Christopher Reeve dans *Superman*, en costume, avant son accident, quand il aurait pu bien me baiser.

PRISCILLA

Jude Law dans le remake de *Irrésistible Alfie*. Bon Dieu, il sautait tellement de femmes dans ce film, et je voudrais être l'une d'elles. J'ai ce fantasme récurrent : je suis sur le tournage, et on a une scène d'amour, Jude et moi, dont on doit faire plusieurs prises. Le réalisateur n'est pas content du résultat parce que nous faisons semblant de baiser, et il nous demande, « pour le bien du film » et au nom du « *cinema verismo* », de faire

l'amour pour de vrai, sans préservatif. Jude se met à bander aussitôt et m'arrache ma culotte. Il fond sur ma chatte et me lèche comme un fou, à s'en décrocher la mâchoire, et ensuite, il enfonce sa grosse queue dans mon vagin et il me saute comme un chien en chaleur avant de décharger. J'adorerais avoir un enfant de lui, j'imagine qu'il serait très beau.

THERESA

Isabelle Huppert. Elle a un corps fantastique et un visage encore plus phénoménal, d'une incroyable sensualité. Elle est chic, intelligente, et ça m'excite à mort. Dans mon fantasme préféré, j'imagine que nous sommes amantes. Elle quitte en catimini le lit de son mari et rejoint le mien, et nous faisons l'amour avec une tendresse infinie, mais peu à peu on s'emballe et bientôt on se fait un 69, on se lèche jusqu'à ce que les muscles de nos jambes se contractent et nous avons toutes les deux des orgasmes en série pendant toute la nuit.

PEACHES

Ringo Starr.

ERROL

Me faire sucer par Catherine Deneuve quand elle avait vingt ans.

BEAUMONT

Tony Blair.

DEAGAN

Marilyn Monroe.

JOYCE

Sean Connery en James Bond (il y a longtemps) ; je serais une James Bond girl, un personnage à la Pussy Galore, une dominatrice, avec des bottes à talons hauts, des lanières de cuir et des fouets.

ISADORA

Gregory Peck. Ça vous donne une idée de mon âge... Mais je n'ai jamais vu un type aussi beau de toute ma vie – enfin, à part Robert Taylor et Clark Gable, peut-être, deux stars de ma jeunesse. Mais Gregory est mon fantasme numéro un. Miam. Je crois qu'il est mort.

TILLY

Sucer le Prince William.

KENTON

Acheter un exemplaire du magazine *FHM* avec le classement des 100 plus belles femmes... ce serait déjà un début.

DOBIE

Kim Novak quand j'étais adolescent, dans un navire de la Marine, l'avoir pour moi tout seul dans mon lit de camp après mon tour de garde.

BAKER

Britney Spears, je la prends avec brutalité.

LUCAS

Paris Hilton.

PALOMA

Par derrière avec Jackie Chan.

PATRICK

Me faire draguer par Björk.

SELMA

Mon fantasme serait de me faire violer par Brad Pitt. Je l'ai vu dans *Troie*, se démenant en tous sens, avec son petit cul et ses grosses cuisses musclées. J'avais envie de sauter sur l'écran et de le serrer dans mes bras, puis le laisser me prendre. J'imagine que je suis prisonnière dans une galère, pendant l'Antiquité, et

Brad me choisit ainsi que plusieurs autres jeunes filles, enchaînées ensemble, et il me libère – pour me baiser et me remplir de son foutre brûlant. Mon travail dans le campement des soldats est d'être sa petite pute jusqu'à la fin des temps, ou au moins jusqu'à ce qu'il se lasse de moi et aille sauter une autre petite salope.

BERGER

D'abord Angelina Jolie. Mon fantasme est de sentir ses lèvres autour de ma queue et qu'elle me pompe. Ensuite, Nana Visitor, qui joue dans la série télé *Deep Space Nine*. Elle porte une combinaison très moulante et elle remue du cul, ce qui me donne envie de me masturber.

MARINE

Hugh Grant, Tony et Cherie Blair. Je suis invité au 10, Downing Street. Je m'habille très chic. C'est une grande soirée et il y a plein de gens célèbres. Cherie me propose de faire le tour du propriétaire. On monte à l'étage, et à peine arrivées dans la chambre, elle me renverse sur le lit. Elle m'enfonce sa langue dans la gorge et glisse la main sous ma jupe. Je suis en extase devant elle, mais je me détends et nos langues se touchent. J'écarte les jambes, ma jupe remonte et ses doigts me pénètrent. Elle me fait mouiller et je ne porte pas de culotte. Elle ne dit rien mais elle arrache mon chemisier, m'embrasse et me mord les seins, elle me domine, m'embrasse partout, descendant jusqu'à ma taille. Elle écarte encore plus mes jambes et fourre sa langue dans ma chatte brûlante et trempée. Je lui appartiens, je suis prête à tout pour elle. Je me mets à jouir et je me cambre contre sa langue. Je hurle en jouissant comme jamais auparavant. Je m'évanouis. Quand je retrouve mes esprits, je vois que Cherie a sorti un énorme godemiché d'un tiroir. Elle est allongée à côté de moi et se l'enfonce jusqu'au fond. « Ah, te revoilà, dit-elle. Tu veux que je te baise avec ça, salope ? » Je murmure : « Oui, s'il te plaît. » Elle se penche sur moi avec un sourire salace, le gode enfoui en elle, trempé, et elle fait lentement pénétrer dans mon trou humide l'autre extrémité. « Je vais te défoncer la chatte », me dit-elle, et elle

commence à se balancer d'avant en arrière, le godemiché glissant de ma chatte à la sienne. Elle m'injurie et me répète qu'elle va jouir, qu'elle a la chatte en feu. Je n'ai jamais entendu personne prononcer des mots si osés, et ça m'excite. J'entends des voix dans le couloir mais ça n'a pas l'air d'inquiéter Cherie. Tony Blair et Hugh Grant entrent dans la pièce, tels deux chats furtifs. Un sourire se dessine sur leurs lèvres. Je me retrouve soudain avec la queue rigide de Hugh dans la bouche. Je le suce comme une affamée, tandis que Cherie continue à me baiser et à jurer. Elle change de position, se place au-dessus de moi. Tandis que je continue à sucer la délicieuse bite de Hugh, Tony se met à me baiser le cul, qui ruisselle du jus de ma chatte et de celle de Cherie. J'ai envie de crier mais la bite dans ma bouche m'étouffe. Cherie hurle et me traite de pute, de salope, et n'arrête pas de jouir. Puis je sens que Tony décharge, mon cul est rempli de foutre chaud et gluant, et Hugh balance sa purée au fond de ma bouche. Je manque m'étouffer et j'avale tout. Je jouis du début à la fin. J'ai chaud, je suis épuisée. Tony et Hugh se rhabillent et Cherie s'écroule sur moi, pantelante. Avant de quitter la chambre avec Hugh, Tony me dit : « Merci, petite salope, pas un mot à la presse, et à la prochaine. » Cherie n'a pas fini. Elle retire le godemiché trempé de sa chatte, laissant l'autre extrémité dans la mienne, et se met à le lécher, à l'enfoncer lentement dans sa gorge. Elle avale le foutre de son mari qui s'écoule de mon cul et me baise avec le gode. Je jouis à nouveau tandis qu'elle aspire goulûment la purée de son mari à même mon cul. Je jouis encore, puis je m'endors.

Le grand classement des célébrités

Nous voyons dans les stars des objets de fantasme pour quantité de raisons diverses : attirance physique, manifestation d'un désir d'identification, envie impulsive et jalouse d'agresser une personne dont nous nous imaginons qu'« elle a tout ». J'ai appris, au cours de mon expérience clinique, que certains individus deviennent obsédés par les célébrités

quand eux-mêmes ne se sentent pas écoutés, considérés ou pris au sérieux par leurs proches. Je dis souvent qu'il n'y a qu'une seule vraie définition de la célébrité : être reconnu dans son propre foyer; autrement dit, être quelqu'un à qui parents et amis accordent autant d'attention que les paparazzi en accordent aux stars du cinéma, de la chanson ou du sport.

Voici à présent le classement des célébrités sur lesquelles les Britanniques fantasment le plus, d'après mon enquête; pour chacune de ces stars, j'indique dans quelle proportion elles font fantasmer les hommes et les femmes respectivement.

Stars masculines

Rang	*Star*	*Hommes attirés*	*Femmes attirées*
1	Robbie Williams	13 %	87 %
2	Russell Crowe	0 %	100 %
3	Brad Pitt	17 %	83 %
4	George Michael	12 %	88 %
5	Mel Gibson	6 %	94 %
6	David Beckham	51 %	49 %
7	Kevin Costner	0 %	100 %
8	Sir Cliff Richard	11 %	89 %
9	George Clooney	0 %	100 %
10	Simon Cowell [1]	0 %	100 %
11	Jean-Claude Van Damme	18 %	82 %
12	Jon Bon Jovi	0 %	100 %
13	Richard Gere	3 %	97 %
14	Jude Law	43 %	57 %
15	Tom Cruise	30 %	70 %

1. Présentateur d'une émission de télé-réalité.

Stars féminines

Rang	*Star*	*Hommes attirés*	*Femmes attirées*
1	Kylie Minogue	96 %	4 %
2	Britney Spears	74 %	26 %
3	Sarah Michelle Gellar	97 %	3 %
4	Pamela Anderson	98 %	2 %
5	Angelina Jolie	70 %	30 %
6	Jordan [1]	91 %	9 %
7	Julia Roberts	100 %	0 %
8	Marilyn Monroe	92 %	8 %
9	Kelly Brook [2]	93 %	7 %
10	Joanna Lumley [3]	100 %	0 %
11	Paris Hilton	93 %	7 %
12	Carol Vorderman [4]	98 %	2 %
13	Nicole Kidman	97 %	3 %
14	Jennifer Aniston	89 %	11 %
15	Madonna	88 %	12 %

Ces chiffres sont intéressants à plus d'un titre – notamment dans la mesure où ce classement évolue d'une année sur l'autre. Par exemple, lors de mon enquête pilote en avril 2003, le chanteur Justin Timberlake figurait en haut de la liste des célébrités sur lesquelles fantasmaient les Britanniques ; mais en novembre et décembre 2004, au cours de ma seconde enquête, plus approfondie, M. Timberlake semblait en très nette perte de vitesse dans le cœur de mes compatriotes... A l'heure de la parution de ce livre, il se peut que les trente stars susmentionnées soient descendues du piédestal où les avait mises le public britannique à l'époque ; ainsi, les célébrités remplissent une fonction psychologique et sexuelle à un moment donné, puis nous nous empressons de les

1. Mannequin « de charme », habituée des tabloïds anglais. (*NdT.*)
2. Actrice, mannequin et présentatrice télé britannique. (*NdT.*)
3. Actrice de séries télévisées (Purdey dans *Chapeau melon et bottes de cuir* et Patsy Stone dans *Absolutely fabulous*). (*NdT.*)
4. Présentatrice de jeux télévisés en Grande-Bretagne. (*NdT.*)

reléguer… Seule Marilyn Monroe (décédée en 1962) demeure en bonne position dans ce Top 30 – son charme agit encore, près d'un demi-siècle après sa mort.

La répartition par orientation sexuelle n'est pas moins intéressante. Presque toutes les femmes présentes dans ce classement sont attirantes aux yeux des hommes hétérosexuels, ce qui n'est guère surprenant ; et hormis Angelina Jolie et Britney Spears, pratiquement aucune de ces quinze femmes ne semble présenter d'intérêt pour les femmes lesbiennes ou bisexuelles ou pour les hétérosexuelles fantasmant sur d'autres femmes. Dans le cas des stars masculines, en revanche, les chéris de ces dames ne laissent pas indifférents non plus les hommes (homosexuels, bisexuels, ou hétérosexuels ayant des fantasmes homosexuels). Le footballeur David Beckham, par exemple (seul sportif de la liste), fait plus de ravages parmi les hommes (51 %) que parmi les femmes (49 %), ce qui fait de lui l'incontestable « icône gay » de la Grande-Bretagne (et peu importe que lui-même, marié et père de famille, ne soit pas homosexuel). A l'inverse, le chanteur George Michael, dont l'homosexualité n'est un secret pour personne, attire beaucoup plus les femmes (88 %) que les hommes (12 %) en dépit de ses préférences sexuelles avouées. David Beckham est-il donc plus excitant pour les hommes parce que ces derniers savent qu'ils ne pourront jamais l'avoir ? George Michael plaît-il d'autant plus aux femmes qu'il leur est à tout jamais inaccessible ?

Et que dire de Julia Roberts, dont les atouts ont embrasé l'imagination de plusieurs millions de mâles ? Pourquoi sa beauté est-elle sans effet sur les femmes, alors qu'Angelina Jolie et Britney Spears jouissent d'une popularité certaine dans les rangs lesbiens ? De même, George Clooney et Russell Crowe, objets de fantasmes pour une écrasante majorité de femmes de par le monde, ne font apparemment ni chaud ni froid aux hommes homosexuels, d'après ces statistiques. Moi-même n'étant pas un aficionado de la culture *people*, je m'abstiendrai ici de pousser plus avant

l'analyse de ces disparités – sinon pour souligner que ces données prouvent, une fois de plus, à quel point les ressorts de notre vie érotique sont complexes.

Il est intéressant de noter que presque toutes les stars citées (à l'exception de Marilyn Monroe) sont connues du grand public parce qu'elles sont nos contemporaines, mais que les personnes plus âgées sont restées fidèles aux célébrités de leur jeunesse, en qui elles continuent de voir des objets de fantasmes. Si l'on poursuivait le classement des célébrités, on tomberait ainsi sur des noms du passé, des stars de la chanson ou du cinéma des années 40, 50 ou 60 : Brigitte Bardot, Charles Bronson, Doris Day, Clint Eastwood, Jane Fonda, Clark Gable, Ava Gardner, Rita Hayworth, Katharine Hepburn, Tom Jones, Gene Kelly, Grace Kelly, Deborah Kerr, Burt Lancaster, Sophia Loren, Robert Mitchum, Paul Newman, Elvis Presley, Robert Redford, Ginger Rogers, Frank Sinatra, Raquel Welch, et bien d'autres encore. A l'évidence, Kylie Minogue et Robbie Williams ont beau être omniprésents sur nos écrans et nos affiches publicitaires, le contingent des seniors (ceux qui ont atteint le pic de leur maturité sexuelle aux alentours de la Seconde Guerre mondiale) n'a rien renié de ses fantasmes d'antan et de ses premières impressions sexuelles.

8

La question de l'orientation sexuelle

> *« Vita hominum altos recessus*
> *magnasque latebras habet. »*
> « La vie d'un homme a des profondeurs
> cachées et de vastes régions secrètes. »
>
> PLINE le Jeune

Oh my gode !

Nous l'avons déjà observé, le spectre des orientations sexuelles est très large, et chaque individu se situe quelque part entre l'extrême hétérosexualité et l'extrême homosexualité. Bien des « hétéros » seraient furieux si l'on remettait en question leur hétérosexualité – et bien des « homos » se sentiraient de même insultés si l'on doutait de la franchise de leur orientation sexuelle.

Prenons par exemple Ulrich, 52 ans : jamais, m'a-t-il dit au cours de notre entretien, le moindre fantasme homosexuel ne l'a effleuré. Bien sûr, il ne déteste pas étreindre virilement ses amis lorsqu'ils se retrouvent au pub – mais toute autre manifestation d'intimité entre mâles, physique ou sentimentale, est pour lui un anathème. Son témoignage, exclusivement centré sur les parties génitales féminines, laisse peu de doutes à ce sujet :

ULRICH

J'adore la CHATTE !!! C'est la seule chose sur laquelle je fantasme – de la chatte, de la chatte et rien que de la chatte. Ça me paraît plutôt normal – tous les mecs sont comme ça, non ? Je me masturbe au moins cinq ou six fois par jour, et quand je me branle la queue, j'aime bien dire des trucs salaces. Du genre : « Je suis en train de masturber mon pénis, de me pomper le gland, de m'astiquer le manche, de me secouer la tige. » Et ensuite je dis : « Je vais foutre mon gros gourdin dans une belle petite fente poilue, une cramouille bien trempée et juteuse, et je vais la faire hurler, la salope. J'adore regarder une chatte poilue, et je vais lui ramoner son trou béant et la remplir jusqu'à ras bord de ma crème. » Je ne sais pas pourquoi mais je suis très excité quand je me parle comme ça à moi-même. Je regarde beaucoup de porno, dans des magazines, sur Internet, et j'adore mater des femmes en train de se faire mettre par de gros braquemarts, des queues poilues qui vont et viennent dans leurs moules, les couilles poilues des mecs qui battent contre leurs trous poilus, qui leur mettent la bite bien profond et les remplissent de foutre. J'adore la chatte ! J'en veux encore.

En relisant ce témoignage, je me suis demandé pourquoi diable Ulrich mobilisait tant d'énergie pour me décrire ces femmes « en train de se faire mettre par de gros braquemarts ». Il serait facile de conclure que c'est non pas le sexe des femmes mais bien l'organe génital des hommes qui excite ce monsieur, du moins en partie. En parlant avec Ulrich, j'ai toutefois senti qu'il n'hésiterait pas à mettre son poing dans la figure au premier qui oserait lui suggérer une telle idée.

J'ai placé ici ce témoignage afin de souligner la *complexité* de nos orientations sexuelles. Les réponses à mon questionnaire et mes entretiens m'ont montré que, si la majorité de mes concitoyens semblent plutôt au clair quant à leurs préférences sexuelles (hétéro, homo ou bi), de nombreux individus ont la faculté de naviguer, avec plus ou moins d'amplitude, entre les deux pôles extrêmes de l'orientation sexuelle. Certains ne font des « écarts » que de manière occasionnelle.

« Romney », par exemple, hétérosexuel patenté qui, à 33 ans, peut se prévaloir d'un beau palmarès avec les femmes, déboula un jour paniqué chez son psy parce que, durant le week-end, il avait eu une éjaculation nocturne en rêvant à un ancien camarade de classe avec qui il s'était livré, une fois et une seule, à l'âge de douze ans, à une séance de masturbation mutuelle. Romney savait bien que ce petit accident nocturne ne remettait pas en cause son rapport plus que satisfaisant à la gent féminine ; il savait que ce rêve ne signifiait pas nécessairement qu'il était un « homo refoulé ». Mais, après avoir analysé la signification de son rêve, Romney parvint à la conclusion qu'une partie de lui était en manque d'affection et de reconnaissance masculine – celle de son père, en particulier, dont il n'était pas proche et qu'il n'avait jamais su satisfaire. Après avoir longuement discuté des éléments homosexuels de son rêve, Romney finit par se dire : « Peut-être ai-je un côté homo – et alors ? » Il accepta avec une relative sérénité la révélation inattendue de l'homosexuel en lui.

D'autres individus fondamentalement hétérosexuels réagissent en revanche beaucoup moins bien lorsque des pensées homosexuelles pénètrent à leur insu dans leur imaginaire. L'inverse vaut tout aussi bien, et j'ai eu de nombreux patients gays et lesbiens déconcertés par leur excitation inopinée face à un membre du sexe opposé.

Pour beaucoup, la question de l'orientation sexuelle ne pose aucun problème – en particulier pour ceux qui se situent à l'un ou l'autre extrême du spectre. Mais pour d'autres demeurent des zones d'ombre et d'incertitude, plus ou moins étendues, ce qui peut les exciter ou, au contraire, les plonger dans la plus grande confusion. Notre cerveau fonctionne à la vitesse de l'éclair, et lorsque nous rencontrons quelqu'un pour la première fois, nous sommes capables la plupart du temps, en deux ou trois secondes, de nous faire une idée des principales caractéristiques de cet individu : homme ou femme, vieux ou jeune, gentil ou méchant, joyeux

ou déprimé, riche ou pauvre, élégant ou négligé ; et grâce à nos sens mais aussi à notre intuition, nous enregistrons quantité de données, lesquelles peuvent nous servir à jauger l'identité sexuelle de notre interlocuteur.

Dans la culture sexuellement libérée qui est la nôtre, nous nous plaisons souvent à « deviner » ainsi nos semblables, et nous prononçons parfois sur eux, à partir de ces données superficielles, des jugements aussi confiants que hâtifs. Mais qui croit encore aux stéréotypes ? Qui pense encore que toutes les lesbiennes ont les cheveux courts, que tous les homos ont les oreilles percées et des gestes efféminés ?

Au fil des années, j'ai rencontré beaucoup d'hommes et de femmes homosexuels qui correspondaient en effet au stéréotype « gay » – et beaucoup d'autres qui n'y correspondaient pas du tout. Je me suis entretenu avec des femmes qui avaient les cheveux coupés court ou en brosse et qui étaient mariées, mères de quatre enfants, et des hommes « efféminés » qui étaient d'infatigables dons Juans. J'ai rencontré des lesbiennes qui feraient passer Claudia Schiffer pour une camionneuse, et des homosexuels qui conduisaient des chars d'assaut dans le désert. Nous nous empressons d'évaluer l'identité sexuelle d'autrui, mais nous nous trompons souvent. Est-il gay ? Est-elle lesbienne ? On peut tomber juste – mais parfois, même le plus aguerri des psychologues professionnels peut se laisser prendre au piège des apparences.

S'il est difficile d'identifier pour ainsi dire « à l'œil nu » l'orientation sexuelle d'autrui, percer le secret des *comportements* et des *fantasmes* sexuels de nos contemporains relève carrément de la mission impossible. Il y a quelques années, je reçus en consultation un homme d'une quarantaine d'années, que nous appellerons « M. Erlenmeyer ». Il avait des allures « efféminées » : la tête penchée sur le côté avec affectation, il portait une grosse bague en argent au majeur de la main gauche et un tatouage sur son avant-bras droit. A ces indices physiques, je me dis qu'il devait être homosexuel, et fus donc surpris d'entendre M. Erlenmeyer commencer à me

parler de sa femme et de ses deux filles. La consultation se déroula de manière très ordinaire : il me parla de sa dépression, de ses inhibitions au travail et de divers symptômes psychosomatiques, migraines et autres maux d'estomac. Puis, au bout d'une quarantaine de minutes, M. Erlenmeyer m'avoua la vraie raison de sa présence dans mon cabinet : il avait des problèmes d'ordre sexuel. « Ah, me dis-je avec satisfaction, je ne m'étais pas trompé, le bonhomme va maintenant me révéler ses liaisons homosexuelles secrètes ! » Que nenni. M. Erlenmeyer me dit qu'il avait une maîtresse, Gwendolyn, qu'il aimait la fouetter avec une cravache, et qu'il commençait à se sentir coupable vis-à-vis de sa femme, laquelle soupçonnait son infidélité.

Comment définir la sexualité de M. Erlenmeyer ? Est-il hétérosexuel ? Faut-il croire que son côté efféminé signifie qu'il est en réalité homosexuel mais ne le sait pas lui-même – ce que mes psychanalystes appellent « homosexualité *latente* » ? M. Erlenmeyer lui-même se disait « hétéro » et ne donna jamais la moindre indication d'un possible penchant pour les hommes.

Un autre de mes patients – appelons-le « M. Frankenberg » – m'expliqua en débarquant dans mon cabinet qu'il avait perdu tout désir sexuel pour sa femme. Il portait une boucle d'oreille et une fine moustache – une fois de plus, je présumai que j'avais affaire à un homosexuel qui s'ignorait. Il me raconta alors que son désir pour Mme Frankenberg avait commencé à diminuer depuis qu'il la trompait avec « Drake », un jeune collègue de bureau. « Ah, triomphai-je en silence, la boucle d'oreille et la moustache ne m'ont pas trompé cette fois ! » Trois semaines plus tard, M. Frankenberg me dit qu'il avait des nouvelles plutôt inattendues à m'annoncer. Sans doute de plus amples révélations sur son homosexualité cachée, pensais-je... Mais pas du tout. Il m'avoua, rouge de honte, qu'il venait de rencontrer une femme superbe, qu'il l'adorait plus que son épouse et plus que Drake, et qu'il avait besoin de mes conseils : devait-il, oui

ou non, quitter sa femme et son petit ami pour ce nouveau coup de foudre ?

Que dire de M. Frankenberg ? Doit-on le définir comme un hétérosexuel qui, de temps à autre, se laisse aller à quelques écarts ? Ne serait-il pas plutôt bisexuel, capable de trouver son plaisir auprès de membres des deux sexes, sans distinction ? Ou est-il homosexuel et ne couche-t-il avec des femmes que pour se dissimuler à lui-même sa vraie nature ? Psychologues, sexologues, vous et moi – tout le monde aurait sans doute sa petite idée sur la question. Mais M. Frankenberg, lui, refusait de se définir, et me déclara un jour que, « indécis » ou pas quant à sa sexualité, il ne voulait pas qu'on lui colle une étiquette.

Ce genre de cas prouve que la sexualité est tout sauf monolithique. Mes collègues et moi avons rencontré des homosexuels qui avaient des érections en présence d'une femme, des femmes hétéro qui tombaient en pâmoison devant des homosexuels, des lesbiennes follement attirées par des hommes hétéro, et des hétéros qui, après une soirée bien arrosée, se laissaient aller dans les bras d'autres mâles... Notre identité sexuelle est-elle clairement définie, ou vivons-nous dans la plus complète confusion des genres ? Mais peut-être les psychothérapeutes manquent-ils de perspective sur cette question, puisque, par définition, ils sont confrontés en permanence à des cas complexes...

Le cas le plus intrigant qu'il m'ait été donné de rencontrer, du point de vue de la classification, est celui d'un couple, « Pablo » et « Leonore », tous deux âgés de 42 ans. Après de nombreuses années d'intenses étreintes, Leonore décida un beau jour d'acheter un gode-ceinture. Découvrant ce nouveau jouet, Pablo s'empressa de demander à sa compagne de se l'attacher autour de la taille et de le sodomiser. Nous avons donc affaire à un couple hétérosexuel, marié, qui inverse les rôles traditionnels, « pénétrant » et « pénétré », Leonore agissant comme si elle était dotée d'un vrai pénis et l'insérant dans le rectum de son époux. S'agit-il là d'une joyeuse facétie

sexuelle entre hétéros, ou ce comportement est-il plutôt le signe d'un profond trouble psychologique, chez Leonore (qui ne sait pas vraiment si elle a un pénis ou un vagin) comme chez Pablo (dont l'envie de se faire pénétrer analement indiquerait des tendances homosexuelles latentes) ? J'avoue, en toute candeur, ne pas avoir de réponse à cette question.

Certains comportements échappent donc à notre compréhension et à toute tentative de classification – mais la situation devient encore plus complexe lorsque nous nous intéressons aux *fantasmes*. Il est difficile de deviner si Untel ou Unetelle couche avec des hommes ou des femmes, mais la devinette vire au casse-tête chinois lorsqu'il s'agit de savoir ce que les autres ont dans la tête quand ils se masturbent ou font l'amour. Connaître en intégralité l'histoire sexuelle d'un individu, ou l'observer à la loupe, ne nous avance à rien en la matière. Comme me l'a appris mon enquête, certaines personnes peuvent fort bien ne jamais avoir vécu la moindre situation homoérotique et ne fantasmer pourtant que sur des pratiques homosexuelles, et inversement, des gens qui n'ont jamais eu de relation hétérosexuelle peuvent néanmoins fantasmer sur des individus du sexe opposé. Le monde des fantasmes ne connaît ni lois ni conventions.

Errances érotiques : audace ou confusion ?

RUSSELL

Être attaché à une chaise et obligé de regarder un autre homme faire l'amour à ma femme.

SANDY

Être avec un jeune type, dix-huit ans, chacun déshabille l'autre et lui suce la queue. Un lent et profond baiser, avec la langue. Je ne suis pas homo mais j'ai ce genre de pensées éroti-

ques. Puis regarder deux femmes sexy que je connais, des lesbiennes, les voir faire l'amour ensemble.

TAYLOR

Une partie de jambes en l'air à trois, avec deux hommes, ou deux femmes, ou un de chaque. Fantasmes lesbiens également.

AMBROSE

Moi et d'autres hétéros, en virée pour le week-end, on se saoule et on se laisse emporter, on se met à déconner, à se déshabiller, etc., et ça finit en général par une séance collective de massage et de masturbation où chacun branle l'autre.

ONDINE

Être avec une autre femme et la soumettre : je fais semblant d'être un homme et je la prends par derrière.

SALVADOR

Une femme se fait baiser par plusieurs hommes, et chacun d'eux éjacule dans son vagin. Quand c'est mon tour, je la baise avec un autre type (en double pénétration), sachant que le foutre des autres nous aide à entrer dans son vagin. L'idée de sentir ma bite frotter contre la bite d'un autre mec, avec tout ce foutre, et de savoir qu'on peut jouir ensemble à l'intérieur d'elle, c'est ça qui m'excite. Parfois je pousse encore plus loin le fantasme : je lèche le clito de la fille et la bite et les couilles du mec pendant qu'il la chevauche, et je déguste le sperme qui s'écoule d'elle, celui de tous les autres types avant nous, avant de la pénétrer à mon tour. En réalité je suis homo, mais j'ai souvent le fantasme de faire l'amour avec une femme – avec d'autres types en même temps, cela dit. De tous les fantasmes qui « m'éclatent », c'est celui-là le meilleur.

ELEANOR

Ça peut paraître bizarre, vu que je suis lesbienne, mais le fantasme que j'ai le plus souvent, c'est de faire l'amour avec un homme, un inconnu rencontré par hasard, avec qui j'aurais un rapide « coup d'un soir » sans aucune retenue. En réalité ce ne

serait sans doute pas très agréable, mais il y a quelque chose dans les rapports hétéro qui me manque... l'évidence physique, peut-être.

CAMPBELL

Me tenir debout derrière un autre mec, mon sexe en érection entre ses jambes, et le masturber au-dessus d'une femme allongée sur le dos qui se branle devant nous. Une fois qu'elle est couverte de sperme, je lèche tout à même son corps, puis je l'encule par derrière.

VERONIQUE

Regarder un homme et une femme faire l'amour, et me masturber à côté d'eux. Pour une lesbienne, c'est un fantasme étrange.

SANTIAGO

Aller en boîte, aborder une femme aux seins énormes, la ramener chez moi et découvrir qu'en fait c'est un transsexuel.

WANDA

J'imagine que je suis une jeune fille, disons dans les dix-huit ans. Je m'aventure dans les dunes de sable sur une plage pour nudistes homo, et je me fais accoster (nue, bien sûr) par deux étalons gay (ou bien c'est moi qui les accoste) et ils se mettent à baiser tous les deux de la manière la plus crue devant moi.

YVES

Être du sexe opposé et faire l'amour.

ZAZA

Pénétrer l'anus de mon mari avec un gode-ceinture.

Les inconditionnels des amours lesbiennes

Pour beaucoup, le penchant pour les fantasmes et la pornographie ayant trait aux lesbiennes demeure la pierre de touche de l'hétérosexualité masculine. Pourquoi se contenter d'une femme quand on peut s'offrir le plaisir d'en voir deux ou plus faire l'amour entre elles ? A première vue, le goût prononcé des mâles hétérosexuels pour l'iconographie lesbienne s'explique sans aucune difficulté : les hommes aiment voir des femmes nues.

Selon de nombreux auteurs féministes, le fantasme lesbien des hommes n'est pas, comme on pourrait le croire, le signc de leur amour des femmes, mais bien au contraire une forme d'hostilité à leur égard, puisqu'ils les traitent en imagination comme des objets pornographiques. Dans la théorie psychanalytique, cependant, cette obsession masculine pour les lesbiennes a une autre signification. La célèbre psychanalyste américaine Ethel Spector Person s'est demandé pourquoi les hommes étaient souvent davantage excités par l'image de deux femmes en train de faire l'amour que par la représentation d'une étreinte entre un homme et une femme. C'est, selon elle, que les hommes nourrissent des angoisses secrètes au sujet de leur pouvoir sexuel, de leur capacité à satisfaire les femmes. A un moment ou un autre de leur existence, tous les hommes s'inquiètent de leurs capacités érectiles ; ainsi, non seulement le fantasme lesbien satisfait leur désir de contempler le corps nu des femmes, mais il les soulage d'un fardeau, dans la mesure où la jouissance féminine n'est plus de leur ressort. En outre, toujours selon le professeur Person, il arrive souvent que les amateurs de scènes lesbiennes s'identifient inconsciemment avec les femmes et le corps des femmes : ils s'imaginent non pas dans la position d'un

homme faisant l'amour à une femme, mais dans celle de la femme elle-même. Enfin, le fantasme lesbien permet de contourner le problème de la compétition masculine : le sujet fantasmant n'est dérangé par aucun rival du même sexe, aucune figure symbolique (un père, un frère, un patron) susceptible de mettre en péril son sentiment de puissance.

Moi-même, en discutant de ce fantasme avec certains de mes patients ou avec les participants à mon projet de recherche, je me suis rendu compte, d'un point de vue clinique, que ces hommes avaient souvent été victimes, au cours des cinq premières années de leur vie, d'un manque d'affection maternelle, que venait combler la vision d'étreintes sexuelles entre deux ou plusieurs femmes.

Les récits de fantasmes lesbiens qu'on va lire à présent, et qui illustrent une fois de plus la complexité de nos orientations sexuelles et de nos désirs, témoignent-ils donc d'une passion pour les femmes, d'une forme d'hostilité, ou d'un mélange des deux ?

FELIPE

Mon fantasme sexuel préféré, c'est mon ex-petite amie, Billie. On est sortis ensemble pendant six mois mais elle m'a largué, cette salope. Je sais toujours pas pourquoi, elle a juste dit que ça ne marchait pas entre nous. La première fois que je l'ai revue après ça, elle se promenait dans la rue bras dessus, bras dessous avec une nana canon, et j'ai découvert plus tard qu'elle était vraiment devenue gouine. Quelle perte pour les hommes ! Cela dit, je comprends qu'elle soit branchée nanas – parce que moi aussi ! Je peux pas m'en passer. Bref. Dans mon fantasme, Billie débarque chez moi et me dit qu'elle a fait une grosse erreur, qu'elle aurait pas dû devenir lesbienne, que c'était juste une lubie, un truc d'ado qui l'avait prise comme ça, à l'époque, mais qu'en réalité c'est moi qu'elle veut. Je suis très excité, mais je lui dis qu'elle m'a fait du mal, et que si elle m'aime vraiment, comme elle le prétend, et veut vraiment me faire plaisir, il faudra qu'elle soit très gentille... Elle dit qu'elle est prête à tout pour me récupérer. Je lui dis d'inviter sa copine à boire un verre

ici et que je veux les regarder toutes les deux se faire un 69, se lécher la chatte. J'ai peur que Billie me prenne pour un pervers, d'avoir envie de mater deux nanas se bouffer le minou, mais elle dit que ce serait avec plaisir, et une heure plus tard, elle revient avec Bethany, sa copine lesbienne super méga bonne. Après quelques verres de tequila, on est tous les trois bien éméchés, et j'allume un joint, m'affale dans le canapé et dis aux filles de me faire le spectacle. Billie et Bethany s'empressent de me satisfaire. Elles enlèvent leurs hauts, et comme elles ne portent pas de soutien-gorge, je peux reluquer tranquille leurs putains de nibards sexy et leurs tétons tout dressés, un truc de dingue. Ça va être bon. Ensuite, elles s'enlèvent l'une l'autre leurs jupes. Puis c'est au tour des culottes de dégager, et je vois surgir leurs petites touffes d'amour, l'une brune, l'autre blonde. Je dis aux filles que je vais leur indiquer comment procéder, même si je suis tellement pété que j'arrive à peine à articuler deux phrases. Je dis à Bethany de se mettre à genoux devant Billie et de lui écarter les lèvres de la chatte, puis de la lécher en faisant des bruits comme si elle lapait à grands coups de langue. Et comme c'est une gouine expérimentée, elle fait ça trop bien. Les bruits de succion m'excitent et je sens ma bite durcir dans mon caleçon Calvin Klein. Et puis j'imagine que je suis à la place de Bethany, parce que j'ai trop envie de lécher la moule de Billie, mais la drogue m'a tout ramolli et je suis scotché au canapé. « Changez de place », je leur dis, et elles obéissent ; Bethany est maintenant debout et Billie, la chienne, à genoux en train de la lécher. Leurs chattes ruissellent, et je leur dis de se faire un 69, et d'y aller à fond. Elles se mettent en position, chacune coince la tête de l'autre entre ses jambes, et en moins de deux, elles se gougnottent comme des malades en gémissant. Je n'ai même pas besoin de sortir ma queue : rien que de voir ces deux nanas se la donner, c'est tellement chaud que je viens dans mon froc, direct. Les filles ont compris, et elles me rejoignent, défont ma braguette et lèchent tout mon foutre sur mon pantalon et ma bite. Je leur ordonne : « Dites-moi que c'est bon, dites-moi que vous aimez ça. » Elles se passent la langue sur les lèvres et disent à l'unisson : « Mmm, c'est bon ! » Les voir vénérer ma queue et mon jus comme ça, ça me fait décharger une deuxième fois, et les filles se remettent à tout

lécher en me murmurant combien elles aiment ça. Je jouis une nouvelle fois.

FRANCESCO

Mon fantasme sexuel préféré concerne ma femme. Elle a trente-six ans mais elle est canon, et tous les hommes disent qu'elle en paraît à peine trente, avec ses gros seins rebondis. Elle se maintient en forme et ça me rend vraiment fier d'elle. Mon meilleur fantasme, quand je me branle, c'est d'imaginer qu'en rentrant tôt du boulot, un soir, je surprends ma femme en train de fourrer sa langue dans la bouche de la fille de nos voisins, qui a dix-huit ans. Je suis pas pédophile ou un truc dans le genre, mais je niquerais cette fille quand elle veut, elle est tellement bonne, et j'arrête pas de la déshabiller du regard, en me demandant à quoi ressemble sa chatte. Elles se roulent des pelles et ça devient super chaud. Je me cache derrière un placard, mais déjà cette petite séance entre filles me fait bander à vue d'œil. Ma femme commence à tripoter les nichons de la petite (je l'appelle Anita), et bientôt elles envoient valser leurs soutiens-gorge et se frottent les tétons l'une contre l'autre. Oh la vache, ma bite devient tellement dure que je suis obligé de défaire ma ceinture et mon pantalon pour me caresser. Ma femme se met alors à lécher les seins d'Anita. Elles ont dû me voir ou m'entendre, parce qu'à ce moment-là ma femme s'écrie : « Hé, viens donc nous rejoindre si t'es un homme. » Je me précipite, la bite à la main, et je l'enfonce dans la gorge d'Anita. C'est la première fois qu'elle en a une dans la bouche, mais avec ma femme en train de lui caresser la fente, elle y prend vite goût. Soudain les fringues volent dans tous les sens et on se retrouve à poil. Je baise Anita pendant que ma femme me lèche les couilles, et je me dis que c'est super chaud, j'aimerais tellement que ce soit pour de vrai... Malheureusement, ma femme est plutôt vieux jeu, et si je draguais Anita, son père me tuerait. J'ai moi-même une fille de cet âge, et je sais combien les pères peuvent être protecteurs. Mais comme fantasme pour se branler, celui-là est fabuleux.

9
Exhibitionnismes

« Kleiner Mann hat auch sein Stolz. »
« Le petit homme aussi a sa fierté. »

Proverbe allemand

Mini-exhibitions

L'exhibitionnisme constitue un aspect normal du développement naturel humain. Il serait inquiétant qu'un adolescent ne roule pas des mécaniques en montrant ses biceps, ou qu'une jeune fille ne mette pas en valeur sa poitrine naissante en portant des tee-shirts moulants. S'interdire de montrer (dans les limites de la décence) telle ou telle partie de son corps peut être le signe d'un sentiment profond de honte et, partant, l'indice d'un état dépressif ou de problèmes psychologiques. Mais que dire de ces hommes et de ces femmes qui offrent à la vue de tous leurs parties intimes ? La plupart des médecins considèrent l'exhibitionnisme comme un symptôme grave. En la matière, même le geste le plus « anodin » (par exemple si un homme montre son pénis à une passante dans la rue) peut entraîner un traumatisme durable chez la victime. Et si la plupart des exhibitionnistes ne se livrent à aucun contact physique avec leurs proies, pour un tiers

d'entre eux, cette pratique n'est que le prélude à des actes de violence plus conséquents. On se souvient, aux Etats-Unis, du célèbre *serial killer* Jeffrey Dahmer, qui commença sa sanglante carrière en s'exhibant dans une fête foraine du Wisconsin...

L'exhibitionnisme peut être une réalité clinique et un crime au regard de la loi, mais la plupart des Britanniques arrivent à confiner cette pratique au domaine de leurs fantasmes, ou à l'assouvir par des moyens plus indirects (présider un grand dîner, monter sur scène, etc.). 8 % des femmes et 2 % des hommes ont le fantasme de montrer leurs seins en public. 5 % des femmes et 7 % des hommes rêvent de dévoiler leurs parties génitales. 5 % des Britanniques avouent prendre du plaisir à se déshabiller en public, et 10 % s'y prêtent avec joie devant une seule autre personne. On compte donc, au bas mot, pas moins de 4 millions de personnes, en Grande-Bretagne, qui éprouvent une satisfaction sexuelle à l'idée d'exhiber une partie de leur corps. Les critères géographiques et sociaux n'ont aucune incidence dans ces résultats ; en revanche, ce fantasme se raréfie avec l'âge : les plus jeunes adultes sont deux fois plus nombreux que les « seniors » à rêver de se dévêtir devant autrui.

Je m'étais intéressé à cette question dans un petit ouvrage, publié en 2001 et intitulé *Exhibitionism*, où je montrais que cette pratique a souvent pour origine un profond complexe physique, et je répertoriais les principales raisons poussant certains hommes à montrer leurs parties génitales en public :

- un mécanisme de défense contre l'angoisse de la castration, l'exhibitionnisme servant alors à prouver la virilité ;
- l'expression d'un élan sadique envers les femmes, et en particulier d'une haine à l'égard de la mère ;
- un moyen narcissique de compensation, chez des individus se sentant « ignorés » ;
- un moyen d'échapper au coït, la femme étant perçue comme une menace ou une castratrice potentielle ;

- l'expression d'un désir masochiste d'être surpris, arrêté et puni ;
- un moyen de transformer des désirs agressifs en désirs sexuels et de les rendre ainsi plus acceptables aux yeux du patient lui-même (ou « ego-syntoniques »).

La très grande majorité de ceux d'entre nous qui ont des fantasmes d'exhibition ne commettront jamais d'acte répréhensible au regard de la loi. Mais on peut se demander dans quelle mesure la logique à l'œuvre dans les cas cliniques d'exhibitionnisme génital ne vaut pas aussi chez ceux pour qui cette pratique sert uniquement à déclencher une excitation sexuelle, masturbatoire ou coïtale.

JIM

Faire l'amour dehors et être vu par quelques personnes – mais sans le savoir.

CARTER

Me faire surprendre par un inconnu en train de me masturber.

VICENTE

Je vis au cinquième étage de mon immeuble. J'aime bien me mettre à la fenêtre et me branler en espérant que quelqu'un me verra. Je ne laisse jamais mon sperme tomber sur le trottoir, mais j'aimerais bien ; seulement j'ai peur qu'il atteigne quelqu'un.

LUCYANN

M'asseoir sur mon balcon, jambes écartées, et me masturber devant les adolescents craquants (dix-sept, dix-huit et dix-neuf ans) qui vivent dans l'appartement d'à côté. Ils voient mon sexe et ils sortent leurs queues pour se masturber en même temps que moi. Ils éjaculent sur moi, bien qu'ils soient à plusieurs mètres de distance.

MELVIN

Sortir ma bite et me branler devant un groupe de jeunes filles, entre dix-huit et vingt ans, et les exciter à mort. Je montre ma queue à la plus mignonne d'entre elles, et je lui dis : « Suce-la, chérie, suce-la. » Elle s'agenouille et m'avale le chibre, et je décharge au fond de sa bouche. Puis ses amies viennent chacune leur tour déguster une bonne giclée de Melvin.

CASPIAN

Je suis à une soirée, et on ordonne à tous les hommes de se rendre dans une pièce plongée dans le noir et de se déshabiller. Les femmes entrent ensuite, une par une, et chacune essaie d'identifier son partenaire en touchant, en palpant et même en goûtant le sexe des hommes et d'autres parties de leur corps. Les hommes ne sont pas autorisés à parler ou à bouger. Puis les rôles sont inversés et c'est au tour des hommes de toucher les femmes. On compare les résultats et chacun a le droit d'aller jouer avec le partenaire qu'il croit avoir identifié comme étant le sien. Enfin, s'ils ont la patience d'attendre jusque-là, après tous ces attouchements et ces caresses...

NATE

Que quelqu'un me trouve irrésistible en public.

MELBA

Faire l'amour avec mon copain lors d'une soirée chez un ami. On se laisse emporter et on ne se rend pas compte que ses amis nous regardent. Dès qu'on s'en aperçoit, je m'applique encore plus pour leur faire profiter du spectacle.

CHANA

Avoir un orgasme forcé dans un train bondé de monde. Je n'ai pas le droit de me faire remarquer et je dois jouir juste au moment où le train arrive en gare, devant la foule qui attend sur le quai. L'homme qui me fait atteindre l'orgasme est toujours derrière moi et je ne vois jamais son visage.

BOSWELL

Sortir Popaul, que tout le monde autour se rince bien les yeux.

HONEY

Faire l'amour dans une bibliothèque publique.

Maxi exhibitions

DIMITRI

J'assiste à une soirée dans une maison du quartier chic de Mayfair. Tout le monde est sur son trente et un. Les femmes sont en robe de bal et portent des gants, les hommes sont en queue-de-pie. Je suis particulièrement élégant, et je suis très excité parce que j'ai pris de la cocaïne juste avant de venir. Nous nous asseyons à une grande table pour dîner. Nous sommes une petite trentaine, tous déjà éméchés par le champagne. Il y a aussi un aréopage de serviteurs. Je suis assis en milieu de table, entre deux blondes sublimes aux gros seins. A un moment donné, nous nous mettons à parler de sexe, et l'une de mes deux voisines me demande de but en blanc si j'ai une grosse bite. Soudain, c'est le silence total autour de la table ; les gens sont stupéfaits par l'audace de la question, surtout dans une soirée si chic. Imperturbable, je réponds que je fais un petit 30 centimètres... Elle est tellement sidérée qu'elle manque se décrocher la mâchoire. En réalité je ne fais « que » 23 centimètres – ce qui est déjà pas mal, tout le monde en conviendra – mais bon, c'est mon fantasme après tout, alors je me rajoute 7 centimètres. « Si, si, je vous assure » – mais la salope blonde ne me croit toujours pas. Soudain, tout le monde se met dans l'ambiance. La maîtresse de maison déclare : « Je sais, nous allons jouer à un petit jeu. Les femmes doivent débraguetter les hommes qui se trouvent à côté d'elles, leur sortir la bite du pantalon, les faire bander, puis nous demanderons au majordome de mesurer chacun de ces messieurs. Le vainqueur aura le droit de

montrer sa queue à tout le monde et de baiser la dame de son choix. » La nervosité s'empare de l'assistance – surtout des aristos coincés, avec leurs minuscules quéquettes. Je me déclare prêt, et je mets les autres hommes au défi de se joindre à moi. La partie commence : mes deux blondasses défont mon pantalon et en extirpent mon énorme queue. Les autres femmes autour de la table ont fait de même avec leurs voisins, lesquels deviennent rouges de honte. Tout le monde a les yeux braqués dans ma direction ; ils n'en reviennent pas. Les femmes ont envie de me sucer ; les hommes, de me trancher la bite avec leur couteau à beurre. Toutes ces dames ont déjà sorti la queue de leur voisin, mais la mienne est tellement grosse qu'elles doivent s'y mettre à deux pour l'extraire de mon pantalon – et il en reste encore à l'intérieur... La maîtresse de maison s'impatiente et s'exclame : « Allez, Dimitri, ça suffit maintenant, sortez-la, qu'on en finisse ! » Bientôt, la bête est à découvert ; un énorme tuyau, comme sur un camion de pompiers, qui me tombe jusqu'aux genoux. La maîtresse de maison ordonne alors à tous les hommes de se mettre debout sur leurs chaises, pantalon et caleçon aux chevilles. Je suis le premier à me dresser, car je suis fier. Les autres tapettes, avec leur demi-molle, se lèvent lentement, terrifiés à l'idée de montrer leurs ridicules, minuscules, misérables vermicelles. La maîtresse de maison demande au majordome de faire le tour de la table avec une règle ; il annonce les mesures : « Lord Windsor, 12 centimètres ; Lord Cavendish, 14 centimètres ; Lord Tête-de-nœud, 9 centimètres », etc. Puis c'est mon tour, et ma bite est plus longue que la règle : « La couronne princière revient à Dimitri, avec 30 centimètres et des poussières, *Milady.* » La salle croule sous les applaudissements, et les dames se mettent à saliver, parce qu'elles ont envie de me sucer. La maîtresse de maison me demande de monter au centre de la table, puis me dit que je peux prendre n'importe laquelle de ces femmes et la tirer devant toute l'assemblée. Je choisis une riche salope avec d'énormes pare-chocs et d'immenses tétons. Je lui arrache sa robe, fais valser la vaisselle, et je renverse cette chiennasse sur la table. Elle me supplie en murmurant : « Je vous en prie, ne me déchirez pas ! » Je commence à frotter le bout de ma bite contre son clito. Ma queue est si imposante que j'arrive à peine à en faire le tour avec mes

mains. Je demande à deux ou trois autres types de m'aider à la faire entrer dans le petit pot de miel de la fille. J'enfonce ma bite dans sa chatte, et je suis à deux doigts de la transpercer. Les autres invités sont tellement excités par ce spectacle qu'ils se mettent tous à se branler. Des femmes arrachent les bougies des candélabres et s'empalent dessus ; les hommes plongent les doigts dans les coupelles de beurre pour s'en lubrifier la queue. J'adore être le centre des regards. Je nique cette salope jusqu'à ce qu'elle s'évanouisse, et je lui décharge un océan de foutre au fond de sa petite fente. Dans la vraie vie, je suis bel et bien membre de l'aristocratie – de peu d'envergure, mais j'ai un autre « membre » qui, lui, est loin d'être négligeable !

MARCO

Le week-end, j'adore faire la tournée des bars gay de Manchester. Je vais aussi au sauna, où les mecs ne portent rien d'autre qu'une petite serviette autour de la taille. Dès que j'arrive, je défais la mienne, et tous ces types sont là devant moi, à regarder mon morceau. Il est très gros – une belle bite de près de vingt centimètres –, et tous ces homos me matent, ils ont l'eau à la bouche en pensant au festin qui les attend. L'un d'eux se met à genoux et tend la main. Je brandis ma queue et je le frappe au visage avec. Je lui dis : « Pas si vite. D'abord tu dois vénérer mon pénis. » J'ordonne à tous les hommes de s'agenouiller comme la petite pédale et de psalmodier : « Tu as la plus grosse bite du sauna, tu as la plus grosse bite du sauna. » Devant ces témoignages d'admiration, ma bite se gorge de sang et grossit à vue d'œil. Leur dévotion à ma queue m'excite tellement que le foutre commence à couler de mon gland et se répand par terre. D'un clin d'œil, j'ordonne à la petite pédale de lécher le sol humide et poisseux de sueur du sauna. Il m'obéit. Extase ! Je me branle, et mon sperme brûlant éclabousse tous ces types à genoux, ils sont trempés de foutre. Je leur dis de se lécher entre eux, et en moins de deux, ils se ruent à langue perdue les uns sur les autres. Bien que j'aie déjà déchargé, ma bite reste énorme, plus grosse que les leurs, alors qu'ils sont en érection. J'ai vraiment la plus grosse bite de Manchester.

CHRISTIAN

Ce qui m'excite à mort, c'est l'idée de me faire examiner le pénis et les couilles par un groupe de médecins. Un jour, quand j'étais ado, j'ai dû aller à l'hôpital pour subir une radio des testicules, et ç'a été une expérience très érotique. Ils font gicler un peu de gel sur les couilles, puis ils l'étalent et ils examinent l'intérieur avec une sonde. J'avais dix-sept ans, et c'est tout de suite devenu le centre de tous mes fantasmes quand je me branle. Voilà celui que je préfère. (Au fait, j'ai aujourd'hui vingt-quatre ans.) J'ai une douleur à la bite, alors je vais voir mon toubib, et il me demande de me déshabiller. Malheureusement, il ne voit rien qui cloche, alors il m'envoie consulter un spécialiste à l'hôpital, qui à son tour me demande de me déshabiller. Ne trouvant rien non plus, il fait venir un petit groupe de médecins (des hommes et des femmes) ; je dois me dénuder devant eux, et ils examinent tous ma bite et mes couilles. A nouveau, rien. Mais j'ai toujours mal, alors pour finir, ils m'envoient passer des radios. J'enlève le bas et l'assistante du radiologue m'allonge sur la table d'examen. Elle regarde ma queue et déclare : « Le médecin n'aura aucun mal à trouver ce qui ne va pas ; y a de quoi faire. » J'adore qu'elle regarde ma bite. Elle me met du gel sur les couilles et commence à l'étaler avec le bout des doigts. Je suis sur le point de décharger quand le médecin arrive. Il jette un coup d'œil à ma queue et s'écrie : « Bon sang, c'est le plus gros pénis que j'aie jamais vu dans cette clinique. Ça vous embête si on fait venir le reste de l'équipe pour qu'ils voient ça ? » Je lui réponds : « Pas de problème. » Au bout du compte, les médecins, les infirmières, les internes – l'hôpital au grand complet est venu mater mon gros bazar. Ma bite est célèbre, il y a des photos d'elle sur les murs et dans les manuels médicaux. Le médecin place la sonde sur mes couilles et les examine. Il déclare : « Vous avez dans les testicules la plus grande quantité de sperme que j'aie jamais vue. Pas étonnant que vous ayez mal. Infirmière, soulagez cet homme de son trop-plein de semence ! » Sans la moindre hésitation, la belle infirmière noire se met à me branler, et j'éjacule partout sur son visage.

10

Fétichisme et travestisme

> « Certains esprits parlent des choses – et d'autres parlent le langage des choses elles-mêmes. »
>
> Friedrich von SCHELLING, cité dans le *Journal* de Ralph Waldo EMERSON

On sera peut-être étonné d'apprendre qu'une bonne partie de la population trouve son plaisir sexuel non pas dans les bras d'une personne mais grâce à des *objets* – un vêtement, un morceau de tissu ou de toute autre matière, caoutchouc, cuir, un ustensile de cuisine ou encore un légume frais... On conçoit que la plupart des individus puissent éprouver du plaisir à contempler de temps à autre leur partenaire vêtu d'une guêpière ou d'un string en dentelle, mais, en règle générale, pas besoin de tels atours pour être excité. Pour le fétichiste, le travesti ou l'homovesti, la présence d'objets est indispensable, et il est impossible d'éprouver du plaisir *sans* le costume ou l'accessoire approprié. L'objet prend alors place à part entière, de manière rituelle, dans l'acte charnel (qu'il s'agisse de masturbation ou de coït); et à cet égard, il souligne la dimension théâtrale que peut prendre parfois notre vie sexuelle.

Quoique le fétichisme, le travestisme et l'homovestisme

constituent trois catégories bien distinctes et appartiennent à des cultures érotiques différentes, j'ai choisi de les regrouper ici parce qu'ils ont en commun de requérir la présence d'un objet physique extérieur. On peut définir le fétichisme, en gros, comme l'attirance pour tout objet physique investi de qualités érotiques – les plus populaires étant, parmi bien d'autres, le caoutchouc, le cuir, les bottes, les talons hauts, les rubans ou encore la fourrure. En général, à chaque fétichiste son objet ou sa matière de prédilection. Le travestisme consiste à aimer s'habiller avec les vêtements traditionnellement réservés au sexe opposé (il s'agit la plupart du temps d'hommes aimant s'habiller en femmes). Certains individus sont excités par l'idée de se travestir eux-mêmes, d'autres sont plutôt enclins à faire l'amour à un travesti. Enfin, l'homovestisme, variante peu connue du travestisme, consiste à vouloir porter les vêtements d'une autre personne du même sexe. Cette dernière pratique va souvent de pair avec des fantasmes homosexuels, en particulier chez des hommes qui, attirés par les habits de leurs congénères, les volent ou les empruntent pour se masturber.

En Grande-Bretagne, environ 8 % des hommes et 3 % des femmes sont excités par le fétichisme ; 11 % des hommes et 2 % des femmes, par le travestisme ; et 2 % de l'un et l'autre sexes, par l'homovestisme. Comme chez les exhibitionnistes, ces fantasmes ne connaissent aucune frontière géographique ou sociale mais sont plus souvent présents chez les jeunes adultes que chez les plus âgés.

Il serait vain de s'essayer ici à une description exhaustive d'un phénomène psychologique aussi complexe. Notons cependant que, d'après la plupart des théories psychanalytiques sur le travestisme et l'homovestisme, les adeptes de ce genre de pratiques ou de fantasmes souffrent souvent d'un profond complexe identitaire.

Sans plus tarder, faisons donc connaissance avec quelques amoureux inconditionnels des vêtements et objets en tout genre.

TALBOT

Vous voulez savoir quel est le fantasme qui m'excite le plus ? Eh bien je vais vous le dire. C'est le cuir. Me demandez pas pourquoi, mais déjà tout petit, j'adorais cette matière, et aujourd'hui, je ne peux pas m'en passer. J'ai grandi à la campagne, et nous avions plein de chevaux, alors c'est peut-être lié à ça, les selles, tous ces accessoires en cuir (les bottes, les cravaches, etc.) – qui sait ? Bref. Je suis à 100 % hétérosexuel, et j'adore baiser les femmes – je ne loupe jamais une occasion –, mais c'est toujours beaucoup plus sexy si ma partenaire porte du cuir, ou si moi j'en porte, ou si nous en portons tous les deux. J'adore l'odeur, la sensation, la texture – c'est bizarre, mais dès que je vois une femme habillée en cuir (notamment son chapeau ou ses bottes, ou même si c'est un simple sac à main), je bande aussi sec. Mon fantasme numéro un, c'est Diana Rigg dans *Chapeau melon et bottes de cuir*. C'était l'idole érotique de ma jeunesse (quel petit Britannique de ma génération ne s'est pas branlé en pensant à Diana Rigg ?). J'avais même un magazine avec sa photo, et j'éjaculais sur son visage. J'ai fait ça tellement de fois qu'à la fin je n'arrivais plus à décoller les pages. Dans mon fantasme, Diana entre dans ma chambre, habillée en Mme Peel, avec ses bottes de cuir montantes, et je lui dis, pensant qu'elle me trouvera spirituel : « Madame *Peel* ! Vous tombez *pile* poil ! » Sans hésiter, elle me rejoint dans mon lit, plonge la main dans mon caleçon et en sort ma queue, puis commence à me sucer le bout. Je sens l'odeur de cuir de ses longues bottes, et je la vois se doigter la chatte tout en me suçant la bite. Diana, le cuir, la pipe – tout ça me monte à la tête, mieux que toutes les drogues que j'ai pu essayer dans les années 70, et je ne me contrôle plus. Je décharge dans sa bouche brûlante et humide, et mon jus lui dégouline sur les joues, sur les seins, et quelques gouttes atterrissent même sur ses bottes. Fabuleux ! Merci, miss Rigg !

KEVIN

Porter des sous-vêtements féminins.

GRIFFIN

J'aime bien mettre les sous-vêtements de mon colocataire. Il est beau gosse, et super baraqué. Il ne sait pas du tout à quel point il me plaît. Parfois je prends son caleçon dans le panier de linge sale, je le respire, et ensuite je le mets pour aller au bureau. Je bande pendant toute la putain de journée, et quand je rentre le soir, je me fais une branlette du feu de Dieu dans son caleçon. Puis je le remets dans le panier à linge, et je m'imagine qu'il sait tout.

MARLO

Ma copine habillée en uniforme – ça m'exciterait à mort.

ATHENA

Je commence à faire l'amour avec une femme très belle, et je m'aperçois bientôt qu'en réalité c'est un très bel homme habillé en femme. Un travesti ! Ce fantasme m'excite vraiment beaucoup, mais je ne voudrais pas le vivre pour de vrai. Disons que dans mes fantasmes, je suis à voile et à vapeur...

FINTON

Ce qui m'excite, c'est les dessous féminins. J'adore en piquer et me frotter les tétons et la bite avec. Ensuite, j'éjacule dedans, et je laisse le sperme sécher. Parfois je les porte – enfin, si j'arrive à y fourrer ma queue en entier...

JAMES

Tous mes fantasmes ont à voir avec les chaussures. Je vois une femme en talons hauts ou en bottes montantes, et c'est parti. Je fantasme d'être dominateur au début, je mène la danse, mais une fois au lit, c'est la femme qui prend la situation en main, qui fait de moi son jouet sexuel ; elle me fait lécher ses talons, puis sa chatte, mais elle n'est jamais satisfaite, alors elle me frappe les fesses avec sa ceinture et je dois recommencer à la lécher partout. Dès lors, elle est aux commandes. Elle utilise sa bouche et ses seins pour me stimuler, me faire venir tout au bord de la jouissance, et, tandis qu'elle me fait une fellation, elle

enfonce le bout pointu de sa botte dans ma bouche pour m'empêcher de crier. On finit par faire l'amour, avec pénétration, et quand j'ai joui, elle laisse le sperme couler le long de ses jambes et je dois lécher ses bottes jusqu'à ce qu'elles soient immaculées.

11

Humiliations

> « Quant à vous, le *nouveau*, vous me copierez vingt fois le verbe *ridiculus sum*. »
>
> FLAUBERT, *Madame Bovary*

Une débauche de fantasmes d'humiliation

Mes entretiens m'ont amené à rencontrer beaucoup d'hommes et de femmes qui, de leur propre aveu, ont le fantasme d'humilier ou d'être humiliés – parfois les deux. Du point de vue clinique, l'humiliation est l'une des sous-catégories les plus fréquentes du monde des fantasmes sexuels. Il s'agit en général de faire subir, soit à son propre corps, soit à celui d'autrui, un traitement dégradant. Voici quelques-unes des pratiques les plus courantes en la matière :

- Forcer quelqu'un (ou être soi-même forcé) à se déshabiller ;
- Forcer quelqu'un (ou être soi-même forcé) à se masturber ;
- Forcer quelqu'un (ou être soi-même forcé) à avoir des rapports sexuels ;

- Uriner, déféquer ou cracher sur quelqu'un (ou se faire soi-même uriner, déféquer ou cracher dessus) ;
- Raser le corps ou certaines parties du corps de quelqu'un (ou se faire soi-même raser) ;
- Examiner le corps ou les orifices corporels de quelqu'un (ou se faire soi-même examiner).

D'après les résultats de l'enquête informatique, 3 % des adultes ont le fantasme d'humilier autrui, et 3 % ont celui de se faire humilier. Ce qui revient à dire qu'environ 2,7 millions de Britanniques sont excités par ce fantasme, dans un sens ou dans l'autre. Ces deux catégories sont cependant difficiles à définir ; en regardant les résultats de plus près, je me suis aperçu que de nombreux individus parlaient de pratiques d'humiliation dans leurs témoignages, mais ne classaient pas eux-mêmes leurs fantasmes dans cette catégorie. Le concept d'humiliation est donc très relatif. Mais du strict point de vue clinique et psychothérapeutique, j'estime que le thème de l'humiliation revient dans les fantasmes de mes compatriotes dans une proportion bien supérieure à 3 %.

Les fantasmes d'humiliation peuvent s'expliquer par des facteurs biographiques très divers, et remplir des fonctions psychologiques également variées – je reviendrai sur ce point dans la troisième partie de cet ouvrage.

Certains participants m'ont confié leurs fantasmes avec calme, parfois même avec fierté ; d'autres éprouvaient plutôt de la réticence, de l'embarras, voire de la honte. Voici quelques témoignages, des plus brefs aux plus détaillés, qu'il convient de lire en gardant à l'esprit deux questions essentielles :

- A quels événements survenus pendant l'enfance peut-on attribuer le développement de ces fantasmes ?
- Comment et pourquoi de tels fantasmes peuvent-ils procurer du *plaisir* ?

WILLIAM

Je me rends à une adresse que l'on m'a indiquée, et quelqu'un m'attrape par-derrière. On me bande les yeux et on m'emmène dans une pièce. Ensuite, on me menotte, on m'attache, puis un autre homme arrive et me déshabille. Il se met à me lécher les parties intimes et s'arrête alors que je suis sur le point d'éjaculer. Il me fait ensuite l'amour, me pénètre, puis s'arrête. Ça continue comme ça pendant un moment, puis quelqu'un d'autre urine sur mon corps. En même temps, le premier homme me fait une fellation, jusqu'à ce que j'éjacule. On me relâche enfin et je repars sans avoir vu personne.

VLADIMIR

Forcer une jeune femme à se déshabiller.

CARINA

Me faire droguer, de sorte que je ne suis pas consciente de ce qui se passe, puis être amenée à l'orgasme, puis pénétrée par deux hommes.

UPTON

Me faire abuser et dominer par une équipe de joueurs de foot âgés de 16 ans, après un match, suants, couverts de boue et toujours en tenue ; être humilié et forcé de faire des trucs pour eux.

KARLEEN

Être kidnappée par un gang terroriste, dévêtue, et fouillée par tous les orifices. Puis me faire baiser par tous les types, l'un après l'autre. C'est horrible – et tellement bon en même temps.

JAY

Ma femme en train de se faire raser.

MARITZA

Je suis dans une pièce avec des femmes et des hommes. Ce ne sont pas des gens que je connais dans la vraie vie, mais dans mon fantasme je sais qui ils sont. Je suis attachée par les poi-

gnets et les chevilles à deux colonnes, à l'aide de chaînes et de lanières de cuir. Je porte des bas et des chaussures. On peut se servir des chaînes pour m'obliger à me lever ou à m'asseoir, pour contrôler ma position. Des hommes et des femmes, vêtus de cuir et de caoutchouc, me manipulent à tour de rôle. Je me fais fouetter, frapper, insulter, on me pose des pinces sur les tétons tandis que des hommes et des femmes me lèchent. Pas plus de deux à la fois, mais les autres regardent. Pénétration, à la fois anale et vaginale. Les femmes utilisent des godemichés et des godes-ceintures.

LILA

Être forcée à me masturber devant les bonnes sœurs de l'école de mon enfance. Dans mon fantasme, je suis une adulte, mais avec les bonnes sœurs je me sens toute petite. C'étaient de vraies sadiques, mais bizarrement, ce fantasme m'excite.

SKIP

Me faire examiner par une femme médecin portant des vêtements en daim et en cuir. La procédure comporte un lavement, un toucher rectal, une palpation des testicules et la pose d'un cathéter. Enfin, l'administration d'un gaz anesthésiant au moyen d'un masque jusqu'à la perte de conscience. Quand je reprends mes esprits, me faire masturber jusqu'à éjaculation.

GIOVANNI

Entrer dans une pièce où se trouvent deux belles femmes qui ne remarquent pas ma présence, les regarder se toucher ; puis l'une d'elles m'aperçoit et me fait signe d'approcher. Elles se mettent toutes les deux à jouer avec moi. Mon excitation monte, et l'une d'elles m'allonge et me lie les mains, de sorte que je ne peux rien faire. Puis, à tour de rôle, elles se servent de moi, en m'empêchant d'éjaculer pendant très longtemps, et finalement elles me forcent à leur éjaculer dessus.

DUNSTAN

Au lycée, me faire emmener dans les buissons par des élèves et être obligé de me déshabiller devant eux, puis leur faire des

trucs, par exemple les sucer ou leur lécher l'anus et ils m'enfoncent des bâtons et leurs bites dans le cul.

ENID

Je travaille dans une prison, et une mutinerie éclate. Les détenus forcent le directeur à faire une fellation à plusieurs prisonniers, le sodomisent et abusent de lui de toutes les façons possibles. Ils s'en prennent aussi à moi et m'obligent à m'allonger sur le bureau. Les hommes déchirent mes vêtements, dénudant ma poitrine et mon sexe. D'abord, le chef des mutins m'insulte tout en me suçant les seins et en glissant un doigt à l'intérieur de moi. Tous les autres me maintiennent, pour que leur chef puisse agir à sa guise. Il enfonce sa bite dans ma bouche et me force à le sucer. Au fur et à mesure, je mouille de plus en plus. Son excitation augmente et il va se placer de l'autre côté du bureau. Il enfonce sa bite dans ma chatte et commence à me bourrer. En poussant des grognements. On force le directeur à regarder. Une fois que le chef a déchargé en moi, ils forcent le directeur à avaler tout le foutre. Puis c'est au tour du prisonnier suivant. Voilà, en général il ne m'en faut pas plus.

Méga-humiliations

La plupart des participants m'ont fourni des descriptions concises de leurs fantasmes d'humiliation, dans un style souvent télégraphique ; d'autres en revanche se sont donné la peine de rentrer dans les détails. Les fantasmes qu'on va lire à présent révèlent quelques-uns des ressorts psychologiques les plus secrets de cette pratique (qu'on fantasme d'en être l'objet ou l'instigateur), et notamment la *colère* qui suit invariablement tout épisode d'humiliation. La grande majorité de ces témoignages montre que ces personnes trouvent du plaisir à humilier autrui – ou hésitent, parfois, entre le désir d'être eux-mêmes humiliés et celui de faire subir ce traitement à

quelqu'un d'autre. Ces récits mettent souvent en scène des rapports de nature homosexuelle ; il est intéressant de remarquer, du reste, que le thème de l'humiliation apparaît fréquemment dans le témoignage des participants homosexuels masculins, mais très peu en revanche chez les lesbiennes. A n'en pas douter, de nombreux homosexuels ont dû être confrontés à l'homophobie au cours de leur vie, ce qui a pu les conduire à érotiser leur honte plutôt que d'en être victimes.

HOWELL

J'aime bien imaginer que je suis agent des douanes à l'aéroport Heathrow de Londres, et que mon travail consiste à m'assurer qu'aucun immigré n'entre illégalement dans le pays, surtout avec tous les problèmes terroristes récents. Un jour, un groupe d'Hispaniques débarque en avion, et leurs papiers ont l'air louches ; alors l'un de mes hommes m'appelle pour jeter un œil à ces six jeunes Latinos et voir de quoi il retourne. Je leur dis de nous suivre, moi et mon collègue, dans une petite salle d'interrogatoire. Ils semblent effrayés mais ils sont obligés d'obéir, ils n'ont pas le choix. D'un air sévère, qui leur fait bien comprendre que je ne plaisante pas, je leur dis de se déshabiller. Ils ont l'air choqués, et l'un d'eux me dit : « On est en Angleterre, vous ne pouvez pas faire ça. » Alors je lui réponds : « Tu veux parier, sale moricaud ? », et je lui file un coup de poing dans le ventre. Mon collègue et moi, on se met à le tabasser, et je crie aux autres types : « A poil. Tout de suite. » Bien sûr, tout le monde obéit, et en moins de deux, nous voilà devant une rangée de jeunes Espagnols, plutôt frustes et beaux gosses, et complètement nus, à ma merci. Je commence aussitôt à bander comme un âne. Je les passe en revue chacun leur tour, j'examine leur corps, je les scrute comme au laser, et je les vois transpirer, parce qu'ils sont mal à l'aise, ce qui m'excite encore plus. Je les traite de porcs dégueulasses, je leur dis qu'ils apportent leur crasse dans ce pays et qu'ils doivent être désinfectés. Je prends le premier type et on le force à se pencher pour nous montrer son cul poilu. Mon collègue lui pose une espèce d'écarteur qui lui maintient le cul ouvert, et alors je lui vaporise du désinfectant dans le trou. Il hurle parce que ça le pique, mais

ça lui fait du bien. Je fais la même chose avec les autres, je leur nettoie le fondement. Ensuite, je leur dis de se décalotter pour voir s'ils ont de la crasse sur la bite, puis je les mets par deux et je leur ordonne de se laver mutuellement en se léchant la queue. Ils trouvent ça dégueulasse, vu qu'ils sont hétéro, mais ils sont obligés d'obéir, sinon ils savent qu'ils vont prendre une trempe. Petite punition supplémentaire, je les force à s'accroupir sur des seaux et à chier dedans, l'un après l'autre pour que tout le monde les voie bien. Puis je les oblige à pisser dans le seau rempli de merde, mais à une condition : ils ne doivent pas viser le seau. Ils doivent laisser pendre leur bite, et s'ils pissent par terre, tant pis pour eux : dans ce cas, je les oblige à lécher leur urine. Certains se mettent à gerber, mais je suis sans pitié. Enfin, pour terminer le processus de désinfection, je leur tends des rasoirs et de la mousse à raser, et je leur dis de venir un par un au centre de la pièce se raser les poils pubiens, intégralement. En les regardant faire, moi et mon collègue, on n'y tient plus, et on décharge direct dans nos pantalons. J'aimerais vraiment qu'un agent des douanes bien baraqué m'arrête, la prochaine fois que j'irai à Heathrow – j'adorerais qu'on me fouille au corps et qu'on m'inspecte par tous les trous.

IMMANUEL

Je dirige une grosse boîte, et je pèse pas mal d'argent. Mes employés me trouvent un peu intimidant, et j'aime tirer profit de cette image, parce que je sais que ça les pousse à bosser deux fois plus dur. J'ai deux trois jeunes femmes qui travaillent pour moi comme intérimaires, secrétaires, assistantes personnelles, ce genre de trucs, et en général elles sont plutôt pas mal. L'une en particulier, Cherisse, a une paire de nichons sensass et un joli visage. Et elle est du genre aguicheuse. Dans mon fantasme sexuel le plus chaud, j'imagine que je la convoque un jour dans mon bureau pour lui dire que je la vire, sans aucune raison. Elle est choquée et commence à sangloter : « Non, vous ne pouvez pas me faire ça. Mon petit ami est handicapé, et nous avons un fils en bas âge, et je suis la seule qui rapporte de quoi manger, bla bla bla. » Je lui dis que j'en ai rien à foutre, mais que si elle me fait une petite faveur, je reconsidérerai peut-être la question.

« Que dois-je faire ? » demande-t-elle, le visage inondé de larmes. Je lui dis que pour commencer, elle pourrait enlever sa jupe, ses bas et ses chaussures. Elle a l'air choquée et humiliée, mais elle obéit, parce qu'elle sait qu'elle a besoin de ce boulot. Super ! la voilà dans son petit haut moulant, en culotte. Je lui tourne autour plusieurs fois, lui donnant au passage des petites tapes sur les fesses à travers sa culotte en soie, et j'adore sentir le contact de sa peau douce et laiteuse. « Je vais vous retirer votre culotte, et si vous essayez de vous défiler, je vous vire. » Elle continue à pleurer, mais elle reste là, debout, immobile. La culotte disparaît, je découvre sa touffe, bien taillée, et les charmantes lèvres roses de sa chatte. Avec douceur, je passe le doigt sur son clitoris et son sexe, et en quelques secondes, sa chatte se met à mouiller ; bientôt, la salope est trempée. Je lui enfonce mon doigt avec fermeté et je le fais bouger à l'intérieur, ce qui la fait dégouliner. La chienne a du mal à se tenir droite, elle se tortille sous l'effet de mon doigt dans son sexe. Tout ça me ravit, et je commence à lui pincer les tétons à travers son haut, mais tout à coup je lui dis d'un ton brusque : « Désape-toi, tout de suite, ou alors tu sais ce qui t'attend. » Elle se retrouve bientôt nue, complètement nue, comme j'aime, tandis que moi je reste tout habillé. Je me mets à lui sucer les seins, et je lui dis de se doigter. Elle refuse, mais je lui crie dessus, et elle finit par m'obéir. « Tu es une bonne petite secrétaire, Cherisse, et si tu te fais jouir pendant que je te suce les seins, alors peut-être... je dis bien peut-être... je ne te renverrai pas. » Cherisse obtempère, et sa respiration devient saccadée quand elle enfonce un, puis deux doigts dans sa chatte. Et voilà, le tour est joué, la salope se contorsionne et gémit, puis décharge sur ses doigts tandis que je lui tète les nichons. J'adorerais faire ça à certaines de mes employées, mais un connard a rendu illégal ce genre de trucs.

MURDO

J'ai quarante-six ans, je viens d'Aberdeen, et je travaille pour une grosse entreprise de bâtiment, avec plein d'autres gars dans le même secteur – des métallos, des charpentiers, des électriciens, etc. Récemment, on a embauché un jeune apprenti métallo,

Scott – seize ans –, que je supervise. Ce gamin est canon – des cheveux blonds qui lui tombent sur le front, de longs cils, et un visage de jeune fille, à la peau douce, avec très peu de barbe. Il est super bien foutu, carré, de larges épaules, la taille mince, les hanches et les cuisses bien fermes et de belles jambes solides. Je bande dès que je le regarde. Les autres ne savent pas que je suis une grosse tafiole, donc je ne dis rien à personne de mon désir pour Scott. Lui n'est pas du tout gay – dommage, je le verrais bien homosexuel, mais bon, il ne l'est pas et c'est comme ça. Il n'a pas de petite amie, mais quand il parle des filles, ça ne fait pas de doute. Enfin, je peux quand même rêver, et quand je rentre chez moi le soir, je me branle souvent en pensant à Scott. Dans mon fantasme, j'imagine que je le fais venir dans mon bureau ; là, je lui dis qu'il doit me laisser l'examiner, que ça fait partie de son apprentissage de métallo, et qu'il doit donc se mettre tout nu. Scott a l'air un peu surpris, mais comme la plupart des gamins hétéro et sûrs d'eux, il se dit : « Bah, et alors ? Si c'est ce que je dois faire, allons-y. » Il ne perd pas de temps et, d'un geste vif, enlève aussitôt son tee-shirt, révélant un torse magnifique et des touffes de poils blonds, frisés et perlés de sueur, sous les bras, ce qui m'excite immédiatement. Puis il se débarrasse de son jean et se plante devant moi, dans son caleçon en coton. Je crois apercevoir un début d'érection, et je lui dis : « Fais tomber le calebute, fiston. » Il me lance un clin d'œil, conscient du plaisir que j'éprouve à l'humilier ainsi, et il baisse lentement son caleçon jusqu'à mi-cuisse, pour que je me régale du spectacle de sa bite non circoncise, qui doit bien faire 16 ou 18 centimètres (je me targue de savoir juger de la taille d'une queue rien qu'en la regardant). Je lui dis que pour devenir un métallo professionnel, il doit me montrer comment il manipule son chalumeau, et je lui dis de s'astiquer la queue et de la faire rebondir contre son ventre. Il y va gaiement, et à ce moment-là je n'arrive plus à me retenir, je lui saute dessus et je le branle, ouvrant la bouche pour avaler son geyser de sperme. Je lui dis de me sucer la bite, et il hésite, mais je lui appuie sur la tête pour la faire descendre jusqu'à ma queue bien rigide, et je lui défonce la gorge. Ah, si seulement Scott savait ce qu'il rate... Je pourrais lui donner tellement de plaisir. Ça me fait vraiment de la peine de savoir que ce fantasme ne deviendra jamais réali-

té, jamais. Mais bon, en attendant c'est un fantasme génial, et je vis dans l'espoir. Se branler en pensant à des hétéros, c'est vachement plus excitant, à cause de l'anticipation qui est toujours plus forte. Si un gamin homo s'offrait à moi, ce serait trop facile, j'aurais l'impression que c'était gagné d'avance. Moi, ce qu'il me faut, c'est Scott et tous ses potes hétéro, pour les sucer, les branler et peut-être même les baiser un coup.

PRAKASH

Mon fantasme est d'ordre vestimentaire. J'ai une petite amie sublime et sexy, et elle adore me voir quitter mes vêtements masculins pour mettre les siens. Quand on fait l'amour, elle s'allonge sur le canapé, un peu comme une princesse orientale, et me donne des ordres en aboyant, tandis que moi, son humble serviteur, je dois faire tout ce qu'elle dit. D'abord, elle me demande d'enlever ma chemise ; j'obéis, et elle me fait des remarques sur mon torse viril. Ensuite, je dois enlever mes chaussures et mes chaussettes, puis mon pantalon. Je me tiens debout devant elle, en caleçon, et j'ai un début d'érection. Elle me dit que je ne suis pas autorisé à bander en sa présence, et que je dois rester debout sans bouger jusqu'à ce que mon érection disparaisse, parce qu'elle a « des projets pour moi plus tard ». Elle quitte la pièce et j'attends là, nu, je me sens idiot et j'essaie de penser à quelque chose qui me fasse débander, afin d'obéir à ma maîtresse. A son retour, une demi-heure plus tard, ma queue est molle, mais rien qu'en la voyant en petite tenue, ma bite durcit à nouveau, et elle se met en colère, alors on recommence depuis le début. Elle revient pour la seconde fois, et je bande toujours. Elle se met à hurler : « Putain de merde, soulage-toi une bonne fois pour toutes, sinon ta queue ne rentrera jamais dans ma petite culotte en dentelle ! » Elle fait venir ses copines, pour qu'elles regardent, et elles s'asseyent toutes sur le canapé tandis que je dois enlever mon caleçon et montrer mon gros pénis, épais et brun, avec son long prépuce. « Maintenant ! » ordonne-t-elle, alors je saisis mon pénis et je commence à frotter mon prépuce pour le décalotter. Je me sens complètement humilié, surtout quand les autres filles se mettent à glousser et à me montrer du doigt pendant que je me mas-

turbe sous leurs yeux. Je finis par me prendre au jeu, ma bite est tellement gonflée qu'elle va exploser, et tout à coup je décharge une énorme giclée de sperme. « A genoux, esclave : lèche ! » crie ma maîtresse. Cette fois je suis vraiment humilié, mais j'obéis, et même si je n'ai jamais avalé de sperme auparavant, je fais ce qu'on me dit et je lèche le liquide visqueux de mon long pénis marron. Puis ma maîtresse et petite amie me dit : « Maintenant qu'on t'a bien vidé, ton pénis est rabougri ; donc tu peux entrer dans ma culotte sale. » Elle me tend une minuscule culotte en dentelle violette, et je l'enfile. Je me sens complètement ridicule, parce que je ne suis pas taillé pour porter ce genre de petite lingerie, mais je la mets quand même, devant les filles qui me regardent en riant, et ma bite – molle à présent – disparaît sous le tissu sexy. J'ai tellement de poils pubiens, vu que je ne m'épile pas comme les femmes, que ça déborde de la culotte, en haut et sur les côtés. J'ai l'air débile. Mais nous continuons : les filles m'aident à enfiler un soutien-gorge, puis un body en nylon noir, puis des bas, et enfin une jupe droite très moulante. Elles me mettent des talons hauts, une perruque blonde, puis me maquillent, me transformant en une fille à peu près crédible. Je me sens féminisé, embarrassé, mais ma queue ne cesse de grossir. « Une fille avec une bite ! » s'écrient-elles, et je jouis dans la culotte étroite de ma petite amie.

MARIANGELA

J'ai 24 ans, et je vis dans le nord de l'Angleterre. J'ai malheureusement dû subir de nombreuses interventions chirurgicales au fil des années, à cause d'un accident à la colonne vertébrale qui a transformé ma vie à bien des égards. J'ai eu des tas d'opérations et d'examens médicaux – des procédures souvent délicates, mais réalisées sans la moindre délicatesse, du genre « désapez-vous et que ça saute ». Mon fantasme préféré, quand je me masturbe (je n'ai pas de rapports sexuels), c'est d'être examinée par un médecin. J'entre dans son cabinet, et il est entouré d'assistants. D'un ton brusque, il me présente le Dr A, le Dr B, le Dr C, le Dr D et le Dr E, ses jeunes collègues et assistants, qui l'aideront à m'examiner. Il me dit que, étant donné la nature de mes problèmes physiques, il doit me faire un examen

complet : je dois donc être entièrement nue, afin que mes vêtements ne le gênent pas. Il commence, et comme je suis nerveuse et que je n'arrive pas à défaire les boutons de mon chemisier, il me crie : « Bon sang mais je n'ai pas que ça à faire, que l'un d'entre vous enlève le chemisier et le soutien-gorge de cette femme. » Le Dr B, un beau médecin qui ne doit pas avoir plus de vingt ans, s'avance et arrache presque les boutons. Enfin bon, ça marche, et il m'enlève mon chemisier. Ensuite je commence à enlever mes chaussures et mes collants, mais une fois encore ça prend trop de temps, et le médecin ordonne au Dr C de m'en débarrasser tout de suite. J'ai l'impression de me faire déshabiller de force. Et je me retrouve bientôt toute nue, mes vêtements entre les mains des jeunes médecins. Mon corps dévêtu me fait honte, exposé ainsi aux regards des six hommes, mais j'ai beau essayer de couvrir ma nudité avec mes mains – l'une sur mes seins et l'autre sur mon sexe –, le médecin me les écarte et pose son stéthoscope froid contre ma poitrine. Les jeunes assistants se pressent autour de moi ; ils font semblant de s'intéresser aux gestes du médecin, mais en réalité, je vois bien qu'ils regardent mon vagin et mes seins, et l'un d'entre eux, le Dr C, commence à bander dans son pantalon. Je dis au médecin que je me sens très humiliée, toute nue devant eux. Son visage s'éclaire d'un rictus complice, et il me demande, à ma grande surprise : « Ça vous aiderait si vous n'étiez pas la seule personne nue dans cette pièce ? » Je lui réponds : « Oui, ça m'aiderait beaucoup. — Très bien, dit le médecin, dans ce cas, choisissez l'un de mes collègues ici présents et dites-lui de se déshabiller. » Je choisis le Dr E, qui est le mieux bâti et a le plus beau visage, et je le désigne d'un geste silencieux. Le Dr E a l'air paniqué, mais le médecin – son patron – lui dit d'arrêter de « faire sa chochotte » et de se dévêtir afin que la patiente se sente plus à l'aise. Les autres jeunes assistants se mettent à ricaner tandis que le Dr E défait sa cravate et commence à enlever sa chemise. Le médecin s'écrie : « Ah ! ça vous fait rire, messieurs ? Eh bien dans ce cas, déshabillez-vous aussi. » En un rien de temps, il force les cinq jeunes gens à ôter leurs vêtements. Ils gardent leurs caleçons, mais le médecin les dévisage avec sévérité jusqu'à ce qu'ils se mettent nus, comme moi, et je vois leurs queues pendantes. Je me sens beaucoup mieux à présent,

parce que je ne suis plus la seule à être nue. Le médecin déclare à ses assistants que je serais encore plus à l'aise si j'avais un orgasme, car cela soulagerait toute la tension de mon corps mutilé ; alors, un par un, ils s'approchent de moi, se penchent entre mes jambes écartées et me caressent le clitoris. Ils sont en file indienne, la bite des uns frottant contre le cul des autres, et ils s'occupent de moi, la queue au garde-à-vous. L'ambiance devient chaude. Puis le médecin ordonne aux jeunots de me baiser un par un, et ils s'y mettent, par ordre alphabétique. Le Dr A enfonce sa queue dans ma chatte, va et vient à l'intérieur jusqu'au moment où il décharge. Ensuite, c'est au tour du Dr B, puis de tous les autres, si bien qu'à la fin le foutre des cinq médecins dégouline de mes cuisses jusqu'au sol. Je croyais que c'était fini, mais les cinq assistants soulèvent alors le médecin-chef et, le portant à l'horizontale, telle une torpille, le plantent tête la première contre ma chatte, et il se met à lécher toute la crème. J'explose, saisie par un orgasme multiple qui semble se prolonger pendant des heures – très satisfaite des soins médicaux que j'ai reçus.

12

Incestes

« Naturam expellas furca, tamen usque recurret. »
« Chassez le naturel, il revient au galop. »

HORACE, *Epîtres*

Les ravages de l'inceste et d'autres formes d'abus sexuels

En tant que psychothérapeute, je passe une grande partie de ma vie professionnelle à traiter les conséquences psychologiques de traumatismes sexuels infligés durant l'enfance. Fort heureusement, la majorité des hommes et des femmes britanniques, aujourd'hui, ont grandi dans un environnement protégé, élevés par des parents soucieux de respecter leur intégrité physique. Hélas, de nombreux enfants, y compris en bas âge, sont victimes d'abus sexuels de toutes sortes, perpétrés par des proches : mère, père, grands-parents, oncles ou tantes, cousins, gouvernantes, nounous au pair, amis de la famille, voisins – ou encore par de parfaits inconnus.

Les chiffres exacts ne sont pas clairement établis, mais les études les plus approfondies révèlent qu'au moins un tiers des enfants britanniques sont victimes de sévices infligés par un adulte. Lloyd deMause, directeur de l'Institut d'Histoire psychologique de New York et spécialiste incontesté de la

question, étudie le phénomène des abus sexuels sur enfants, et ses conséquences, depuis plus de quarante ans. Comme en témoignent ses ouvrages, notamment *L'Histoire de l'enfance* et *La Vie émotive des nations*, ainsi que ses contributions au *Journal d'Histoire psychologique*, il a découvert qu'un nombre d'individus bien plus élevé que nous n'aimerions le croire ont souffert, à toutes les époques, de sévices sexuels. Dans son article sur « L'universalité de l'inceste », publié en 1991 dans le *Journal d'Histoire psychologique*, deMause démontre de manière saisissante qu'au moins 60 % des filles et 45 % des garçons, rien qu'en Amérique, sont victimes de telles pratiques.

Mais qu'entend-on exactement par « abus sexuel sur enfants » ? Comme on l'imagine, ce genre de sévices peut prendre des formes très diverses, des caresses prodiguées par un adulte aux parties génitales, aux fesses ou à la poitrine d'un enfant jusqu'à l'insertion d'un pénis, d'un doigt, ou d'un objet dans n'importe lequel de ses orifices corporels (la bouche, le vagin ou l'anus). Ces sévices peuvent être commis par une seule personne ou, dans des cas extrêmes, par un groupe d'individus, par exemple dans les réseaux de pornographie pédophile.

Si tout le monde (sauf les pédophiles) s'accorde à considérer les formes les plus extrêmes des sévices sexuels sur enfants comme une monstruosité, certains se croient autorisés à minimiser les conséquences d'abus plus « anodins ». Mais, d'après mon expérience, tout épisode faisant intervenir un geste, un regard ou même une allusion de nature sexuelle est susceptible de porter atteinte à l'intégrité physique de l'enfant. Je me souviens par exemple de cette jeune femme de vingt-huit ans que ses parents avaient traitée avec le plus grand soin mais qui, à l'âge de cinq ans, était entrée sans prévenir dans la chambre parentale et avait surpris son père en train de se masturber en regardant une cassette vidéo pornographique. Bien qu'elle soit en bonne santé et tout à fait attirante, cette jeune femme, à ce jour, n'a jamais eu de petit ami ni de rapports sexuels d'aucune sorte, et demeure

terrorisée à l'idée de voir un pénis. Pas besoin d'avoir été pénétré ou même seulement touché pour se sentir victime d'abus sexuel.

Les psychologues et autres chercheurs en psychiatrie ont consacré de nombreuses études à ce phénomène, et en particulier à ses conséquences. Nous savons qu'abuser sexuellement d'un enfant (sous une forme « anodine » ou extrême) provoque de graves séquelles sur sa vie ultérieure. Ces travaux de recherche nous apprennent que les personnes victimes de sévices sexuels durant leur enfance ont plus tendance que les autres à :

- souffrir de crises d'angoisse ;
- souffrir de troubles de l'alimentation (anorexie, boulimie, boulirexie, etc.) ;
- pratiquer l'automutilation (coupures, brûlures de cigarette, etc.) ;
- se comporter sexuellement de manière agressive ;
- avoir des relations sentimentales erratiques ;
- souffrir de maladies psychiatriques graves (dépression, troubles de la personnalité) ;
- échouer dans leurs études à cause d'un manque de concentration ;
- souffrir de douleurs physiques imaginaires et d'autres maux psychosomatiques ;
- tomber dans la prostitution ;
- tomber dans la drogue ;
- abuser de l'alcool ;
- souffrir de profondes colères et d'agressivité ;
- adopter des comportements criminels ;
- souffrir de troubles du sommeil ;
- faire subir des sévices à leurs propres enfants ou à ceux d'autrui.

Et ces symptômes ne représentent qu'une infime partie de toutes les conséquences dévastatrices que l'abus sexuel d'un enfant peut entraîner.

Occupés que nous sommes à dénicher les pédophiles de tout bord, nous oublions souvent que la grande majorité des sévices sexuels sur enfants se produisent au cœur même du foyer familial : environ un tiers de ces abus sont perpétrés par d'autres jeunes gens, souvent un grand frère ou une grande sœur. Il est bien sûr essentiel d'éradiquer les crimes sexuels *extra-familiaux*, mais il faut garder à l'esprit que le plus grand danger est celui des abus *intra-familiaux*.

A ma grande surprise, j'ai découvert que de nombreux Britanniques, à un moment ou un autre de leur vie, fantasment sur l'inceste : 3 % des hommes ont le fantasme conscient d'avoir un contact de nature sexuelle avec leur sœur ; 1 % des femmes et 1 % des hommes ont un fantasme similaire concernant leur frère. Les chiffres se recoupent pour les hommes qui fantasment à la fois sur leur frère et sur leur sœur, mais en réalité, la répartition se fait selon les orientations sexuelles : les hétérosexuels ont plutôt tendance à fantasmer sur leur sœur, et les homosexuels, sur leur frère. Environ 900 000 adultes britanniques connaissent ou ont connu l'orgasme en pensant à un frère ou une sœur. Et si l'on prend en compte ceux qui fantasment sur leur mère (1 % des hommes), on dépasse allègrement le million de citoyens incestueux. Nombreux sont ceux qui trouvent cette idée révoltante, et qui ne peuvent même pas imaginer leur père et leur mère en train de faire l'amour. Comment se fait-il, alors, que certains puissent nourrir des pensées sexuelles à l'égard d'un membre intime de leur famille nucléaire ?

1 % des hommes fantasment sur leur mère – 0 % des femmes, en revanche, fantasment sur leur père. Ce chiffre n'inclut pas, bien sûr, les quelques femmes, victimes d'abus sexuels durant leur enfance, que mes collègues et moi-même avons pu rencontrer au cours de thérapies, mais d'un strict point de vue statistique, à l'échelle nationale, ces cas représentent à peine plus de 0 % – de même que pour les femmes qui fantasment sur leur mère ou les hommes qui fantasment sur leur père.

Ce tableau d'ensemble devient infiniment plus complexe si l'on prend en compte les fantasmes portant sur les membres de la famille par alliance, en particulier les beaux-frères et les belles-sœurs. 13 % des hommes fantasment sur leur belle-sœur, et 3 % des femmes sur leur beau-frère. En outre, 1 % des hommes fantasment sur leur beau-frère. Au total, près de 8 millions de Britanniques fantasment sur la femme ou le mari de leur frère ou sœur. Certes, il ne s'agit pas dans ce cas de liens du sang, mais j'ai classifié ces fantasmes dans la catégorie « inceste » parce qu'ils ressortissent au même genre de tabou sexuel.

La classe sociale ne semble jouer qu'un rôle marginal dans le penchant fantasmatique pour l'inceste – à peine plus fréquent dans les couches les plus défavorisées de la population que dans celles plus aisées. Les adultes d'âge mûr paraissent plus susceptibles que les jeunes de fantasmer sur les membres de leur famille par alliance – sans doute parce qu'on en compte tout simplement moins dans sa famille à vingt ans qu'à cinquante. Par exemple, 9 % des personnes âgées de cinquante et un ans et plus admettent fantasmer sur leur belle-sœur, contre 2 % pour les moins de trente ans. Hormis ces considérations, l'âge semble peu déterminant en la matière.

Je reviendrai plus loin sur les mécanismes du fantasme incestueux ; en attendant, en voici un petit échantillon représentatif.

TADEUSZ

Je rends visite à la mère de ma belle-fille. Je frappe à la porte, elle ouvre. Je lui demande de se tourner, elle le fait, et je plaque mes mains sur ses seins. Elle défait son chemisier, je lui enlève son soutien-gorge et je lui caresse les seins. Elle m'emmène dans la chambre, m'enlève mon pantalon, prend mon pénis dans sa bouche, puis nous nous mettons au lit et nous faisons l'amour. Juste après, sa fille arrive et déclare qu'elle veut se faire sauter, alors je la déshabille, je la couche sur le lit et je fais l'amour avec

elle, puis à nouveau avec sa mère, et ainsi de suite. Dans un autre fantasme, j'aperçois ma voisine penchée sur ses plantes, dans son jardin. Je m'approche, je lui remonte la jupe pardessus la tête, je baisse sa culotte et je la pénètre.

LIONEL

Violer ma belle-sœur, qui finit par être complètement consentante.

DARBY

Je veux que ma mère s'agenouille, me débraguette et me suce jusqu'au bout.

REMI

Sodomie avec mon frère, et peut-être un ou deux de ses amis à tomber par terre.

ROBBIE

Relations buccales avec ma belle-sœur : je lui lèche le clitoris et le sexe tout en la doigtant, et elle me suce le pénis.

NICK

Baiser ma cousine, qui est super mignonne. Elle m'a toujours plu, et c'est ce que je fais dans mes fantasmes, quand je me branle. C'est génial. Merci du coup de main !

GUIDO

J'ai la demi-sœur la plus sublime du monde, et elle a de super nibards. Je n'ai jamais rien fait avec elle, mais j'aimerais bien la piner. Elle ne sait pas ce que je ressens pour elle, mais je me paluche beaucoup en pensant à ses seins, ses formes, tout. J'aimerais aussi lui éjaculer sur le visage. Et j'ai le fantasme de me faire surprendre en pleine action, peut-être par son père.

WAYNE

Ma petite amie fantasme à mort sur son oncle. Il lui court après, et elle, ça l'excite. Elle reste debout dans la cuisine,

l'écoutant refermer la porte après le départ des derniers invités. Elle entend la clé tourner dans la serrure et son oncle, un gros type laid, s'arrêter un instant, faire demi-tour et revenir dans la cuisine. Elle dort dans la cuisine, son lit est dans le coin. Il entre et dit : « Bon, eh bien... » Il lui sourit. Tout ce qui suit est complètement silencieux, il ne parle jamais, sinon pour s'étonner de ce qu'il est en train de faire, et elle acquiesce sans rien dire, soumise et en extase. Il s'agenouille devant elle, lui enlève sa robe, elle trépigne d'excitation, il suce ses petits seins et la tire vers lui à reculons, puis se relève et la dirige vers le lit. Elle lui résiste faiblement, il la bouscule un peu, et ça les excite encore plus. Il l'oblige à baisser la tête et à le sucer, puis, dans un grognement, il la fait tomber à la renverse sur le lit. Agenouillé devant elle, il lui écarte les jambes et la pénètre, et elle est trempée mais très étroite, alors il doit se glisser en elle avec délicatesse pour ne pas lui faire trop mal. Mais elle souffre quand même un peu.

LUPE

J'ai vraiment honte de mon fantasme, parce qu'il concerne mon fils adolescent, Jorge, qui a dix-sept ans. Jorge est l'homme de la maison, parce que j'ai divorcé de son père quand il était encore bébé. L'année dernière, il a grandi d'un seul coup, et il est devenu un beau jeune homme – à l'intérieur et à l'extérieur. Il ressemble trait pour trait à son père : grand, mince, le teint mat, ombrageux – c'était un vrai connard, mais personne ne savait me faire jouir comme lui. C'est le meilleur coup que j'aie jamais connu. Quand je suis seule dans mon lit le soir (autrement dit tous les soirs), j'ai un fantasme érotique à propos de Jorge. J'imagine que je l'entends crier dans sa chambre, qui est juste à côté de la mienne. En bonne *mama latina*, je me précipite et je le surprends en train de se masturber, tirant sur son sexe et se trémoussant dans son lit, entouré de magazines pornographiques. Quand j'entre, il me jette un regard salace, comme pour me dire : « Et si tu me rejoignais, *mama* ? » Je lui dis qu'il est un vilain garçon et qu'il sera puni pour ses péchés (nous sommes très religieux, d'une vieille famille catholique). Mais Jorge sait, me dit-il, que je suis toute seule depuis trop

longtemps, et que si je ne couche pas avec lui ce soir, je vais finir comme l'une de ces vieilles veuves au vagin tout desséché ! Je suis estomaquée d'entendre Jorge me parler de manière si directe et si crue, et ça me fait mouiller. Durant tout ce temps, il continue à tirer sur son pénis, de haut en bas, et le bout de sa queue est tout luisant. Il me choque en me lançant : « *Mamasita*, si tu aimes ton petit Jorge, tu dois me sucer. » Je lui dis qu'il ira en enfer, mais il m'attire à lui, à son pénis, il m'ouvre la bouche de force et m'ordonne de sucer. Avant que j'aie le temps de me rendre compte de ce qui se passe, je fais une gorge profonde à mon propre fils, et c'est délicieux. Je tripote ses couilles poilues, il tend le bras et me pince les tétons à travers ma chemise de nuit. Je continue à le sucer jusqu'à ce qu'il décharge au fond de ma bouche. Je veux recracher, mais il me dit qu'une bonne mère doit avaler. J'obéis. En même temps, je me frotte le sexe avec les doigts comme une chèvre en chaleur, et bientôt je jouis, trempée comme jamais. Si Jorge savait, il serait horrifié, mais je trouve son corps très sexy, et j'ai ce fantasme à propos de lui au moins une fois par jour, parfois deux.

BECKETT

Je me branle très souvent – deux ou trois fois par jour, 365 jours par an –, et chaque fois, je pense à mon oncle, un type génial. Il doit avoir dans les trente-neuf ans ; moi, j'en ai dix-neuf. Je ne sais pas à quand ça remonte exactement, mais je me branle en regardant des photos de lui depuis toujours. Il est 100 % hétéro, et lui et ma tante ont cinq enfants. Il n'a rien d'homo, et en un sens, ça fait de lui un objet de fantasme encore plus sublime. Bref. Voici mon fantasme préféré avec lui. Mes parents sont partis pour le week-end. J'ai beau avoir dix-neuf ans et être capable de prendre soin de moi tout seul, ils se disent que ce serait quand même plus sûr si je passais le week-end chez mon oncle. J'accepte, ravi. Quand j'arrive, mon oncle me dit que sa femme est partie à la campagne chez sa mère avec leurs cinq enfants ; ce sera donc un week-end « entre mecs » – et il me demande si ça ne m'embête pas trop. Tu plaisantes ? Je suis tellement excité tout à coup que je dois me retenir d'avoir une gigantesque érection illico. Ça va être un sacré week-end ! Je pose mes affaires dans la chambre et je rejoins

mon oncle au salon. Il a déjà ouvert quelques cannettes de bière, et on se met à boire. Bien sûr, il fait une chaleur torride, et je lui demande si je peux enlever mon tee-shirt. Pas de problème, me dit-il, vas-y, et donc je me désape, lui laissant bien voir mon torse juvénile. Il ne m'a pas vu depuis que j'étais ado, et il écarquille les yeux de stupéfaction en découvrant combien j'ai grandi. « Mince alors, t'as vraiment changé depuis la dernière fois que je t'ai vu. Tu fais de la muscu ? T'as vraiment de solides abdos, et t'as même quelques poils sur la poitrine qui étaient pas là avant. » Ces commentaires sur mon corps m'excitent, et je demande à mon oncle s'il a pas des cassettes porno qui traînent. Il pense en avoir deux ou trois au fond de son placard, à l'étage, et me dit d'aller voir. Je saute du canapé, je me précipite dans sa chambre, et là je découvre, dans son armoire, plein de vidéos et de DVD porno, hétéro, avec des photos de filles nues aux gros seins. Je choisis une cassette au hasard, je redescends quatre à quatre au salon et je la mets dans le magnétoscope. Mon oncle me dit qu'il va la regarder avec moi, et on est bientôt tous les deux très excités. Il est toujours habillé, moi torse nu, et mes tétons se mettent à durcir, saillant sur mes pectoraux. On regarde le porno, et bon Dieu ça devient chaud, même mon oncle se met à respirer très fort devant le spectacle de ce couple en train de baiser comme des bêtes. Je lui demande s'il veut bien me sortir la bite ; aucun problème, me répond-il. Il est toujours tout habillé. Je suis un peu nerveux, mais aussi fou d'excitation, et en moins de deux, j'ai le pantalon et le caleçon aux chevilles, la queue au garde-à-vous, le bout luisant. Mon oncle me sourit : « Décidément mon garçon, tu grandis à vue d'œil ! » « Merci, tonton. » Je commence à m'astiquer, et bien qu'il soit hétéro, mon oncle n'arrive pas à détacher ses yeux de mon braquemart. Soudain, il se jette sur ma queue et la prend dans sa bouche. Voilà ce que j'attendais, désirais, espérais depuis des années – enfin mon oncle me suce la bite, et c'est fa-bu-leux. Je me mets à lui ramoner la bouche, il m'avale jusqu'au fond, en me tripotant les couilles. Ma queue est de plus en plus dure, j'ai l'impression qu'à force elle va exploser et que la peau va se déchirer, mais la salive de mon oncle est vraiment humide, et je suis à deux doigts de décharger. Je hurle des obscénités du genre : « Suce-moi le manche,

même si c'était mal et que nos parents n'avaient pas la moindre idée de ce qui se passait. Un jour, comme je devais rendre visite à Oncle Hutch, Ben et moi avons décidé de lui faire une surprise en débarquant tous les deux chez lui. En ouvrant la porte, Hutch a eu l'air un peu désarçonné de voir sa nièce et son neveu ensemble, mais il s'est tout de suite adapté à la situation et nous a dit d'entrer, puis il nous a offert des bières et du sherry, comme d'habitude. Il ne lui a pas fallu longtemps pour nous dire que ce serait très excitant si Ben m'embrassait, ce qu'il a fait, puis Hutch a ordonné à Ben de me caresser les seins par-dessus mon chemisier. On a fini par se déshabiller tous les trois, et Hutch a demandé à Ben de frotter son pénis contre mon clitoris, qui était tout humide. La bite de Ben ressemblait à un plongeoir de piscine, jaillissant à 90 degrés de son petit buisson de poils pubiens châtains. Mon oncle m'a mise au défi de le sucer et, quelques instants plus tard, Ben déchargeait un gros paquet de semence dans ma bouche. J'ai avalé, et ensuite Oncle Hutch a enfoncé sa langue dans ma gorge pour tout lécher. Ça l'a tellement excité qu'il nous a demandé de nous mettre à quatre pattes sur le canapé, et ensuite, l'un après l'autre, il nous a baisés, Ben dans le cul et moi dans le vagin, par derrière. Je me masturbe toujours en pensant à ça, et ça me fait jouir en quelques minutes à peine.

SELENA

Mon père est dans le salon, il porte des habits de ma mère, bas, porte-jarretelles et robe, et se fait mettre par deux hommes, empalé sur le sol. Je n'en crois pas mes yeux, mon père est à la merci de ces types qui le prennent des deux côtés. Je m'assieds sur le canapé, remonte ma jupe et me masturbe en regardant mon père se faire embrocher. Les deux hommes ne me regardent pas, ils baisent mon père. Le premier éjacule dans sa bouche, le deuxième dans son cul, et moi je jouis sur le canapé. Les types disent : « Merci, même heure la semaine prochaine », et s'en vont. Mon père me regarde : « Ne le dis pas à ta mère, mais j'aime la bite. » Je lui réponds : « Je ne dirai rien à condition que tu me baises. » Il regarde sa petite princesse et commence à retirer les vêtements de maman. « Non, garde-les. » Il m'adresse un faible sourire et je lui ordonne de s'allonger. Je

m'accroupis sur sa queue, dos à lui. Je chevauche sa grosse bite et je jouis. Je chie partout sur son ventre, et à ce moment-là il se vide les couilles à l'intérieur de moi. Il est totalement humilié, je me lève et je le regarde, souriant, allongé sur la moquette. Je me mets debout au-dessus de son visage. Je lui dis d'ouvrir la bouche. Je lui pisse dessus.

LAVERNE

Nous sommes déjà au lit, mon petit ami a les mains attachées aux montants et les yeux bandés. Je le baise, à fond et brutalement, quand soudain je me rends compte que nous ne sommes pas seuls. Son fils (vingt-cinq ans) est venu lui rendre visite, a entendu du bruit à l'étage et est monté voir ce qui se passait. Il se tient dans l'encadrement de la porte, vêtu de noir : bottes, jean, tee-shirt moulant, pardessus en cuir descendant jusqu'aux chevilles. Nos regards se croisent, il me sourit, sort sa queue et commence à se branler, en me faisant signe de continuer avec son père. Je lui demande d'approcher, et je recommence à baiser mon petit ami. Son fils se branle à côté de nous, puis, tandis que je m'occupe toujours du cul de son père, il se met à lui baiser la bouche. Ensuite, il grimpe sur le lit, place ses genoux de part et d'autre de la tête de mon petit ami, se penche, et nous nous roulons un patin tout en baisant son père. Puis son deuxième fils (dix ans) entre dans la pièce, sourit, se déshabille et nous rejoint. Il branle son père et se tripote. En général, je jouis à ce moment-là.

Incestes de déplacement : professeurs, patrons, infirmières, médecins et autres figures d'autorité

J'ai choisi de placer ici, en conclusion de ce chapitre, une sélection de fantasmes portant sur ce que j'appelle des *incestes de déplacement.* Il s'agit de personnes qui éprouvent de l'excitation en pensant à des professeurs, des médecins, leur patron ou toute autre figure d'autorité, parce que ces derniers agissent *in loco parentis* (ils jouent le rôle de parents

symboliques) en s'occupant de nous, souvent en prenant en charge notre bien-être et notre intégrité physique, comme le feraient n'importe quels parents responsables. Ce genre de fantasme ne relève donc pas à mes yeux d'un choix sexuel neutre, mais constitue plutôt un vestige de sentiments incestueux remontant à l'enfance et sublimés.

BRANDY

Mon patron, dans le bain, me savonne avec beaucoup de mousse, me lave, me sèche, puis nous baisons.

ANTONIA

Je suis femme de ménage dans une grande maison. Le maître des lieux, en rentrant, me surprend en train de me masturber. Alors il m'emmène dans son bureau et me force à enlever mes sous-vêtements. Il se met à me fesser et, s'apercevant que je mouille énormément, il me traite de grosse salope et m'oblige à lui sucer la bite et à lui lécher les couilles. Puis il me baise à fond.

BRUCE

Avoir une aventure avec un professeur alors que je suis toujours à l'école, en retournant à l'époque où j'étais élève.

NINOTCHKA

Je suis vraiment excitée par ce type au bureau, que j'appellerai Julian. Il est avocat, et je suis l'assistante d'un de ses collègues. Nous avons très peu de rapports, parce que je ne travaille pas pour lui, et je le vois très peu, car il est toujours au palais de justice, mais quand je le vois, le sang me monte à la tête et je crève d'envie de faire l'amour avec lui. D'après ce que je sais, il est marié, il a des enfants, il est heureux en ménage, et il n'a pas l'air de m'avoir remarquée. Je rêve souvent de lui, dès le matin en général, quand je prends mon bain. J'imagine que je reste travailler tard au bureau, un soir, et que mon patron est rentré chez lui. Julian lui aussi travaille tard, et son assistante est partie tôt pour s'occuper de sa vieille mère, or il a besoin d'aide

pour rédiger un mémo qui ne peut pas attendre demain. Il sait que ça ne fait pas partie de mon boulot de travailler sur ses dossiers, me dit-il, mais je lui rendrais un immense service si j'acceptais. Je suis folle de joie mais j'essaie de ne rien en laisser paraître, et je lui dis que je serais ravie de l'aider. J'attrape un stylo, un bloc-notes, et je vais dans son bureau. Le dossier concerne un cas d'adultère, un type qui a trompé sa femme, et Julian m'explique tous les détails juteux de l'affaire. J'essaie de prendre des notes sous sa dictée mais le récit des aventures sexuelles entre le client de Julian et sa maîtresse me trouble tellement que j'en fais tomber mon stylo. Julian s'empresse de le ramasser (il est tombé juste entre mes jambes) et il me regarde par en bas en me le rendant. Avant que j'aie pu le remercier, il me saisit par les épaules et me roule une pelle comme personne ne m'a jamais embrassée – un baiser ferme, viril, passionné et sensuel. Je sens sa fine barbe sur mes joues et sa langue qui appuie contre mes lèvres, les ouvre et pénètre à l'intérieur de ma bouche, et je mouille de plus en plus. Avec une passion bestiale, Julian envoie d'un coup valser tous les papiers de son bureau, s'allonge dessus et me tire vers lui. Je passe mes doigts dans ses cheveux poivre et sel et je remonte ma jupe pour le chevaucher. Je n'arrive pas à croire que c'est en train d'arriver pour de vrai, mais je suis au Septième Ciel. Julian glisse sa main sous ma jupe et commence à me masser la motte à travers ma culotte et mes collants. Je sens son alliance qui frotte contre mon clitoris, et c'est une sensation merveilleuse – sa bague me rappelle au passage que nous faisons quelque chose de vraiment mal, et ça m'excite encore plus. Soudain, l'avocat à la Cour se transforme en barbare, il oublie ses bonnes manières, arrache mes collants et ma culotte. Il finit par me dénuder entièrement, me plaque contre le bureau, me lève les jambes et plonge la tête entre mes cuisses, me suçant et me léchant la chatte – c'est le meilleur cunnilingus qu'on m'ait jamais fait. Je me suis déjà fait lécher par certains de mes petits amis dans le passé, mais j'ai toujours eu l'impression que c'était un effort pour eux ; avec Julian, c'est naturel, et il fait ça divinement bien. Sa barbe drue frotte contre mon clitoris rose et enflé, ce qui me fait grimper aux rideaux et me procure un orgasme ininterrompu pendant cinq minutes. Je suis au bord de

l'évanouissement, mais Julian ne me laisse aucun répit. Il continue à me lécher la chatte jusqu'au moment où je suis obligée de le repousser parce que le plaisir devient insoutenable – mes multiples orgasmes me font presque mal –, et alors j'attrape les épaules de Julian et je fais remonter son visage jusqu'à mes lèvres. On s'embrasse un moment, puis je m'occupe de lui : je défais le pantalon noir de son costume et fais surgir le pénis le plus beau, propre, long et fin que j'aie jamais vu. Sa queue est d'une grande élégance, tout à fait celle qu'on imagine entre les jambes d'un type de son rang, et elle se met à gonfler entre mes doigts. Je la mets dans ma bouche et il murmure : « Oh oui, suce ma bite, suce ma bite. » C'est génial de le sentir dans ma bouche – si propre, si délicieux, je ne m'en lasse pas. Je le dévore, tandis qu'il me caresse la tête en rythme. Au bout d'un moment, Julian s'écrie : « Je vais jouir, je vais jouir, je t'en prie... avale... mon... foutre ! » Il décharge dans ma bouche, et bien entendu j'avale tout jusqu'à la dernière goutte. On s'écroule aussitôt de fatigue sur le bureau, et on se réveille le lendemain matin, toujours enlacés, prêts pour une nouvelle journée de travail, sans que nos collègues se doutent de rien.

KADY

Me faire gronder par un professeur à l'école (un homme d'âge mûr) parce que je n'ai pas fait mon devoir de biologie ; être obligée d'aller chez lui après la classe pour un cours de rattrapage, alors que sa femme est sortie. J'arrive en uniforme, portant un soutien-gorge sous mon chemisier blanc, et sans culotte sous ma jupe courte, puis le professeur me caresse de manière inappropriée, mais j'aime ça ; je lui dis en minaudant d'arrêter mais en réalité je veux qu'il continue. Il me dit que je suis une petite cochonne, puis il touche mon vagin, qui est trempé, et il défait mon chemisier, me suce les tétons, me lèche, me fait jouir, je lui taille une pipe mais sans éjaculation. Il me fait brutalement l'amour contre le mur, et je pars juste avant le retour de sa femme.

TINO

Une infirmière. Je suis son patient à l'hôpital, et elle doit faire ma toilette avec une éponge. Quand elle arrive à ma bite et à

mes couilles, je deviens nerveux, mais elle me dit : « Détends-toi. » C'est ce que je fais, et elle commence à me laver. Quelques instants plus tard, je décharge un long jet de foutre sur ses mains. Je lui demande de tout lécher. Elle obéit, puis m'embrasse, faisant passer mon sperme de sa bouche à la mienne. Génial !

13

Extrêmes violences sexuelles

> « Quelques crimes toujours précèdent les grands crimes. »
>
> RACINE, *Phèdre*

Nous avons déjà eu l'occasion de l'observer : dans beaucoup de fantasmes figurent des éléments de violence, physique ou psychologique, envers soi-même ou contre autrui. Selon certains chercheurs, comme le psychiatre et psychanalyste Robert Stoller, l'agressivité est même le moteur essentiel du fantasme, la clé de voûte de l'excitation sexuelle.

D'après les résultats de mon enquête, 4 % des adultes britanniques ont le fantasme « d'être violent à l'encontre de quelqu'un d'autre », et 6 % celui « d'être l'objet de violences exercées par autrui » ; les hommes étant plus nombreux à s'imaginer agents de cette violence, tandis que les femmes se voient plus souvent dans la position de victimes. Autrement dit, environ 1,8 million de Britanniques ont des fantasmes violents. Bien entendu, ce chiffre, quoique déjà élevé, ne reflète pas exactement la réalité des faits, car de nombreux individus ne s'estiment sans doute pas violents, quand bien même leurs réponses les rangeraient dans cette catégorie. 15 % des Britanniques, par exemple, fantasment à l'idée

d'utiliser des menottes, des accessoires de *bondage* ou un collier sur autrui, et 23 % fantasment d'attacher leur partenaire. De telles inclinations relèvent-elles d'une sexualité « violente », ou peuvent-elles s'assouvir avec tendresse et retenue ? Nous entrons là dans un territoire complexe, où les définitions sont toujours très floues. Untel sera excité à l'idée d'attacher et de menotter son ou sa partenaire aux montants du lit – telle autre personne, en revanche, considérera cette même pratique comme un geste terrifiant et dangereux.

La plupart des psychiatres ayant travaillé auprès d'hommes et de femmes dangereux, dans des institutions de haute sécurité, s'accorderaient à dire que les individus enclins à la violence sexuelle ont souvent été eux-mêmes victimes d'abus d'ordre sexuel (physique ou psychologique) durant leur enfance ; lesquels traumatismes donnent lieu, à l'âge adulte, à une érotisation de la cruauté.

Voici à présent quelques échantillons de fantasmes relevant de la plus extrême violence.

FRANCINE

Être retenue contre mon gré, en général par des gens qui en ont le « droit » ; par exemple, voyager dans un pays du tiers-monde, me faire arrêter par la police, être emmenée dans une « prison » et attachée d'une manière ou d'une autre. On m'arrache mes vêtements, on m'observe sous toutes les coutures comme un objet sexuel, puis je me fais violer par un homme (sauf que j'y prends du plaisir).

DELIA

Être une esclave sexuelle dans une maison de passe très chic. Beaucoup de tortures sexuelles.

MILTON

Vous allez trouver que c'est un truc de psychopathe, mais parfois, quand je me branle, j'imagine ma copine se faire décapiter par un bourreau. On place sa tête entre mes jambes et je me branle dessus.

RICHARD

Être attaché, immobilisé, et forcé de regarder ma partenaire se faire baiser... puis de lécher le sperme sur son corps.

PALMER

Ma Maîtresse m'a habillé en pute, avec une minuscule mini-jupe, des bas résille, d'énormes faux seins collés au torse sous un chemisier en satin. Beaucoup de maquillage. On m'installe sur une chaise ou sur le dos d'un cheval, les pieds dans des ballerines à talons aiguilles de vingt centimètres de haut, les chevilles écartées au maximum par une barre de fer. Ma Maîtresse remonte ma jupe et se met à me frapper avec le plat de la main, puis avec un martinet. Satisfaite de m'avoir entendu crier pendant longtemps, elle me défonce avec un gode-ceinture. Au bout d'un moment, elle hurle et quelqu'un d'autre entre dans la pièce, un homme nu à qui Maîtresse demande de pénétrer ma bouche. Maîtresse, l'homme et moi jouissons en même temps.

AGNES

Je suis gouvernante dans une grande demeure, de style victorien, je crois. La maîtresse de maison est handicapée et son mari est très sexy, à sa manière discrète. Il aime la façon dont je m'occupe de leurs enfants, le fait que je sois stricte mais jamais cruelle. Il vient me voir un soir et me dit qu'il a un problème. Sa femme est trop malade pour faire l'amour avec lui ; il a fréquenté des prostituées et ressent le besoin d'être puni. Il me demande de le châtier en le frappant avec une canne. J'obéis, me mettant dans la peau d'une maîtresse d'école punissant un cancre. Il y prend tellement de plaisir qu'il bande dur quand j'ai fini. Il me remercie, mais je lui dis que ce n'est pas terminé ; je le prends dans ma bouche et je le suce.

DUFFY

Être maintenu de force et faire l'amour sous la contrainte.

IVANNA

Être détenue dans un camp de prisonniers et me faire violer par les gardiens qui essaient de me soutirer des informations.

BRENNA

Fouetter mon amant jusqu'à ce qu'il hurle et saigne.

COLBY

Viol.

FLO

Je suis une esclave noire, et je suis alignée avec d'autres esclaves. De riches propriétaires de plantations viennent m'examiner : ils me tripotent, me touchent les seins, mettent la main sous ma jupe pour me palper la chatte. Je suis choisie et emmenée dans une plantation à l'arrière d'une fourgonnette. On me conduit dans une cabane, où deux grosses Noires me préparent pour le « missié »; elles m'informent de ce qu'il va me faire (elles sont sans doute passées par là elles aussi). Lavée, prête, incertaine de ce qui va se passer, j'entends des pas sur le porche à l'extérieur. Je tremble de peur... mais aussi d'impatience. Je sais que les autres femmes sont dans la cabane à côté et je sais ce qui m'attend...

DORO

Me faire bander les yeux par deux hommes et être incapable de les arrêter.

NOAH

Me faire torturer la bite et les couilles. J'aime qu'on me perce les tétons pendant qu'une dominatrice me tire et me tord les testicules.

BILLIE-JO

Me retrouver dans un *gangbang* avec des hommes noirs et me sentir complètement impuissante. Le décor varie, mais en général je me fais prendre de toutes les manières possibles et je ne peux jamais contrôler la situation.

LYSANDER

En gros, il s'agit toujours de me faire prendre brutalement par un énorme type roux. Il est costaud, puissant et grand. Il est

tendre au début, mais à mesure qu'il me pénètre, ça devient plus agressif, plus impitoyable. Il me fait changer de position sans me demander mon avis, sans négocier. Au moment de jouir, il perd tout contrôle de lui-même et ne me montre aucune pitié. Ensuite, il me prend dans ses bras et m'embrasse avec passion et tendresse.

LORELLE

Saddam Hussein. Voilà mon fantasme. Tout le monde croit qu'il est laid, atroce et dégoûtant. Je sais que c'est un dictateur brutal, un tyran, et que le monde entier le déteste, mais je crois que ce serait fabuleux de me faire baiser par lui, vraiment fort, et me faire traiter comme un morceau de viande. Parfois, quand je suis seule chez moi, je tire les rideaux de la chambre, m'allonge sur le lit, en petite culotte et soutien-gorge, je ferme les yeux et je commence à me caresser, puis j'imagine que Saddam est entré par effraction et me retient en otage. Les types des Nations Unies sont à sa poursuite, et quand ils le trouvent, il leur dit qu'il me tuera s'ils ne le laissent pas tranquille. Il m'arrache du lit et me plaque contre la fenêtre, un couteau appuyé contre ma gorge, pour que les policiers à l'extérieur dans leurs voitures de patrouille voient bien qu'il est armé, dangereux, et qu'il ne plaisante pas. L'opération est suspendue, le temps que les autorités décident de la marche à suivre, ce qui nous laisse, à Hussein et moi, de longs moments ensemble. Il me dit que pour passer le temps, il va me traiter comme la chienne que je suis. Il me force à me voiler le visage, puis il arrache mes vêtements, me retourne sur le ventre et me redresse les fesses, comme un animal. Il sort sa bite (elle ne fait qu'une dizaine de centimètres mais elle est épaisse et elle sent très fort), et il se masturbe pour se faire bander. Je m'attends à ce qu'il me pénètre par derrière, au lieu de quoi, à ma grande surprise, il plante sa queue dans mes fesses, me viole analement et décharge un gros paquet de sperme au fond de mon cul. La souffrance est terrible et je commence à saigner du cul, mais d'un autre côté tout ça m'excite à mort et mon vagin frissonne de plaisir. Je le supplie de me baiser la chatte mais il refuse. Il me dit qu'il m'a déjà offert sa précieuse semence. Je réclame à

genoux la bite du grand dictateur, mais il ne veut plus rien faire. Il me traîne jusqu'à la fenêtre, nue, le sang coulant le long de mes cuisses, et il me met à nouveau son couteau sur la gorge devant les soldats à l'extérieur. Soudain, un bruit de verre brisé – quelqu'un a lancé une grenade chimique dans la chambre, et Saddam et moi nous évanouissons. Je me réveille nue, dans un hôpital militaire, entourée de deux soldats armés. Ils me demandent comment je me sens, et je leur réponds que je veux encore me faire baiser, que Saddam m'a violé le cul mais n'a pas fini le travail. Les soldats occidentaux, me prenant en pitié, me défoncent chacun leur tour avec leur grosse bite ; ça me fait perdre la tête et je jouis à n'en plus finir, en imaginant que c'est la petite bite de Saddam Hussein qui me pénètre.

14

Enfants et adolescents

« Dieu, préserve-moi des pensées
que les hommes ne pensent
Que par l'esprit. »

William Butler YEATS,
« Prière pour la vieillesse »,
Parnell's Funeral and Other Poems

Amours mineures

La plupart des adultes britanniques fantasment sur d'autres adultes, mais une proportion non négligeable a des fantasmes sur des individus plus jeunes. Pas moins de 31 % des hommes (environ 6,975 millions de Britanniques) éprouvent une attirance sexuelle pour des adolescents âgés de seize ans ou plus, et jusqu'à 8 % (environ 1,8 million d'hommes) pour des adolescents âgés de quinze ans ou *moins* – ce qui, s'ils passaient à l'acte, constituerait un délit au regard de la loi. Les femmes, en revanche, semblent moins concernées par ce genre de sexualité (4 % fantasment sur des garçons ou filles de seize ans et plus, et seulement 1 % sur des ados de quinze ans ou moins).

L'attirance ressentie pour de très jeunes gens a diverses explications, du désir sadique de faire du mal à l'envie

infantile, chez l'adulte, de retrouver une part de sa propre jeunesse à travers le corps d'un adolescent. Écoutons quelques témoignages de fantasmes portant sur des adolescents, ayant ou non dépassé l'âge légal du consentement (parfois, le ou la participant(e) omet de préciser l'âge de la personne sur laquelle il ou elle fantasme, ce qui rend difficile la distinction). J'ai inclus dans cette section des fantasmes relevant directement du désir sexuel, mais aussi d'autres manifestant une attirance plus symbolique – dans le cas de partenaires adultes aimant s'habiller comme des écoliers ou des écolières, par exemple.

ED

Je fantasme sur les écolières en général – une ado, sans visage, d'âge indéterminé (mais sans doute mineure), qui relève sa jupe et se masturbe pour moi avant de me laisser la déflorer brutalement.

SANFORD

Séduire une vierge de quinze ans. Elle est sous l'emprise de la drogue, mais quand elle retrouve ses esprits, elle s'aperçoit qu'elle y prend beaucoup de plaisir.

AUDREY

Une orgie où je me retrouve au milieu d'une dizaine d'adolescents noirs et violents.

COSMO

Je n'ai pas de fantasme en particulier, mais ce qui m'excite le plus, c'est une ado en uniforme scolaire, ou en tout cas avec des socquettes blanches. Je la prends en stop, par exemple. C'est elle qui me fait des avances sexuelles, sans doute en me montrant ses jambes et ses sous-vêtements. Au bout d'un moment, je finis par lui faire un cunnilingus, d'abord par-dessus sa culotte ; je l'imagine assise sur mon visage. Parfois, il y a deux filles du même âge, l'une assise sur mon visage et l'autre chevauchant mon pénis, et elles jouissent en même temps. Elles sont toujours

consentantes. Je ne les force jamais. Ce n'est qu'un fantasme. Je n'ai aucun désir de passer à l'acte dans la vraie vie.

HORTON

Une écolière japonaise se frotte contre moi dans un train bondé, puis nous descendons du train et allons faire l'amour ailleurs.

NICHOLAS

J'aimerais être le professeur d'une classe de garçons n'ayant pas encore atteint leurs seize ans. Je les ferais courir en plein air jusqu'à ce qu'ils transpirent, puis je les escorterais personnellement dans les douches. Je vous laisse deviner le reste.

CORINNE

Initier des adolescents timides et maladroits (et il y en a !) à l'amour et aux relations sexuelles.

FORBES

Faire l'amour avec deux adolescentes très jeunes et inexpérimentées qui me laisseraient leur montrer comment avoir des rapports, de quelle façon j'aime qu'on me lèche et qu'on me suce le pénis, puis faire l'amour avec l'une d'elles dans son anus vierge tandis que l'autre me lèche l'anus. Ensuite j'inverserais les rôles, puis j'aimerais leur éjaculer sur le visage.

PANCHO

Les amies de ma fille, qui ont seize ans, viennent à la maison et, me croyant endormi, se mettent à me tripoter la verge. Je me « réveille » avec une érection et je leur montre comment me masturber. Après avoir joui, je leur montre comment se masturber entre elles, avec leurs doigts et leur langue. Je me joins à elles, et je frissonne, saisi par un immense orgasme en les voyant jouir l'une après l'autre.

ANDI

Qu'une autre femme me traite comme son bébé, examinant mes parties intimes et m'ordonnant d'être une gentille petite fille tandis qu'elle touche et tripote mon clitoris.

EBENEEZER

Je suis excité par l'idée d'être habillé comme un bébé, avec des couches, et de me faire branler. Je l'ai fait une fois avec ma petite amie, et c'était fabuleux.

Dans la tête de l'agresseur d'enfants

Rien n'est plus dévastateur pour un enfant que d'être victime d'abus sexuels aux mains d'une personne adulte ou même d'un adolescent. Il faut souvent aux victimes de longues années de soins psychothérapeutiques pour surmonter les multiples ravages affectifs dont ils souffrent par la suite. Je me rappelle avoir travaillé avec une patiente à qui son père et son frère avaient fait subir ce genre d'agressions alors qu'elle n'avait pas dix ans. La première fois que je l'ai rencontrée, c'était en été, il faisait un temps magnifique. En entrant dans mon cabinet, cette femme s'exclama : « Je déteste ces grandes chaleurs – les gens sont en shorts, en tee-shirts à manches courtes, on voit toute cette chair... La plupart des gens aiment ça, mais moi, je ne peux pas me promener dans la rue sans que toute cette peau mise à nu me rappelle les abus sexuels que j'ai subis. »

1 % des hommes adultes avouent fantasmer sur des « enfants » (par opposition à des « adolescents »), soit 225 000 Britanniques. Moins de 1 % fantasment sur des enfants « en bas âge », et moins de 1 % des femmes admettent avoir des fantasmes relevant de l'une ou l'autre catégorie. Bien entendu, fantasmer sur un enfant ne signifie pas nécessairement que l'on est susceptible de commettre un crime pédophile ; cependant, il est avéré que tous les individus s'étant rendus coupables d'un tel crime avaient des fantasmes de ce type. Les psychiatres, les psychologues et les autorités s'efforcent de déterminer, si tant est que ce soit possible, quel genre de personnes, parmi toutes celles qui ont ces fantasmes, sont le plus susceptibles de passer à l'acte.

Les adultes qui fantasment sur des enfants sont en général victimes de troubles psychologiques plus graves que ceux dont les fantasmes portent sur des adolescents. On serait donc mal avisé de comparer un homme qui entretient des pensées lascives pour la fille de son voisin, âgée de quinze ans, avec un autre qui fantasmerait sur un petit garçon âgé de cinq ans – même si, dans l'un et l'autre cas, le passage à l'acte constituerait un crime. La plupart des individus dont la structure psychologique révèle des dispositions pédophiles ont eux-mêmes été victimes de graves sévices sexuels durant leur enfance, et souvent, leur comportement traduit un besoin désespéré d'exorciser ces souvenirs douloureux.

Voici à présent un échantillon de fantasmes relevant de la pédophilie.

TANDY

MONROE

ZACHARIAS

mence à me masturber. Ils me demandent de les rejoindre au lit, ce que je fais. Nous continuons à nous toucher tous les trois. Je les sodomise l'un après l'autre, puis la fille me fait une fellation jusqu'à ce que je jouisse dans sa bouche.

EAMON

RICA

CORBY

Je suis un jeune livreur de journaux. En passant devant une résidence, j'entends une femme m'interpeller : « Enlève ton pantalon ! » (Ça m'est vraiment arrivé.) Je m'arrête, la femme se montre à la fenêtre, me voit et me demande si je veux entrer. Je dis oui, et elle descend m'ouvrir la porte. Sitôt à l'intérieur, elle se déshabille et me conduit à l'étage en me tenant par le pénis. En haut, nous avons des rapports sexuels de toutes les façons possibles sous les yeux de l'homme de la maison, qui parfois se joint à nous.

CHERYL

15

Miscellanées fantasmatiques

« N'y a-t-il pas là plus qu'une imagination ? »

SHAKESPEARE, *Hamlet*

Aux confins du fantasme : l'amour sans les humains, l'amour martien, l'amour antique et l'amour futuriste

La plupart des Britanniques fantasment sur des partenaires vivants, des célébrités, des membres de leur famille ou encore des collègues de bureau – mais d'autres préfèrent l'idée de faire l'amour avec des morts, des animaux, ou à d'autres époques que la leur. Certes, entre se pâmer dans les bras de Henry VIII ou dans les pattes d'un doberman, la différence est de taille, mais ce qui réunit ce genre de fantasmes, c'est leur caractère littéralement in-humain, d'un autre monde – c'est donc à ce titre que j'ai décidé de les rassembler ici. Pas moins de 3 % des hommes et 3 % des femmes ont des fantasmes animaliers – soit 1,35 million d'individus en Grande-Bretagne. Autre pratique inhabituelle : 1 % des hommes et 1 % des femmes fantasment à l'idée de s'auto-asphyxier dans un but érotique (la strangulation leur procurant un plaisir sexuel), ce qui représente près d'un demi-million de personnes au total. Je ne suis hélas ! pas en mesure de fournir des

statistiques concernant les amoureux transis des vampires ou des extraterrestres, ayant par mégarde omis de faire figurer ces catégories dans mon questionnaire ; heureusement, quelques dizaines de mes compatriotes ont pensé à mentionner d'eux-mêmes ce genre de fantasmes dans leurs réponses.

EDITH

Être l'objet d'expériences scientifiques aux mains d'extraterrestres.

STERLING

J'ai entendu dire que l'empereur Caligula avait pour habitude d'attacher des dames de la cour romaine à des poteaux, puis de lâcher sur elles des bêtes sauvages qui taillaient en pièces leurs vêtements puis les dépeçaient. C'est atroce, mais ça m'excite – je crois que j'ai dû regarder trop de péplums.

HYDE

Boire du sang m'excite.

SERGIO

Vivre au temps de Caligula, où tout était permis. Je serais prêt à tout essayer, sauf la pédophilie.

HEDDA

Je veux faire l'amour avec le roi Charles II. C'était un extraordinaire séducteur, et je parie qu'il avait un énorme pénis ; j'aurais adoré être l'une de ses maîtresses et sucer à fond sa Royale Queue.

FRIEDRICH

Un vampire débarque en volant dans ma chambre, et je me réveille en le sentant me mordre le cou. Ça a l'air terrible comme ça, mais c'est juste que j'adore le cou.

MACK

Je suis sur une île, dans le futur. Un virus a été répandu dans l'atmosphère, qui ne touche que les hommes et les femmes

laides, les tuant de la manière la plus atroce et répugnante. Le processus est très long et douloureux, et commence par les rendre impuissants. Beaucoup de hurlements et de vomi. Bref, je demeure le seul mec sain et sauf, pour des raisons obscures, et les seules femmes qui restent sont toutes des bisexuelles. A la fin de la journée, je me fais violer par une foule de lesbiennes sublimes et affamées qui se battent à mort entre elles pour procréer avec moi.

KRISTA

Être vêtue d'une robe blanche, flottante et transparente, attachée à un rocher sur une colline, offerte en sacrifice, sous un ciel ravagé par un orage et des pluies diluviennes, et me faire prendre par le chef d'une secte.

RHODA

Je me fais attaquer par un chien énorme, disons un dalmatien, qui se montre sans pitié, m'arrache ma robe, se met à me laper le vagin, et c'est génial. Meilleur qu'avec mon mari. Je suce le nœud du chien et j'avale une grosse lampée de foutre canin.

JOJO

Je suis un esclave dans la Rome ou la Grèce antique, et l'empereur m'achète pour m'offrir à son fils qui vient d'avoir dix-huit ans, afin qu'il s'entraîne sur moi sexuellement.

HARVEY

Être attaché, nu, seul dans la forêt, mon sexe en érection enduit de miel pour que les fourmis se régalent.

PENNY

J'aimerais être la septième femme de Henry VIII.

Fantasmes suicidaires : l'amour dans les cimetières et autres promenades morbides

La mort, effective, anticipée ou proche, peut devenir source d'excitation sexuelle pour certains individus. Je me souviens d'un des participants à l'enquête qui m'avait dit avoir éprouvé son plus intense plaisir sexuel dans un cimetière, la nuit. Voici quelques fantasmes mortifères du même acabit.

SULLY

Je suis vêtu de pied en cap de ma combinaison en latex; seules mes narines sont dégagées. On m'allonge dans un cercueil en latex, on referme le couvercle, puis une femme obèse s'assied sur le cercueil et lâche un pet dans les trous d'aération.

PATIENCE

J'aime fantasmer à l'idée de faire l'amour avec un homme qui serait séropositif. J'aime bien cette notion de roulette russe, ne pas savoir si son sperme va me contaminer ou pas. J'ai parfois des pulsions suicidaires et j'aime flirter avec ce genre de pensées.

TINA

Imaginer mon petit ami, en vêtements noirs et moulants, pendant que nous faisons l'amour dans un cimetière ou à la plage.

LOGAN

Vous n'allez peut-être pas comprendre grand-chose à ce que je raconte, mais je vais essayer d'être le plus clair possible. Dans mon fantasme actuel, ma compagne et un couple d'amis me mettent un pyjama en latex et un masque à gaz, puis un second

pyjama en latex, et un troisième, cette fois en cuir. Ils recouvrent ensuite le masque à gaz avec du ruban adhésif, puis m'enveloppent dans trois sacs de couchage rembourrés. Ils me placent alors dans une boîte en bois après avoir attaché un tuyau au masque à gaz. Ils referment le couvercle et scellent la boîte. Je sens qu'on me transporte. Ils mettent la boîte dans un trou, et je suis enterré, relié à l'air libre uniquement par le tuyau.

Fantasmes meurtriers

CASIMIR

Chaque fois que je me branle, je pense à ma petite amie en train de me sucer, sa tête entre mes jambes. Sa tête, je ne sais pas trop comment, se détache, un peu comme saint Jean-Baptiste, et une fois qu'elle a avalé mon foutre, je ramasse sa tête. C'est monstrueux mais très excitant, et j'éjacule partout sur mon ventre quand je pense à ça. Souvent.

ERIKA

Quand j'ai découvert que mon mari me trompait, j'ai commencé à nourrir des pensées vraiment meurtrières à son égard. J'éprouvais un immense plaisir sexuel à imaginer de l'eau bouillante versée sur son pénis et surtout sur ses testicules – qui sont sa plus grande fierté dans la vie. Un jour, en me masturbant, j'ai imaginé qu'il était maintenu de force au sol, qu'on versait de l'eau bouillante sur ses parties génitales et qu'ensuite, ô merveille, il faisait une crise cardiaque et mourait.

MAIA

Ayant été victime de viol dans mon enfance, je ressens parfois une immense colère contre les hommes, et j'ai le fantasme de les assassiner. Dans l'un de mes fantasmes, je suis la Reine Tueuse ; je kidnappe dix hommes et je les force à se masturber. Je leur dis qu'ils mourront s'ils ne m'obéissent pas, mais je leur dis aussi que dès qu'ils auront joui, je les tuerai quand même. Ils

sont dans une situation impossible, obligés de se branler à mort, littéralement. Monstrueux ?

PAULETTE

Mon patron m'a agressée sexuellement, un jour. J'aime fantasmer à l'idée de mettre son pénis dans un hachoir à viande. Je me suis même masturbée en pensant à ça, une fois, et c'était étonnamment excitant.

16
Fantasmes conjugaux

> « Le mariage est populaire parce qu'il offre en même temps le maximum de tentations et le maximum d'opportunités. »
>
> George Bernard SHAW,
> *Maximes pour révolutionnaires*

La fidélité conjugale est-elle en voie de disparition ?

Au vu des fantasmes qu'on vient de découvrir, on serait en droit de se demander s'il reste une seule personne qui aime encore son mari ou sa femme. Or, la réponse est oui. En tant que psychothérapeute conjugal, je suis bien placé pour savoir que de nombreuses personnes aimeraient voir leur conjoint mort ; mais que ceux pour qui les liens du mariage demeurent source de bonheur se rassurent : vous n'êtes pas seuls ! Malgré l'augmentation fulgurante du taux de divorce, les innombrables cas d'infidélité et la propagation des maladies sexuellement transmissibles, le mariage demeure la forme d'état civil préférée des Britanniques. Le tableau suivant, dressé à partir des données obtenues dans le cadre du Projet de Recherche sur les Fantasmes en 2004, montre la répartition de la population britannique selon le cadre de vie sexuelle :

Répartition de la population selon l'état civil

État civil	*Total*	*Hommes*	*Femmes*
Marié(e) et vivant avec le conjoint	52 %	54 %	50 %
Célibataire vivant en couple	16 %	15 %	17 %
Célibataire en couple mais vivant séparé	12 %	11 %	12 %
Célibataire sans partenaire régulier	19 %	19 %	19 %
Autre	1 %	1 %	2 %

Dans nos fantasmes, il est vrai, nous pensons à nos belles-sœurs, à nos professeurs, à Margaret Thatcher et Tony Blair, à Robbie Williams et Kylie Minogue, aux sous-vêtements en satin, aux carottes et aux concombres, que sais-je encore... *Mais nous fantasmons aussi sur le conjoint qui partage notre vie depuis longtemps*, même si ces fantasmes ne sont peut-être pas aussi fréquents que notre époux ou notre femme le souhaiterait.

Il est essentiel, avant toute chose, de faire la distinction entre la fréquence avec laquelle nous fantasmons sur nos partenaires en général ou durant la masturbation solitaire d'un côté, et pendant le coït avec ces partenaires d'autre part. Lorsque nous faisons l'amour avec notre conjoint ou notre petit(e) ami(e), nous sommes environ deux tiers à diriger la plupart de nos pensées vers ce partenaire, et un tiers à y songer très peu, voire pas du tout. Il est intéressant de noter qu'il n'y a aucune différence à cet égard entre les hommes et les femmes : pour la grande majorité des individus, qui vivent en couple hétérosexuel, les femmes ne sont pas plus infidèles que les hommes du point de vue intraconjugal, et vice versa. Gardons cependant toujours à l'esprit que fantasmer régulièrement sur un mari, une épouse ou un(e) petit(e) ami(e) n'empêche pas, bien entendu, de fantasmer sur bien d'autres choses...

Le tableau suivant nous indique à quelle fréquence nous

fantasmons sur notre conjoint ou partenaire régulier pendant l'acte sexuel :

Fréquence des fantasmes sur le conjoint pendant l'acte sexuel avec ce même conjoint

Fréquence	*Total*	*Hommes*	*Femmes*
Chaque fois	10 %	11 %	8 %
Très souvent	16 %	18 %	14 %
Assez souvent	21 %	23 %	18 %
Pas très souvent	19 %	19 %	20 %
Jamais	9 %	8 %	10 %
Pas de partenaire	15 %	14 %	15 %
Pas de fantasmes	9 %	6 %	12 %
Préfère ne pas répondre	2 %	2 %	1 %

On ne sera sans doute pas surpris d'apprendre que plus nous vieillissons et plus notre relation de couple dure, moins nous fantasmons sur notre partenaire durant l'acte sexuel. Par exemple, 14 % des jeunes amoureux, âgés de dix-huit à vingt-neuf ans, fantasment chaque fois sur leur partenaire ; chiffre qui passe à 6 % pour les personnes âgées de cinquante et un ans et plus. Ce qui signifie qu'en moyenne, 90 % des adultes pensent à quelqu'un d'autre quand ils font l'amour avec leur partenaire.

Pendant la masturbation solitaire, le taux d'infidélité intraconjugale grimpe en flèche, si j'ose dire : libéré de la présence câline de notre mari ou de notre femme dans le lit à nos côtés, notre imagination devient d'une étonnante fertilité. Seulement 33 % des individus interrogés fantasment de manière plus ou moins régulière sur leurs partenaires quand ils se masturbent, comme l'atteste le tableau suivant :

Fréquence des fantasmes sur le conjoint pendant la masturbation

Fréquence	*Total*	*Hommes*	*Femmes*
Chaque fois	4 %	3 %	5 %
Très souvent	11 %	12 %	10 %
Assez souvent	18 %	22 %	15 %
Pas très souvent	19 %	23 %	16 %
Jamais	13 %	13 %	13 %
Ne se masturbe pas	20 %	12 %	27 %
Pas de partenaire	15 %	14 %	15 %
Préfère ne pas répondre	2 %	2 %	2 %

La cause est entendue : la plupart des individus que j'ai interrogés ne pensent pas à leur partenaire quand ils se masturbent, ou peu souvent – seuls 4 % ont ce fantasme chaque fois. Ce qui est peut-être plus surprenant, c'est de s'apercevoir, en combinant les trois premières catégories de fréquence (« chaque fois », « très souvent » et « assez souvent »), que 37 % des hommes fantasment sur leur partenaire quand ils se masturbent, contre 30 % pour les femmes. D'autre part, plus on vieillit, plus le taux d'infidélité masturbatoire augmente, chacun essayant de diversifier sa vie sexuelle fantasmatique. Par exemple, 6 % des personnes âgées de moins de trente ans pensent à leur partenaire en se masturbant (pourcentage qui peut paraître faible, certes, mais représente tout de même un très grand nombre d'individus); à l'âge adulte moyen (de trente à cinquante ans), ce chiffre tombe à 5 %, et à 3 % pour les individus âgés de cinquante et un ans et plus – deux fois moins que les jeunes gens.

AMY

Mon mari qui se masturbe.

MARY-LOU

Prendre un bon bain chaud avec mon homme, et ensuite baiser. On baise toute la nuit, on fait une pause pour le petit déjeuner, et on recommence. Merveilleux !!!!

BOB

Ma femme me réveille pour faire l'amour, je la regarde se déshabiller, puis elle me fait une fellation et moi un cunnilingus.

BRITTA

Nous retrouver seuls, sans les enfants.

ELVIRA

Me faire séduire et embrasser partout par mon compagnon.

MARNIE

Je veux que mon petit ami me baise à m'en faire perdre la tête. J'adore sentir sa grosse pine aller et venir entre les lèvres de ma chatte. Je jouis comme une folle. J'aimerais pouvoir le faire avec lui toute la journée. C'est vraiment embêtant que demain on soit lundi.

KESHONDRA

Pas de fantasme en particulier, simplement, certains jours, je me dis que ce serait chouette de faire l'amour avec mon mari, le soir venu.

MARVIN

Avec ma femme. Nous sommes mariés depuis quarante-cinq ans.

TANIKA

Que mon partenaire me mette de nouveau enceinte.

BENJAMIN

En ce moment, que la personne avec qui je vivais, et qui est morte en mai dernier, me revienne une nuit et que nous puissions faire l'amour une dernière fois.

TROISIÈME PARTIE

LES ORIGINES DU FANTASME SEXUEL

« L'amour ne voit pas avec les yeux, mais avec l'imagination. Ainsi est-ce toujours aveugle que l'on peint Cupidon. »

SHAKESPEARE, *Le Songe d'une nuit d'été*

17

Le sadisme du fantasme ordinaire

« L'homme est certes dominé et entravé par la passion, mais il est aussi assujetti par bien d'autres liens nécessaires. »

Johann Wolfgang von GOETHE,
Kunst und Altertum am Rhein und Main

Le maestro du poker déshabilleur

Dans la première partie de cette enquête, j'ai voulu démontrer que tout adulte ayant atteint la maturité sexuelle génère des fantasmes, souvent agréables, souvent dévastateurs et problématiques – parfois les deux –, qu'on peut découvrir et étudier grâce à des protocoles cliniques et psychothérapeutiques, mais aussi grâce aux confessions ordinaires d'individus comme vous et moi. Dans la deuxième partie, j'ai voulu offrir l'éventail le plus large et représentatif de tous les fantasmes possibles, esquissant au passage, dans toute sa diversité, le tableau de nos préférences sexuelles.

Dans cette troisième partie, j'aimerais soulever une question cruciale : *pourquoi* fantasmons-nous ? et quel rôle secret, inconscient, les fantasmes jouent-ils dans notre existence ? Je voudrais aborder d'autre part un problème fort délicat : celui du caractère « sain » ou « malsain » de nos fantasmes. Si, par

exemple, nous avons des tendances sadomasochistes, si nous rêvons de nous faire rouer de coups par notre partenaire, en quoi est-ce révélateur de notre personnalité ? Cela signifie-t-il :

a) que nous sommes « perturbés », « pervers », « tordus » ou que sais-je encore, et que nous avons urgemment besoin d'aide ?
b) que nous faisons preuve au contraire d'une grande sagesse, en permettant à nos instincts destructeurs de s'exprimer par le biais somme toute « innocent » de nos fantasmes ?
c) que nous sommes sexuellement plus libérés et imaginatifs que Monsieur ou Madame Tout-le-Monde ?
d) ou encore, que nous sommes la proie de notre agressivité profonde, et que cette agressivité est susceptible de se manifester dans d'autres domaines de notre vie ?

Autrement dit, nos fantasmes constituent-ils un simple moment de récréation ludique et privée (après tout, un peu d'audace n'a jamais tué personne...), ou gouvernent-ils notre existence de façon plus générale ?

Lançons-nous dans cette analyse psychologique en nous penchant sur le cas d'un des volontaires qui se sont prêtés à mon enquête : « Callum », inventeur d'un jeu de poker mental des plus singuliers.

La première fois que j'ai rencontré Callum, je me suis dit : « Diable, voilà ce qu'on appelle "un homme, un vrai" ! » Ce solide gaillard d'un mètre quatre-vingt-dix, musclé et large d'épaules, faillit me réduire les phalanges en bouillie en me serrant la main. Entrant dans la pièce d'un pas de bûcheron, il s'affala sur le divan comme s'il en était propriétaire, jambes crânement écartées, sûr de lui, et me lança d'une voix tonitruante, *basso profundo* : « Alors, vieux, c'est sur quoi, ton interview ? » Callum, quarante-deux ans, entrepreneur en bâtiment, était venu exprès de Londres, ravi de se faire un peu d'argent, dans le petit village près de Newcastle upon Tyne où nous nous étions installés pour mener notre enquête.

Callum se montra d'une obligeance irréprochable, mais je remarquai que son humeur semblait ne jamais varier d'un iota. Il me racontait tous les aspects de son existence sur le même ton, débordant d'assurance. Lorsqu'il me dit qu'un récent contrat lui avait beaucoup rapporté, la fierté, l'impression de satisfaction, d'autorité et de confiance en soi qu'il dégageait ne me surprit pas le moins du monde. De même, lorsqu'il me raconta ses exploits de jeunesse sur les terrains de rugby, je n'eus aucun mal à concevoir qu'il en retirât un tel aplomb. Mais lorsqu'il me dit que sa « maman » était morte peu avant son huitième anniversaire, je fus saisi par son calme et son détachement apparent. On eût dit un correspondant de guerre, télégraphiant à sa rédaction : « Les autorités de Buckingham Palace confirment le décès de la mère du petit Callum, lequel sera désormais à la charge de son bon à rien de père. »

Soudain inquiet en apprenant que Callum avait perdu sa mère à un si jeune âge, je dus froncer les sourcils, comme le font souvent les psychothérapeutes, en imaginant par quelles affres il était sans doute passé. Callum dut remarquer ce changement dans l'expression de mon visage, car il s'empressa de me rassurer : « Vous en faites pas, mon vieux, pas de problème. Elle repose en paix, la vie continue. » Je commençai à me douter que Callum, sous ses allures si confiantes, devait dissimuler une grande fragilité intérieure, si douloureuse qu'il avait dû se façonner une carapace et se donner des airs de gros dur pour se protéger.

Je suis persuadé que beaucoup de personnes ont une capacité phénoménale à se remettre d'un deuil, à surmonter les revers du sort et les tragédies de la vie. Certains d'entre nous connaissent même des expériences véritablement atroces, et parviennent à reprendre le dessus. Mais pas une seule fois, de toute ma carrière de psychothérapeute, je n'ai vu un enfant se remettre de la mort d'un de ses parents sans en payer un lourd tribut affectif. Dans la plupart des cas, soit l'enfant devient fragile, vulnérable et susceptible de dévelop-

per des troubles de la personnalité, voire des formes graves de maladie mentale, soit, au contraire, il deviendra un *dur-à-cuire* – dénué de compassion, nourrissant un profond mépris pour tout signe de dépendance et de fragilité, souvent porté à la violence et parfois même à des comportements criminels. Callum me semblait correspondre à ce cas de figure : l'attitude macho et bravache de ce parangon de virilité n'était sans doute qu'une façade destinée à cacher un cœur de petit garçon tendre et blessé.

L'entretien se poursuivit. Après m'avoir parlé sur ce ton désinvolte de la mort de sa mère, Callum me raconta que son père s'était remarié environ six mois plus tard, et que tout le monde, semble-t-il, avait été enchanté qu'il eût choisi cette fois pour épouse « une vraie bombe, dotée d'une énorme paire de roberts ». Je fus sidéré d'entendre Callum décrire sa belle-mère en des termes si connotés sexuellement. Un garçon de huit ans, dont la mère vient de décéder, songe-t-il vraiment à la poitrine de la nouvelle femme de son père ? Et si oui, qualifierait-il ladite poitrine de « paire de roberts » ? Je me demandai aussitôt si une relation sexuelle inappropriée ne s'était pas établie entre Callum et sa « bombe » de belle-mère.

Je le priai donc de me décrire les rapports qu'il entretenait avec elle, lui demandant si la présence de cette nouvelle femme dans le foyer familial avait rendu plus douloureuse encore la perte de sa mère. « Bah non, répondit Callum, tout se passait très bien. » Il demeura silencieux un moment, puis, adoptant pour la première fois de notre entretien un ton plus doux, il me déclara : « Bon, c'est vrai, il y a eu la fois où elle m'a surpris dans les chiottes en train de me palucher. » Je sais bien que Callum n'est pas le premier ni le dernier garçon dont les émois solitaires et adolescents furent inopinément interrompus par une intrusion parentale, mais je ne pus m'empêcher de me demander (et de *lui* demander) *par quel hasard* et *pourquoi* sa belle-mère était entrée dans la salle de bains à ce moment précis. A mon grand étonnement, Callum m'expliqua qu'elle n'était pas précisément « entrée », étant

donné que *tout le monde*, dans sa famille, se promenait nu et avait tendance à oublier de fermer les portes derrière soi... D'un point de vue technique, la belle-mère n'avait donc pas « surpris » Callum en train de se masturber : « Elle passait dans le couloir, voilà tout. »

Callum, anticipant ma question suivante, m'apprit qu'il n'avait pas éprouvé la moindre gêne à se retrouver le pantalon en tire-bouchon sur les chevilles devant sa belle-mère ; à vrai dire, ça l'avait même émoustillé. Ses parties génitales commençaient tout juste à entrer dans la phase post-pubère, et il avait pris un certain plaisir, m'expliqua-t-il, à faire la démonstration de sa « branlette ».

La conversation continua : je demandai à Callum de me faire l'historique de sa vie sexuelle. Je l'imaginais marié et père de plusieurs enfants, mais il m'avoua, non sans rougir, qu'il n'était jamais resté plus de quatre mois avec la même femme. En dépit de son physique avantageux, de cette virilité brute de décoffrage et de sa réussite professionnelle, Callum n'avait jamais réussi à garder une petite amie. A nouveau, il sentit que je serais curieux de savoir pourquoi il lui était si difficile de s'engager dans une relation à long terme : « Moi, mon truc, enchaîna-t-il donc, c'est de garer mon tank, balancer mes missiles et puis me barrer en vitesse. » Sur quoi, Callum se mit à glousser, puis il m'expliqua la raison de son hilarité : « Mon pote Harry, il dit toujours que moi, les femmes, je les tire... et je me tire ! »

J'étais très intrigué et préoccupé par le vocabulaire de Callum. J'ai rencontré, certes, beaucoup d'hommes pour qui les femmes ne sont rien de plus que des objets sexuels, qu'on « tire » avant de « se tirer », mais Callum employait des termes plus spécifiques, parlant de sa sexualité et de ses organes sexuels comme s'il me décrivait une opération militaire : mon « tank », mes « missiles »... Qu'auraient pensé ses petites amies, me demandais-je, en l'entendant user de si péjoratives analogies ? Fallait-il vraiment s'étonner de ce qu'il n'ait jamais connu de relation sentimentale durable ?

Callum, sur sa lancée, m'apprit qu'il avait couché avec plus de cent femmes au cours des vingt-cinq dernières années, puis il entreprit de me raconter le fantasme masturbatoire qui l'excitait le plus – et il est temps pour moi de lui laisser directement la parole.

CALLUM

C'est une histoire de poker. J'adore les cartes, et je joue toutes les semaines avec mes potes, Harry et Charlie, qui travaillent pour moi, et quatre ou cinq autres gars. On aime tous jouer, et moi je suis l'un des meilleurs, je me suis fait un joli petit pactole au fil des années. Mais bon, le problème, c'est que ces types, c'est mes potes mais ils sont pas très jolis à regarder. [*Il rit.*] Je veux pas faire un poker avec des femmes dans la vraie vie, parce qu'à mon avis elles savent pas jouer, vous voyez ce que je veux dire, pas l'esprit de compétition et tout ça... Mais quand je me branle, j'aime bien imaginer un groupe de femmes – disons cinq ou six, et moi je suis le seul mec au milieu. Comme y a pas d'autre bonhomme, je propose qu'on joue au poker déshabilleur, et les filles sont super-partantes. Bref, on se met à jouer, et celui qui perd la manche doit enlever un vêtement. Au bout du compte, on se retrouve tous à poil, et je suis là au milieu de toutes ces femmes nues, j'ai une gaule d'enfer et il faut que je fasse quelque chose. Alors je leur suggère de pimenter un peu le jeu : comme on n'a plus de vêtements à enlever, on n'a qu'à jouer à se donner des gages. Vous voyez, j'ai établi un système. Chaque carte correspond à un geste sexuel, et selon la couleur, rouge ou noir, soit c'est *vous* qui devez faire quelque chose à l'une des filles (ça c'est pour le noir), soit c'est *elles* qui doivent vous faire quelque chose à vous (ça c'est pour le rouge). Et pour les chiffres, ça donne ça : si vous tirez un 2, ça veut dire toucher les seins. Le 3 correspond à la chatte ; le 4, à la bite ; le 5, au cul ; 6 veut dire sucer ; 7, branler, etc. Y a des trucs cochons dessinés sur les cartes, et on peut faire ce qu'on veut. Ah ouais, j'oubliais : l'as, ça veut dire mettre un doigt dans le cul. Bon alors par exemple, si je tire un 6 de trèfle, ça veut dire que je dois faire un cunnilingus à l'une des filles (vu que 6 veut dire sucer, et une carte noire, que c'est moi qui dois lui faire). Mais si

j'avais tiré un 6 de cœur, alors là j'aurais pu choisir n'importe quelle fille et elle m'aurait sucé. A la fin de la partie, j'aligne les six filles, sur le dos, en rang comme dans une boîte de sardines, et je les baise une par une, comme à l'usine, et l'une après l'autre elles s'endorment, épuisées et satisfaites. J'ai dû jouir à peu près dix ou quinze fois dans mon fantasme, et quand il se termine, je jute un max de sperme. Voilà, c'est mon fantasme. Je suis pas comme ces mecs qui se font une branlette à la va-vite et remontent leur braguette aussi sec ; j'aime prendre mon temps. Avec ce fantasme-là, je suis servi, mais ça vaut le coup ! [*Il rit.*] Je parie que vous l'aviez encore jamais entendu, celui-là. Si seulement j'arrivais à trouver un moyen de vendre le concept, je suis sûr qu'il y aurait plein de mecs qui voudraient jouer à ce genre de poker – et pas mal de nanas aussi !

Callum n'avait pas tort : je n'avais encore jamais rencontré un fantasme de ce genre, et j'étais ébahi par le récit détaillé de ce jeu masturbatoire. Je n'aurais pas pu imaginer plus saisissant contraste avec le vieux monsieur que j'avais interviewé un peu plus tôt, ce même jour, et qui m'avait déclaré n'avoir qu'un seul fantasme, très simple : « Baiser ma femme. » Je lui avais demandé d'élaborer un peu, mais il m'avait répondu : « Je viens de vous le dire : baiser ma femme. Pas de chichis, un bon coup et c'est tout. » Mais pourquoi, me demandais-je, certaines personnes ont-elles des fantasmes si basiques, quand d'autres, comme Callum, inventent des scénarios sexuels plus longs et intriqués les uns que les autres ?

Je demandai à Callum s'il avait la moindre idée de la *raison* de ce fantasme : *pourquoi* l'aimait-il tant, et comment lui était-il venu à l'idée ? Il me rapporta, en guise de réponse, une anecdote biographique cruciale : « Je me branle en pensant à ça depuis toujours. Je crois que ça a commencé quand j'ai appris que mon père et ma mère jouaient de temps en temps au poker, avant la mort de ma mère. Pas au poker déshabilleur, je pense pas – en fait je suis sûr que non ; le déshabilleur, c'est un pote à l'école qui me l'a appris quand j'avais

dix ou onze ans, et je me rappelle avoir pensé que ça avait l'air chaud ! »

De toute évidence, l'image de la partie de poker fascinait Callum depuis son plus jeune âge. Mais pourquoi ce jeu s'était-il chargé d'une telle dimension érotique dans son imagination ? Après tout, il n'est pas rare de grandir dans un foyer où l'on joue aux cartes ; en revanche, j'imagine qu'il est très rare qu'un tel loisir devienne l'élément central et déterminant des fantasmes masturbatoires d'un préadolescent. A mon sens, Callum s'était servi de la partie de poker comme d'un symbole exprimant des désirs d'une toute autre nature.

En apparence, le fantasme de Callum, malgré la richesse de la description, correspondait parfaitement à l'image de « type normal » qu'il s'était façonnée. Quel mâle hétérosexuel digne de ce nom, sûr de lui et bouillonnant, ne prendrait pas plaisir à s'imaginer entouré par un harem de femmes en tenue d'Eve prêtes à satisfaire ses moindres désirs ? En soi, ce fantasme ne contient nulle « perversion » : aucun élément pédophile, aucune pulsion de violence physique envers autrui, etc. Y a-t-il donc vraiment lieu de l'analyser en profondeur ? Ce fantasme semble prouver une seule chose : que Callum est l'hétérosexuel le plus banal qui soit.

En relisant son témoignage, pourtant, je ne pouvais m'empêcher de me demander si les choses sont si simples. Je me souvenais que cet homme, selon ses propres dires, avait couché avec plus de cent femmes au cours des vingt-cinq dernières années et n'était jamais resté plus de quatre mois avec la même petite amie. Jouait-il donc simplement de « malchance » ? Ou fallait-il déceler, dans son histoire sexuelle et son inaptitude à forger des liens intimes durables, les signes d'un profond dysfonctionnement ? Souffrait-il en réalité d'une immense vulnérabilité, laquelle se traduisait indirectement dans son fantasme masturbatoire ? Celui-ci, du reste, ne faisait peut-être que renforcer ce désir de contacts sexuels superficiels.

Je n'ai rencontré Callum qu'une seule fois, mais j'ai eu l'occasion de m'entretenir avec beaucoup d'individus du même genre, au cours de ma carrière de psychothérapeute – des don Juan invétérés. Ils inspirent souvent, à leurs congénères plus monogames, des réactions de jalousie : « Quelle chance ! Moi aussi j'aimerais coucher avec autant de femmes ! » Or, quand Don Juan débarque dans mon cabinet, il n'est que plaintes et soupirs : malgré son activité sexuelle débordante, il souffre d'un sentiment de dépression et de vacuité. Sa trépidante vie érotique, en vérité, lui paraît vide de sens et ne lui apporte aucune satisfaction. Dans ses célèbres *Satires*, l'auteur latin Juvénal écrivait : « *Voluptates commendat rarior usus* » – ce que l'on traduirait à peu près, dans le langage d'aujourd'hui, par : « Trop de plaisir tue le plaisir. »

J'ai vu passer dans mon cabinet un certain nombre d'hommes qui avaient perdu leur mère avant l'âge de cinq ans (à cause d'une maladie, la plupart du temps). Dans presque chaque cas, ces hommes, devenus adultes, avaient de nombreux partenaires sexuels, ayant eu plusieurs modèles maternels successifs (la mère, la belle-mère, la nounou, etc.). Bien entendu, beaucoup d'hommes sexuellement très actifs ont toujours leur mère, et il serait absurde de vouloir lier systématiquement le donjuanisme à une expérience de deuil, mais je considère tout de même que la perte de la mère à un jeune âge constitue un important *facteur de risque* pouvant mener à ce genre de dysfonctionnements sexuels – que ce soit dans la vie réelle ou en fantasme.

Suite à son deuil et à la façon dont celui-ci fut géré par sa famille, Callum se mit donc à traiter les femmes comme des objets jetables. Et il redoutait d'autre part que, s'il s'attachait à une femme pendant plus de quatre mois, celle-ci meure à son tour, comme sa mère. En « tuant » symboliquement ses conquêtes, c'est-à-dire en les quittant avant ce délai, Callum se prémunissait du risque de subir un nouveau deuil.

Dans le fantasme de Callum, personne ne le surprend aux toilettes ; c'est lui, à l'inverse, qui est le *maître* du jeu, qui

distribue les cartes et enlève ses vêtements ; à aucun moment la situation n'échappe à son contrôle. A travers ce jeu de poker fantasmatique, Callum réussit à transformer le traumatisme du deuil et de l'exhibition génitale forcée en une démonstration triomphale de maîtrise. Pas de femmes mortes dans ce fantasme : ses pensées masturbatoires ne sont peuplées que de femmes bien vivantes et en pleine santé – antidote parfait à la perte de sa mère dans la vie réelle ; et si jamais l'une de ces créatures fantasmées venait à mourir, cela ne serait pas un problème puisqu'il peut les remplacer à volonté.

Le fantasme de la partie de poker permet donc à Callum de satisfaire toutes sortes de besoins et de désirs psychologiques, mais par-dessus tout, d'exprimer son agressivité envers les femmes. Il a beau s'imaginer en amoureux de la gent féminine, celle-ci lui inspire en réalité de l'effroi et de la haine. A mon sens, Callum en veut à sa mère d'être morte, et à sa belle-mère d'être sexuellement excitante, de ne pas jouer un rôle maternel – n'importe quel enfant de huit ans venant de perdre sa mère a besoin d'une figure *nourricière*, pas d'une belle-mère « *bandante* ».

L'interprétation des fantasmes sexuels (les siens propres ou ceux des autres) ne doit jamais se prendre à la légère. Même les professionnels les plus rompus à cet exercice doivent faire preuve de la plus grande prudence quand ils pénètrent dans les arcanes de l'inconscient de leurs patients, car les significations cachées du fantasme sont souvent aussi complexes, multiples et intriquées que les rêves les plus déroutants en apparence. Jamais mes confrères ni moi-même n'aurions la prétention de *savoir* ce que veut dire tel fantasme ou tel rêve. Nous préférons nous contenter de *spéculer*, en nous fondant sur ce que nous savons du patient en question et sur ce qu'ont pu nous enseigner par le passé des cas similaires. Il est impossible de parvenir à des certitudes absolues, lorsqu'on mène ce genre d'enquête psychologique ; nous n'avançons que des *hypothèses*, des remarques qui peuvent servir de point

de départ à plus ample travail psychothérapeutique avec nos patients.

Si Callum était venu me consulter pour entreprendre ce genre de thérapie, plutôt que de se présenter comme simple participant à un projet de recherche, je me serais lancé avec lui dans une très lente, prudente et méthodique exploration des significations possibles de son fantasme masturbatoire. Au terme de ce processus, j'aurais pu lui dire : « Je me demande si votre propension à traiter les femmes comme des cibles pour vos "missiles" n'est pas révélatrice de vos sentiments profonds envers les femmes en général, et notamment envers celles qui vous ont d'une manière ou d'une autre laissé tomber. » Un patient sur la défensive, comme Callum, serait *peut-être* disposé à entendre ces mots – mais selon toute probabilité, sa réaction, je le crains, serait plutôt de m'envoyer paître... Parfois, les patients ne sont pas prêts à se confronter à certaines suggestions particulièrement effrayantes, en début de traitement, mais le psychothérapeute a la possibilité, et même le devoir, de revenir plus tard sur ces points vulnérables – quand le patient se sent plus solide et mieux à même de faire face à ses difficultés.

Si Callum avait suivi une psychothérapie, j'imagine que durant les premiers mois du traitement, il aurait continué à obéir à ses pulsions érotiques et à accumuler les conquêtes, mais au prix de fréquentes déceptions, querelles et ruptures, au point qu'il aurait fini par trouver la masturbation bien plus satisfaisante. Il aurait alors eu le courage de me confier son fantasme masturbatoire, et nous aurions été mieux armés pour travailler ensemble sur sa tendance à traiter les femmes en objets et à les haïr – tout en désirant leur compagnie. N'oublions pas en effet que même si Callum abuse de ses partenaires de poker, il éprouve un profond désir de se retrouver avec des femmes et d'être l'objet de leurs soins. Son fantasme de poker déshabilleur recèle ainsi une dimension positive, qui lui permet d'envisager la possibilité de nouer des relations de plaisir avec les femmes.

Avec le temps – si Callum avait réussi à continuer sa psychothérapie et à ne pas congédier son thérapeute comme il le fait avec ses femmes –, nous aurions pu élaborer ensemble un modèle d'intimité psychologique et de relation inscrite dans la durée, une structure type qu'il aurait pu appliquer à ses relations affectives. Mes confrères et moi-même traitons beaucoup de patients semblables à Callum, et parfois, après de longues années de labeur, nous les voyons cesser de se comporter en « chauds lapins », gagner en stabilité, en fiabilité, et nouer de vrais liens sentimentaux avec un seul partenaire. Certains esprits critiques accusent les psychanalystes et les psychothérapeutes d'agir au profit de la moralité bourgeoise, de transformer de joyeux individus polygames et libérés en « hommes au foyer » conventionnels, sages et monogames. Il nous faut bien sûr éviter à tout prix, lorsque nous avons affaire à un patient souffrant d'une libido incontrôlée (en fantasme ou dans la vie réelle), de jouer aux Dr Frankenstein de la conscience et de le remodeler à l'image de notre propre sexualité. Mais, à mesure que nous donnons au patient les moyens d'exprimer son agressivité (souvent dirigée contre ses parents), on s'aperçoit qu'il abandonne peu à peu ce type de comportement sexuel et se met à désirer des relations plus intimes et plus soutenues, dont la perspective ne lui semble plus aussi terrifiante ou menaçante qu'auparavant. Avant toute chose, nous nous efforçons de n'imposer aucun mode de vie sexuel au patient, mais plutôt d'explorer avec lui les zones sensibles de sa biographie qui l'empêchent d'éprouver du plaisir à interagir avec autrui.

L'hostilité cachée de certains fantasmes masturbatoires

Le témoignage de Callum me rappelle un très grand nombre d'autres fantasmes, parmi tous ceux que j'ai recueillis : en apparence « normaux », ne comportant aucun élément

d'extrême violence comme le viol ou le meurtre, ils présentent pourtant une forme d'agressivité. Les hommes et les femmes qui ont ce genre de fantasme n'y voient souvent rien d'inconvenant ou de particulier. Et pourtant. Prenons pour exemple ces quelques témoignages – provenant tous d'individus parfaitement « normaux », n'évoluant pas en milieu carcéral et menant une vie sexuelle somme toute assez traditionnelle :

NEAL

Donner la fessée et faire l'amour à une secrétaire portant un chemisier, une jupe et des talons hauts ou des bottes.

OREN

Faire porter à ma partenaire des dessous érotiques et l'attacher au lit.

PARTHENOPE

Me faire traiter comme un esclave sexuel par un maître ou une maîtresse et prodiguer mes services à ses amis.

QUISHA

Mon fantasme préféré, ça ressemble un peu à une scène de viol, mais sans violence. Je suis attachée, les yeux bandés, et on me force à faire l'amour et à obéir à toutes sortes d'ordres. J'ai très peur, mais je suis très excitée. Je suis complètement dominée. Il peut y avoir une seule personne ou plusieurs, peut-être même toute une bande de jeunes mecs surexcités et sexy. Tous très bien foutus, sans bedaine. Le genre Brad Pitt. Mmmmmm. MAIS JE NE VEUX PAS ME FAIRE VIOLER DANS LA VRAIE VIE – CE N'EST QU'UN FANTASME.

La dimension agressive de ces quatre courts témoignages paraît évidente : aucun ne met en scène de langoureuses étreintes sur une plage caribéenne, devant un somptueux coucher de soleil, entre deux piña coladas... Ces fantasmes, quoique dénués du genre de violence extrême que nous

avons pu rencontrer aux chapitres précédents, contiennent néanmoins des éléments sadiques ou hostiles – fessée, esclavage sexuel, viol, etc.

Prenons le témoignage de Neal. Ce fantasme spécifique peut susciter diverses réactions, selon le lecteur : on peut le trouver excitant, avoir soi-même envie d'essayer la fessée, admirer la liberté érotique de Neal, ou au contraire trouver ce fantasme dégradant pour les femmes, voire révélateur d'une grave perversité fétichiste et sadomasochiste. Neal est-il donc un individu comme vous et moi qui, de temps à autre, aime bien pimenter sa vie sexuelle en se prêtant à des jeux de rôle, ou un dangereux déséquilibré que nous devrions tenir à distance de nos femmes, de nos filles... et de nos secrétaires ? Les amateurs de fessée sont légion – j'en ai vu moi-même défiler un certain nombre dans mon cabinet. Selon mes estimations, près de 95 % de ces hommes n'ont cependant jamais levé la main sur une femme de manière inappropriée ; la plupart les traitent avec respect et dignité.

En apparence, le bref fantasme de Neal n'est guère choquant. Comparé au cas, évoqué récemment par l'un de mes confrères, de ce délinquant sexuel qui suivait des inconnues dans la rue aux heures d'affluence puis leur plantait une paire de ciseaux dans le gras des fesses, Neal fait même pâle figure... Et pourtant, sans sombrer dans des abîmes de morbidité et de violence, ce fantasme témoigne de manière exemplaire de ce que j'appelle « le sadisme ordinaire de la vie quotidienne ». Rien ne prouve que Neal ait l'intention de passer à l'acte – quand bien même sa secrétaire (si elle existe) serait consentante ; il ne parle ici que de son *fantasme*, pas de son *comportement* sexuel. Mais il n'en reste pas moins que ce fantasme, avec sa mise en scène et ses costumes, est fondé sur la notion de punition.

En l'absence de statistiques fiables sur cette question, il est difficile de déterminer si les individus qui aiment administrer la fessée et ceux qui aiment la recevoir constituent deux groupes distincts (on peut, après tout, être amateur des deux) ;

mais on peut estimer de cinq à onze millions le nombre d'adultes, en Grande-Bretagne, qui tirent du plaisir de cette pratique, dans un sens ou dans l'autre. Pour compliquer encore les choses, très nombreux sont ceux qui, durant leur petite enfance, se sont vu infliger ce traitement des mains de leurs parents – mais d'autres affirment n'avoir aucun souvenir de ce genre.

Nous touchons là à un point de contentieux qui soulève de brûlants débats, dans les cercles psychothérapeutiques professionnels comme dans l'opinion publique en général. Si deux individus se prêtent, de leur plein gré, à une petite séance de fessée, que faut-il faire ? Appeler la police ? Appeler un psy ? Ou les laisser tranquilles ? Et si cette fessée ne relève que du *fantasme* masturbatoire, alors quoi ? Faut-il prévenir la police de la pensée, de crainte que l'individu qui nourrit de tels fantasmes passe un jour à l'acte ?

Certains cas de perversion sexuelle, comme la pédophilie, le viol ou la maltraitance incestueuse (autrement dit, toute tentative visant à tirer plaisir d'une souffrance psychologique ou physique infligée à autrui, et en particulier à une personne plus vulnérable), sont incontestables : dans ces cas-là, je serais le premier à alerter les autorités compétentes en la matière – psychothérapeutes, psychiatres, travailleurs sociaux, contrôleurs judiciaires, avocats et officiers de police. Mais nous savons bien que la situation est parfois beaucoup plus ambiguë.

Je ne me crois pas qualifié – je n'en ai du reste pas envie – pour juger de cette question complexe et discutable. Je m'interroge depuis des années sur ce que nos fantasmes sexuels ont de « sain » et de « malsain » ; je me suis entretenu avec des milliers d'hommes et de femmes à ce sujet ; j'ai examiné à la loupe des dizaines de milliers de témoignages ; et j'ai fini par me rendre compte qu'il est beaucoup plus facile de se ranger à un avis net et tranché que d'essayer de réfléchir aux nombreuses implications de ce problème. Je suis frappé de voir, en effet, l'empressement avec lequel mes confrères se prononcent, se divisant en six camps distincts :

- ceux qui interprètent les fantasmes d'individus tels que Neal ou Quisha comme l'émanation d'esprits traumatisés par des violences subies durant l'enfance ;
- ceux qui les considèrent « anodins » par rapport aux crimes réels des violeurs, pédophiles et autres meurtriers auxquels ils ont pu avoir affaire ;
- ceux qui conceptualisent ces fantasmes comme le symptôme de conflits agressifs irrésolus et problématiques dans la vie quotidienne du sujet ;
- ceux qui voient dans ces fantasmes le même symptôme, mais estiment qu'il peut être confiné à l'imaginaire et ne pas faire obstacle au bon fonctionnement du sujet dans sa vie de tous les jours ;
- ceux qui voient dans ces fantasmes un moyen possible de résoudre certains problèmes liés à des tendances agressives ;
- ceux enfin qui suspendent leur jugement en désespoir de cause, frustrés, pris entre l'instinct psychanalytique qui les pousse à déceler une pathologie et leur propre instinct d'individus sexuellement libérés, qui leur intime de faire preuve de compassion, de tolérance et d'ouverture d'esprit.

Au cours de ma carrière, j'ai moi-même souvent adopté l'une ou l'autre de ces six postures, et je reconnais qu'il est parfois très difficile de prononcer un diagnostic sur les fantasmes sexuels d'autrui. Mon expérience clinique m'a fait aussi comprendre que la sexualité n'est qu'une des nombreuses questions qui se posent lors d'une thérapie. Nos patients viennent nous consulter, moi et mes confrères, pour diverses raisons : dépression, angoisses, soucis conjugaux, dépendances, problèmes professionnels, deuil, mélancolie, blocages, et bien d'autres encore. Notre rôle n'est pas celui d'un juge qui prononcerait sa sentence à l'encontre de tel ou tel fantasme mis au jour en cours de route ; il est plutôt d'ouvrir la voie au dialogue et d'essayer de découvrir si le fantasme en question

pourrait avoir partie liée avec d'autres problèmes spécifiques. Si je m'apercevais, par exemple, que Quisha se représente sous les traits d'une victime de viol, non seulement dans ses fantasmes mais dans son travail, dans son couple, dans ses relations avec ses amis ou avec sa famille, alors, et seulement alors, oui, je serais prêt à interpréter son fantasme sexuel comme une manifestation pathologique nécessitant un traitement, et non pas comme la simple expression d'une préférence érotique partagée par des millions d'autres personnes.

Revenons une dernière fois à Callum et à son fantasme de poker orgiaque, ce suspense érotique organisé, dans lequel lui et ses partenaires demeurent constamment dans l'incertitude (de quelle couleur sera la prochaine carte ? qui devra se prêter à la prochaine fellation, à la prochaine pénétration ?). Faut-il ranger Callum dans la catégorie des sadiques ? Ou son fantasme est-il l'expression d'une forme de liberté sexuelle que les plus inhibés d'entre nous envient désespérément en secret, ou condamnent avec sévérité (voire les deux en même temps) ?

A l'évidence, Callum souffrait d'une légère dépression, et ses relations avec les femmes, aussi désastreuses que pléthoriques, avaient fini par le plonger dans le désarroi ; je lui conseillai donc d'aller consulter l'un de mes confrères psychothérapeutes. Et pourtant, en dépit de ces troubles psychologiques, pendant toute la durée de notre entretien il me donna l'image d'un ami loyal, d'un homme sociable et intelligent, d'un citoyen engagé, d'un individu comblé par son métier, enfin d'un être humain doté d'honnêtes et appréciables qualités personnelles. Rien ne permettait de voir en lui un déséquilibré, un pervers, un satyre ; je dirais plutôt qu'il est, comme la plupart d'entre nous, « un peu tout à la fois » : marqué par certains traumatismes, vulnérable, et pourtant débordant de talent et de potentiel.

Je crois vraiment que si sa mère n'était pas morte si jeune, ou si son père l'avait aidé à mieux traverser cette épreuve,

Callum n'aurait pas eu le même type de sexualité. Je pense aussi que s'il n'avait pas souffert de ce deuil, puis de la stimulation érotique inappropriée que suscita chez lui sa belle-mère, son fantasme sexuel aurait mis en scène un nombre bien moins élevé de femmes. Il serait donc aisé et tentant de dresser un portrait psychologique de Callum démontrant que son fantasme est directement lié à sa biographie. Mais je sais que beaucoup d'hommes (et sans doute de femmes) pourraient trouver ce fantasme très excitant, voire s'en servir à leur tour pour se masturber ou pimenter leur propre vie sexuelle, sans pour autant avoir perdu leur mère ni s'être fait surprendre en train de se masturber dans les toilettes par leur belle-mère. Nos traumatismes, notre histoire personnelle jouent donc un rôle essentiel dans nos fantasmes – mais ne suffisent pas, tant s'en faut, à rendre compte de la complexité de notre vie érotique.

18

Les affres de la honte et de l'humiliation

« J'ai connu d'étranges accès de passion ;
Et j'oserai avouer sans retenue
(Pourvu que l'Aimée seule entende cette confession)
Ce qu'autrefois, hélas, j'ai vécu. »

William WORDSWORTH

Les menstrues de Deborah :
« Ai-je un cancer de l'utérus ? »

Dans les nombreux fantasmes rapportés au fil des différents chapitres de cet ouvrage, les scénarios d'humiliation et de honte occupent une place de choix. A vrai dire, j'ai écouté ou lu tellement de témoignages de cette nature qu'ils auraient pu à eux seuls fournir matière à un livre entier. Dans mon étude pilote de 2003 comme dans mon enquête principale en 2004, l'humiliation et la honte jouaient un rôle crucial ; ces fantasmes méritent donc une attention particulière, d'autant qu'ils peuvent nous aider à en comprendre d'autres, d'une nature différente.

Chacun d'entre nous a éprouvé de la honte au moins une fois dans son enfance – cette douleur aiguë, parfois insoutenable, que l'on ressent lorsqu'on est victime d'une humilia-

tion quelconque. Selon l'un des plus brillants disciples de Freud, le professeur Erik Erikson, pionnier de la psychanalyse, la honte est toujours liée d'une façon ou d'une autre à une violence faite au corps. Nous ne l'éprouvons souvent que si quelqu'un tourne en dérision ou critique notre corps (dans son ensemble ou en partie) ou l'une de nos fonctions corporelles. Que nous soyons affublés d'un bonnet d'âne à l'école (pratique pseudo-pédagogique et pernicieuse toujours en vigueur dans certaines cultures), ou traités de noms d'oiseaux tels que « gras du bide », « binoclard », « lèche-cul » ou « couille molle », les conséquences de ces expériences précoces de la honte peuvent être dévastatrices. Même lorsque nous en sommes victimes dans le domaine professionnel, nous avons tendance à interpréter nos manquements (échecs, maladresses, négligences) comme le reflet de nos attributs physiques.

J'ai vu passer la honte sous mille et un visages dans mon cabinet, et j'ai même rencontré des hommes et des femmes qui avaient passé leur vie entière à en souffrir, souvent à cause d'atroces expériences survenues pendant leur préadolescence et liées au sentiment d'être physiquement avili. Pour comprendre les rouages psychologiques des fantasmes sexuels comportant des éléments de honte et d'humiliation, j'aimerais m'intéresser au rêve que m'a raconté une femme – la quarantaine, en parfaite santé et socialement bien intégrée. Cette étude de cas nous aidera à mieux saisir le rôle prééminent que jouent la honte et l'humiliation dans bien des aspects de notre vie.

« Deborah », quarante-six ans, enseignante à Glasgow, a commencé une psychothérapie parce qu'elle souffrait d'une profonde haine de soi, au point que son existence était devenue un calvaire. Elle détestait son corps, son visage, sa voix – qu'elle trouvait masculine, me dit-elle (alors que je la trouvais pour ma part très agréable et féminine). Deborah n'était certes pas un modèle de sveltesse, mais les proportions de son corps étaient harmonieuses, et je suis sûr que beaucoup d'hommes et de femmes n'auraient pas hésité à la juger attirante.

Le cas de Deborah me rappela que chacun d'entre nous possède *deux* corps distincts : le *corps extérieur*, que voient les autres, et le *corps intérieur*, que nous percevons dans notre esprit (sa représentation mentale et visuelle) et où se perpétuent les traces de nos traumatismes d'enfance. Les différences entre notre corps extérieur et la perception intime que nous en avons sont souvent considérables. Ma consœur, la psychothérapeute Susie Orbach, explique ce phénomène par le concept de « faux corps » : nos expériences archaïques et nos perceptions internes infléchissent et déforment notre capacité à vivre en paix avec notre corps ou à en tirer plaisir. Le corps extérieur de Deborah se portait très bien, mais son corps intérieur était profondément blessé.

Elle venait d'une famille très pauvre de la classe ouvrière, et elle avait onze ans quand sa mère mourut, la laissant, elle et ses deux petits frères, à la charge d'un père endeuillé et dépressif. Comme ce dernier travaillait douze heures par jour à l'usine, Deborah était seule responsable de ses frères, Henry et Lon. La mère avait succombé à un cancer de l'utérus ; quelques mois plus tard, Deborah atteignit la puberté et eut ses premières règles. Sa mère n'étant plus là pour lui apprendre ce que sont les cycles menstruels, Deborah avait éprouvé un choc, et elle se souvenait comme si c'était hier, me raconta-t-elle, de la serviette de bain qu'elle s'était coincée entre les cuisses. « Le fait que cette serviette fût blanche rendait les choses encore plus horribles pour la petite fille que j'étais, parce que le sang ressortait encore plus. J'ai cru que je faisais une hémorragie et que j'allais mourir moi aussi, comme ma mère. »

Deborah avait tellement honte et se sentait si embarrassée et effrayée qu'elle ne dit rien à son père ou à ses frères. Incapable de se confier à une femme adulte ou à une amie, comme aurait pu le faire une jeune fille plus équilibrée, Deborah garda le secret le plus absolu sur les changements que subissait son corps. Au cours de la thérapie, elle s'aperçut que ne pas parler de ses menstrues à quiconque l'avait con-

duite à développer une véritable obsession de son corps, à se torturer l'esprit de pensées qui la mettaient au supplice mais qui, d'un autre côté, lui permettaient aussi de ne pas songer à la mort de sa mère.

N'ayant personne dans son entourage à qui parler de puberté et d'hygiène féminine, et ayant reçu à l'école un enseignement plus que sommaire sur les questions anatomiques, biologiques et sexuelles, Deborah était complètement désarçonnée face aux changements de son corps. De plus, à onze ans à peine, elle était devenue l'une des toutes premières filles de sa classe à avoir ses règles et à développer des attributs sexuels adultes (poils, poitrine, etc.). Quand elle rentrait chez elle après l'école, elle devait s'occuper de ses frères et de son père ; elle ne pouvait commencer ses devoirs qu'à neuf heures du soir, et elle était alors trop fatiguée pour rester longtemps concentrée. Elle piquait du nez sur ses manuels et n'avait même plus l'énergie ou la volonté de prendre un bain ou une douche avant de se coucher. Le matin, elle se réveillait très tôt, préparait le petit déjeuner des garçons puis les accompagnait à l'école (leur père étant déjà parti à l'usine). Ainsi, pendant de longues heures d'affilée, Deborah n'avait pas le temps de faire convenablement sa toilette, et elle arrivait souvent en cours les cheveux gras et mal peignés.

Un jour, à la cantine, Deborah était assise en face de deux garçons qui, dès qu'elle commença à manger son assiette de spaghettis, se regardèrent, prirent leur plateau et allèrent s'asseoir à une autre table. Deborah ne comprit pas mais continua son déjeuner, quand elle aperçut soudain les deux garçons s'esclaffer en la montrant du doigt depuis l'autre bout du réfectoire et en se pinçant le nez. Puis ils se mirent à chanter à tue-tête, rejoints par six ou sept autres garçons : « Deborah schlingue, Deborah schlingue ! », tout en gesticulant pour lui signifier très clairement qu'elle émettait une odeur nauséabonde. Par la suite, Deborah acquit le cruel surnom de « Deb la Daube », titre infamant que les garçons n'hésitaient pas à inscrire au marqueur sur son casier. Debo-

rah effaçait les horribles graffitis, mais rien à faire : l'insulte se propagea de bouche à oreille, et le surnom lui resta. Elle était devenue le souffre-douleur de toute l'école. « Vous connaissez ce vieux dicton : "Je crains les coups de bâton, mais jamais les mots ne me blesseront" ? » me demanda Deborah au cours d'une de nos séances. Je hochai la tête. Elle me regarda alors droit dans les yeux, puis murmura : « Eh bien c'est faux. »

Deborah sombra dans la dépression. Son professeur principal finit par l'envoyer dans le cabinet d'un pédopsychiatre, qui l'aida à lutter contre l'un de ses symptômes récents : son incapacité totale à se concentrer sur ses devoirs. Elle était devenue si obnubilée par les insultes dont elle faisait les frais qu'elle n'arrivait plus du tout à travailler en cours. Deborah mit à profit ses séances avec le pédopsychiatre (un homme) en lui parlant de ses problèmes à la maison et de la mort de sa mère, mais jamais elle n'eut le courage de lui parler de « Deb la Daube » et autres « Deborah schlingue, Deborah schlingue ! ». C'était beaucoup trop douloureux. En outre, elle-même se demandait si cette odeur émanait de la sueur sous ses aisselles ou de ses menstrues.

J'ai souvent constaté que ce genre d'épreuves traversées durant l'enfance donne lieu à de graves traumatismes qui influent sur le développement ultérieur de la personnalité. Le corps, exposé à la honte, en conserve de profondes blessures, qui ne cicatrisent pas facilement. J'ai vu des enfants que leurs parents frappaient, battaient à coups de pied et de poing, traitaient d'« idiot », de « débile », et autres gentillesses ; or, de telles attaques verbales sont certes blessantes, mais ne conduisent pas l'enfant à penser que son *corps* est abominable. C'est pourtant ce que Deborah pensait du sien, et aucune douche, aucune serviette hygiénique ne pourra jamais effacer le sentiment de honte que ces humiliations répétées avaient suscité chez elle.

Deborah m'expliqua qu'elle se croyait atteinte, à l'époque, d'un cancer de l'utérus, comme sa mère. Comment, sinon,

expliquer tout ce sang entre ses jambes, et cette odeur fétide ? Le pédopsychiatre l'avait aidée de son mieux, mais hélas, elle ne lui faisait pas assez confiance pour lui dévoiler toute l'étendue de sa honte. Désespérée, elle endura les moqueries et les attaques humiliantes pendant plus de trente ans, période durant laquelle elle n'eut pas un seul petit ami et ne fit jamais l'amour, persuadée d'être trop sale et repoussante pour mériter ce genre d'égards, s'imaginant qu'à la moindre tentative d'approche de sa part, les hommes prendraient leurs jambes à leur cou, horrifiés par ses pertes sanguines et son odeur.

Au cours de nos séances de thérapie, Deborah s'efforça courageusement de confronter ces terribles souvenirs d'enfance, et fit de rapides progrès. Au bout de trois ans, à raison d'une séance par semaine, son estime de soi commença à renaître. Notre travail et ses efforts considérables face aux difficultés du processus thérapeutique se révélèrent payants : un beau jour, Deborah m'annonça en entrant dans mon cabinet qu'elle avait rencontré un homme qui lui plaisait. Elle passa les cinquante minutes de la séance à me parler de ce collègue de travail, « Asher », me décrivant en détail ses nombreuses qualités. Je l'avoue, je ressentais une grande fierté à l'écouter, et j'espérais de tout cœur que ce soit le début d'une histoire heureuse entre eux.

Quelques rendez-vous galants plus tard, Deborah me raconta qu'Asher l'avait invitée à partir avec lui en week-end. Jusqu'à présent, ils s'étaient contentés de chastes baisers ; or, s'ils passaient le week-end ensemble, ils partageraient la même chambre d'hôtel, et il était dès lors inévitable que se pose la question du sexe. Deborah, toujours vierge, se demandait ce que ça lui ferait d'être pénétrée – elle se demandait même à quoi pouvait bien ressembler un pénis, n'ayant jamais vu de ses yeux les parties génitales d'un mâle adulte. Fébrile, elle s'acheta de nouveaux vêtements pour l'occasion et remplit son sac de voyage d'eaux de toilette et de lotions : elle avait l'intention de donner à cette escapade

« un petit parfum d'érotisme », mais surtout, inconsciemment, elle voulait à tout prix dissimuler les arômes de sueur et de sang qui continuaient à la hanter depuis ses onze ans.

J'avais bon espoir que cette première expérience de sexualité adulte se solde par un succès pour Deborah. Malheureusement, lors de la séance suivante, après son retour, elle éclata en larmes dès qu'elle commença à me raconter son « *atroce* week-end » avec Asher. Le vendredi soir, ils avaient fait un somptueux dîner, bien arrosé ; un peu plus tard, dans leur suite d'hôtel, Asher se mit à caresser Deborah. Tout se passait comme prévu, jusqu'au moment où Asher ôta délicatement la petite culotte de son amie et entreprit de lui faire un cunnilingus. Deborah, prise d'une soudaine crise d'hystérie, se mit alors à hurler. Asher tenta de l'apaiser, lui assurant qu'il adorait « bouffer » le vagin des femmes – il pensait du reste que Deborah en serait ravie, étant donné que beaucoup d'hommes rechignaient à cette pratique... Hélas pour lui, il n'avait pas prévu que son vocabulaire pour le moins corsé (« bouffer ») ne ferait que redoubler la panique de Deborah : elle ramassa ses sous-vêtements et alla s'enfermer dans la salle de bains. Ce malheureux incident gâcha le reste de leur week-end. Asher, naturellement, se sentait rejeté, et n'adressa plus la parole à Deborah. Le retour à Londres, en voiture, fut un long et silencieux calvaire.

Ce triste épisode montre à quel point les humiliations physiques subies durant l'enfance ont des conséquences désastreuses et durables. Elles blessent non seulement sur le moment, mais tout au long du cycle de vie adulte, venant parasiter, voire ruiner, certains domaines de l'existence censés procurer du plaisir, comme la sexualité. Bien des femmes auraient été ravies de se laisser aller dans les bras d'un amant féru de cunnilingus tel qu'Asher ; mais pour Deborah, dévoiler ses parties génitales, au risque, selon elle, de contaminer Asher par son odeur corporelle, était au-delà de ses forces. Torturée mentalement, elle eut une crise passagère de névrose hystérique qui gâcha son week-end romantique –

mais qui lui permit aussi de se protéger, en lui évitant de se retrouver confrontée à sa phobie. Inutile de préciser qu'il nous fallut de nombreuses séances de psychothérapie pour venir à bout des tourments psychologiques de Deborah.

Peu de temps après ce calamiteux week-end, Deborah fut soudain prise d'une colère noire contre Asher. « C'est un obsédé sexuel, murmura-t-elle. Il m'a piégée. Il a voulu me faire croire que nous passerions un week-end romantique, mais en réalité, tout ce qu'il voulait, c'était coucher avec moi. Et puis il est dégoûtant : il a essayé de me lécher le vagin alors qu'il me connaissait à peine. » J'ai bien sûr laissé Deborah se délester de ce qu'elle avait sur le cœur et donner libre cours à sa colère, quand bien même ces commentaires pouvaient me paraître injustifiés. A titre personnel, je ressentais une profonde compassion pour Asher, qui me faisait l'effet d'un homme a priori charmant, confronté malgré lui à un problème psychologique dont il ignorait tout, de bonne foi, lorsqu'il avait commencé à sortir avec Deborah.

Lors de notre séance suivante, Deborah m'expliqua, un peu embarrassée, qu'elle avait fait un rêve « atroce » qui l'avait réveillée en sursaut au milieu de la nuit, trempée de sueur. Dans ce rêve, Asher venait jusque chez elle et essayait d'entrer dans sa chambre par effraction pour la violer. Voulant lui échapper, elle s'enfermait dans la salle de bains – comme pendant ce fameux week-end. Mais dans le rêve, Asher défonçait la porte de la salle de bains et renversait Deborah par terre. Affolée, cherchant désespérément à éviter de se faire violer, elle s'emparait de la brosse à nettoyer qui se trouvait à côté des toilettes, dont la tige était en métal (elle ressemblait plutôt, selon sa description, à un « tisonnier »), et s'en servait pour fracasser le crâne d'Asher. Ce dernier neutralisé, elle lui enfonçait la tête dans la cuvette et tirait la chasse à plusieurs reprises, pour le noyer dans « l'eau dégoûtante des toilettes » ; et elle y mettait tant d'ardeur que la tuyauterie finissait par se dérégler : un déluge d'urine et d'excréments débordait de la cuvette, submergeant le pauvre Asher.

En bon freudien, je passai beaucoup de temps à analyser avec Deborah la signification inconsciente de ce rêve. C'est en novembre 1899 que Freud publia son *magnum opus*, *L'Interprétation des rêves*, un ouvrage d'une importance telle que son éditeur décida d'imprimer la date « 1900 » sur la page de titre, afin qu'on l'associe au tournant du siècle. Dans ce livre, Freud affirmait que tout rêve est la manifestation d'un désir secret, qu'il appartient au médecin de découvrir – un désir si tabou qu'il ne peut être assouvi ou même reconnu par le patient dans sa vie éveillée. De nombreux psychanalystes et autres professionnels des questions psychologiques ont par la suite remis en question l'hypothèse freudienne, mais pour ma part, j'ai toujours trouvé très utile, dans le cadre de cet exercice complexe et hasardeux qu'est l'interprétation, de partir de cette idée selon laquelle le rêve est l'expression d'un désir inconscient.

Réduit à ses plus simples éléments, le rêve de Deborah emprunte ses images à son week-end raté avec Asher : le couple commence à faire l'amour, Deborah interrompt les ébats et se réfugie dans la salle de bains. Mais à cet instant, le rêve prend une autre direction. Pas de pleurs chez Deborah ni de bouderie chez Asher ; les images, au contraire, deviennent violentes. Asher défonce la porte de la salle de bains – ce qui, de manière assez évidente, traduit le désir secret qu'a Deborah de se faire pénétrer. Puis elle s'empare d'un instrument aux connotations phalliques tout aussi évidentes (un « tisonnier ») et, au lieu de jouer le rôle passif de la femme pénétrée, de victime elle se transforme en agresseur : elle devient active, autrement dit masculine, jusqu'à la caricature. Enfin, en noyant Asher dans des flots d'urine et d'excréments, donc des matières malodorantes, elle lui fait en quelque sorte subir l'humiliation et la honte dont elle-même a souffert.

Ainsi, la partie inconsciente de l'esprit de Deborah s'est emparée d'une situation vécue et l'a inversée. Dans la chambre d'hôtel, Deborah a eu une soudaine crise de panique,

incapable de concevoir qu'Asher puisse lui faire un cunnilingus, à cause de son odeur corporelle ; dans le rêve, à l'inverse, c'est Asher qui finit par sentir mauvais. Deborah, elle, ressort victorieuse d'une situation qui, dans sa vie réelle et récente, lui a été très douloureuse, mais elle a également profité de cette petite mise en scène fantasmatique pour exorciser un grave traumatisme d'enfance. Attaquer Asher, c'est aussi se venger des deux garçons qui l'ont humiliée, bien des années auparavant, à la cantine de l'école. Dans son rêve, Deborah est « propre », épargnée par la souillure du sang et son odeur nauséabonde, tandis qu'Asher, en tant que symbole représentant les deux jeunes garçons du réfectoire, présente toutes les caractéristiques de la saleté et de l'ignominie. Il n'est pas étonnant qu'il se retrouve comme un cochon dans son auge – puisque c'est lui qui avait organisé, justement, ce week-end « cochon »... Je pense donc que le rêve de Deborah illustre à merveille la théorie freudienne de la compensation et de la satisfaction du désir refoulé, lui permettant de retourner à son profit une expérience déplaisante et, par la même occasion, de se libérer d'un long traumatisme.

Mais ce rêve n'est pas seulement un moyen d'assouvir un désir caché. C'est aussi un avertissement, un signe de danger potentiel : il signifie que le conflit psychologique n'est pas encore résolu. Pour les praticiens de la psychanalyse, c'est grâce au rêve qu'on peut pénétrer au cœur des problèmes psychologiques, surtout de ceux qui n'ont pas encore été formulés de manière consciente. A ce moment-là de sa vie, Deborah n'avait pas encore conjuré le spectre de son humiliation d'enfance, de la honte et des agressions qu'elle avait subies ; dès lors, son rêve devint un moyen de transposer et transformer ce traumatisme en une expérience tolérable pour son esprit.

Mais quel rapport, me direz-vous, entre le rêve de Deborah et le domaine qui nous occupe plus directement ici, le fantasme sexuel ? C'est très simple : les mécanismes à l'œuvre dans le rêve sont les mêmes que dans le fantasme, ce dernier n'étant après tout qu'une sorte de « rêve éveillé ». Les gens se

masturbent souvent dans l'obscurité et en position allongée, sur un lit par exemple : ainsi les conditions physiques dans lesquelles se déroulent l'activité du rêve et l'activité fantasmatique sont-elles très similaires.

Deborah, hélas, n'a jamais pu se résoudre à me raconter ses fantasmes masturbatoires au cours de sa thérapie. Il m'arrive de demander ce genre d'aveux de but en blanc à mes patients, mais parfois je sens qu'il me faut procéder de manière plus diplomatique et attendre que le patient se confie à moi de lui-même. Je ne sais pas quels étaient les éléments déclencheurs de l'activité masturbatoire de Deborah ; aujourd'hui, fort de mon expérience, je lui aurais peut-être posé la question, mais à l'époque, je ne me sentais pas en position de le faire. Cela dit, je ne pense pas me tromper en avançant l'hypothèse que ses fantasmes devaient présenter de grandes ressemblances avec ses rêves. Et de manière générale, je pense que les rêves peuvent souvent nous aider à comprendre les fantasmes sexuels. L'inverse est d'ailleurs tout aussi vrai, l'analyse des fantasmes se révélant souvent très utile à l'interprétation des rêves.

Le travail psychanalytique que j'ai effectué avec Deborah m'a appris à quel point certaines expériences vécues très tôt dans la vie peuvent marquer au fer rouge le cortex du cerveau, forçant l'esprit à trouver une solution pour soulager la douleur suscitée par le souvenir traumatique. L'un des mécanismes de défense que nous utilisons dans ces cas-là, l'« identification avec l'agresseur » (qu'Anna Freud fut la première à décrire), constitue un moyen de transformer la douleur en plaisir. En agressant Asher dans son rêve, Deborah se vengea sur lui de sa honte et de son humiliation, et put ainsi s'offrir le plaisir de se sentir « propre » pour la première fois depuis son enfance. Elle commença à exorciser le souvenir atroce des insultes et des moqueries dont elle avait été victime, et qui l'avaient marquée à tel point qu'elle s'écria un jour, au début de sa thérapie : « Ces garçons à l'école... ils m'ont fait tant de mal, *c'est comme s'ils m'avaient écorché l'âme !* »

La plupart des témoignages recensés au chapitre 11, sur les fantasmes liés aux pratiques humiliantes, m'ont été fournis par écrit, sous couvert d'anonymat. Je n'ai jamais rencontré Howell, Immanuel ou Mariangela, et n'ai donc aucune idée du genre d'enfance qu'ils ont vécue. Mais, au vu des nombreux cas similaires que j'ai vus défiler dans mon cabinet, je n'ai aucun mal à imaginer qu'eux aussi ont connu l'humiliation, sous une forme ou une autre, comme Deborah ; ce qui les a conduits, une fois devenus adultes, à prendre du plaisir soit en infligeant à leur tour des humiliations, soit en revivant eux-mêmes ces supplices – l'orgasme désormais associé à cette expérience venant en atténuer la souffrance autrefois vécue.

Lorsqu'on a souffert d'un traumatisme (physique, sexuel ou psychologique), on n'échappe pas à ce traumatisme : c'est là, malheureusement, l'un des truismes les plus avérés de la psychologie humaine. Un traumatisme originel trouvera toujours le moyen de se manifester d'une façon ou d'une autre. Une personne plus robuste du point de vue affectif, plus « résiliente », aura plus de facilité à vivre avec, mais personne ne saurait s'y soustraire intégralement. Nos fantasmes constituent l'un des nombreux domaines où nos traumatismes se plaisent à refaire surface, nous rappelant sans cesse, quoique souvent de manière inconsciente, leur impact dévastateur.

Une humiliation comme celle qu'a subie Deborah est sans doute impossible à exorciser en entier ; mais le fantasme sexuel fournit une échappatoire, un moyen de rendre ce genre de traumatisme tolérable, en y associant des sensations de plaisir. Comme me l'a dit un jour l'un de mes patients : « Je vis dans une prison mentale, mais puisque je suis dans cette cellule, autant m'assurer qu'elle soit joliment décorée ! »

Il serait bien entendu absurde (et cela vaut pour tous les fantasmes évoqués dans cet ouvrage) de suggérer que chaque

fantasme particulier est l'émanation et la transposition, à l'âge adulte, d'*une seule et unique* expérience. Mais je crois vraiment que ces scènes vécues durant l'enfance constituent la *condition* nécessaire à la formation de nos fantasmes ultérieurs. Pour ce qui est des fantasmes liés aux pratiques d'humiliation, ils nous aident à *maîtriser* et à *surmonter* les sentiments de honte dont nous avons pu être victimes.

Nous aimerions tous croire que nous sommes les architectes de notre propre destin, que nous choisissons notre chemin dans l'existence, que nous décidons de nos préférences érotiques ; mais mon enquête m'amène à conclure que, pour la plupart, nous ne contrôlons pas notre sexualité. Au contraire, nos préférences sexuelles et nos fantasmes sont souvent créés, à notre corps et à notre esprit défendant, par des impressions extérieures remontant à notre enfance – et parfois douloureuses, comme la honte, l'humiliation et autres formes de traumatismes.

19

Les origines traumatiques du fantasme sexuel

> « De quels sauvages incidents notre mémoire se plaît-elle à garder le souvenir ! »
>
> Eugene O'NEILL, *Strange Interlude*

Inné ou acquis ?

Pendant longtemps, endocrinologues, pédiatres, psychologues et psychiatres ont affirmé qu'il entrait dans notre vie sexuelle sans doute très peu, voire aucun élément de choix, l'essentiel de nos prédispositions étant transmises au niveau génétique et hormonal dans l'utérus de la mère durant la grossesse. Ces chercheurs défendent une théorie de la sexualité – et donc des fantasmes – fondée uniquement sur les caractéristiques biologiques. En tant que scientifique comportemental, je ne peux que soutenir tout effort de recherche fondamentale, qu'elle soit de nature biologique ou psychanalytique, visant à approfondir nos connaissances sur d'importantes questions touchant à la vie humaine ; cependant, je dois l'avouer, je ne partage pas les convictions de ces psychobiologistes, pour qui tout comportement sexuel peut être expliqué par des facteurs héréditaires ou intra-utérins.

Il est peut-être impossible d'éprouver une excitation sexuelle, et donc d'avoir des fantasmes, sans que des conditions biologiques entrent en jeu, mais d'après les résultats de mon enquête, le contenu de notre vie fantasmatique prend forme non pas dans nos vaisseaux sanguins, mais dans notre biographie. Comme nous avons pu le voir avec les exemples de Callum ou de Deborah, les fantasmes ont plus probablement leur origine dans des expériences vécues, souvent conflictuelles, traumatiques et remontant à l'enfance : elles fournissent le socle sur lequel se bâtissent les structures de notre vie et de nos fantasmes sexuels.

Selon moi, les symptômes névrotiques et autres manifestations comportementales (y compris les fantasmes, donc) dérivent en droite ligne, tout comme les rêves, des expériences post-partum. Bien entendu, je ne nie pas que notre personnalité adulte résulte d'une agrégation complexe de facteurs multiples – de nature génétique, biochimique, neurophysiologique, prénatale et périnatale. Il est évidemment impossible de fantasmer si l'on ne possède pas de cerveau. Mais en cette époque de psychiatrie biologique et de pharmacothérapie, nous avons peut-être tendance à sous-estimer l'importance des explications psychologiques plus traditionnelles, celles que Freud et ses pairs ont commencé à nous révéler il y a un peu plus d'un siècle. L'examen attentif de certains cas pratiques, tirés de mes entretiens psychodiagnostiques, peut nous aider à mieux comprendre le fonctionnement, le contenu et les origines du fantasme sexuel.

Graziella et la table en verre

Lorsque « Graziella » entra d'un pas joyeux dans mon cabinet, un sourire radieux me vint aux lèvres. J'ai pour habitude d'adresser un petit sourire à tous mes patients, lors de la première rencontre, en partie pour les détendre, car ils

sont souvent très nerveux à l'idée de rencontrer un psychothérapeute ; mais cette fois, je faillis presque éclater de rire, tant la bonne humeur de Graziella était contagieuse. Elle-même riait et, avant même de s'asseoir, elle s'exclama : « Comme c'est drôôôôôle, non ? Parler de mes fantasmes à un parfait inconnu ? Vous devez déjà penser que je suis folle dingo ! » Je retrouvai ma contenance, lui serrai la main et la remerciai d'avoir fait tout ce chemin pour venir me voir à Londres (à son accent, j'avais compris qu'elle était originaire de Tyneside, près de Newcastle, au nord de l'Angleterre).

Je lui expliquai le but de notre entretien, puis la pimpante Graziella, comme tant d'autres participants à mon enquête, me dévoila l'histoire de sa vie sans la moindre retenue, répondant à toutes mes questions avec générosité. A seulement trente et un ans, elle avait déjà connu de grandes souffrances au cours de son existence, mais elle y avait survécu et parlait de ses problèmes sans jamais perdre son sens de l'humour, ce qui m'inspirait à son égard un grand respect.

Enfant unique de parents très jeunes et qui n'étaient pas mariés, Graziella avait grandi à la campagne. Son père, chômeur et alcoolique, battait régulièrement sa mère ; heureusement, grâce à l'intervention des services sociaux, celle-ci trouva une place dans un refuge avec sa fille, alors âgée d'un an, et échappa à l'emprise de ce compagnon tyrannique. Elle trouva bientôt un nouveau partenaire, lequel, hélas, se révéla tout aussi violent que le premier, physiquement et sexuellement : il frappait la mère de Graziella, sous les yeux de la petite, et, un jour, la projeta même avec brutalité contre un mur.

Après m'avoir raconté ces épisodes, Graziella lâcha d'un ton léger : « Faut prendre ces choses-là avec humour, pas vrai ? Sinon ça vous tue, voyez ce que je veux dire ? » J'approuvai d'un hochement de tête, sans rien dire, et ne tardai pas à comprendre que la joyeuse philosophie de Graziella était sans doute un mécanisme de défense, l'aidant à soulager ses peines.

Le père avait de toute évidence fait beaucoup de mal à la

mère ; je demandai à Graziella s'il l'avait jamais frappée, elle, sa propre fille. Elle m'assura que non. Je lui demandai alors si sa *mère*, par pure frustration, l'avait jamais frappée. Graziella retrouva aussitôt son sérieux, et pour la première fois elle baissa la garde : « Elle ne m'a jamais frappée, non – sauf une fois, et je ne lui en veux pas. » Je levai les sourcils, l'incitant à continuer, et Graziella me raconta la scène : « Je devais avoir trois ans. Nous étions dans notre appartement. Il y avait une table basse en verre dans le salon, et je faisais des coloriages avec mes feutres. Je me suis laissé emporter et je me suis mise à dessiner sur la table – j'en ai mis partout ! Quand ma mère a vu ça, elle s'est approchée par derrière, et puis je crois que ses nerfs ont lâché : elle m'a fracassé la tête contre la plaque de verre de la table, qui s'est brisée en mille morceaux. »

Graziella poussa un long soupir. Je me demandai quelle sorte de blessure physique la mère avait infligée à sa fille : avait-on dû faire des points de suture à Graziella ? Avait-elle une cicatrice ? Ou pire encore, avait-elle reçu des éclats de verre dans l'œil ? Oui, répondit-elle à chacune de ces questions. Elle avait même abondamment saigné, et il avait fallu faire de nombreux points de suture. Elle se leva alors du canapé et se pencha vers moi pour me montrer la trace pâle de ses cicatrices au visage, qu'on ne pouvait détecter que de très près. Par chance, sa vision n'avait pas été endommagée, et elle ne se rappelait plus s'il avait fallu lui soigner les yeux.

Graziella ne se souvenait pas non plus, me dit-elle, des détails de son séjour à l'hôpital. Je n'étais pas surpris. Quand de jeunes enfants traversent une épreuve traumatique aussi terrible, ils refoulent très souvent cet épisode, trop douloureux pour leur conscience. Dans une étude publiée en 1994, le professeur Linda Meyer Williams, psychologue au Laboratoire de Recherche sur la Famille à l'Université du New Hampshire, a démontré qu'une proportion conséquente d'adultes ayant dû un jour ou l'autre passer par les urgences d'un hôpital au cours de leur enfance, suite à des maltraitances, n'en conservent aucun souvenir conscient – alors même

que le professeur Williams avait retrouvé les dossiers médicaux attestant leur passage aux urgences. Nous ne pouvons pas toujours conserver certains traumatismes dans la partie consciente de notre esprit ; ils s'expriment alors par d'autres moyens.

Après m'avoir raconté ce funeste incident (qui aurait pu la tuer), Graziella me dit qu'elle avait réussi, « bon an mal an », à grandir. Même si elle était « nulle » à l'école et n'avait reçu aucun diplôme, elle avait connu le succès dans sa vie professionnelle, en créant une société de protection rapprochée pour artistes lors de concerts de rock et autres événements publics. Elle employait une équipe de véritables « armoires à glace », des hommes de plus de cent kilos, chargés de surveiller l'entrée des boîtes de nuit et des salles de concert, et de s'assurer qu'aucun trouble-fête éméché ne sème la zizanie. Je n'avais jamais auparavant rencontré de femme travaillant dans le domaine de la sécurité, et cela m'intriguait : je me demandais comment Graziella était parvenue à s'affirmer dans un monde traditionnellement réservé aux hommes.

Elle répondit à ma curiosité d'un bref éclat de rire. « Je sais pas trop. J'imagine qu'en me voyant débarquer, les types se mettent à trembler dans leurs bottes, et voilà. » Graziella ne devait pas mesurer plus d'1,65 mètre, et je la voyais mal impressionner à ce point des brutes carburant à la Guinness. Il devait y avoir une autre explication : ce n'était pas grâce à son imposante stature physique que Graziella s'était retrouvée à exercer un métier si peu commun, à s'y sentir parfaitement à l'aise et à y exceller. Mais, de toute évidence, elle était incapable de me dire pourquoi elle avait choisi cette profession.

Graziella m'avoua ensuite, toujours sur le ton de l'humour, qu'elle ne s'était jamais mariée et n'avait même jamais eu de petit ami stable. Peut-être était-elle lesbienne ? Avant même que je lui pose la question, elle me déclara : « Au cas où vous vous demanderiez, je baise qu'avec des mecs. J'adore la queue. » Elle m'apprit qu'elle avait eu une trentaine de

liaisons au cours des dix dernières années, toutes éphémères et de nature purement sexuelle. Cet aveu ne me surprit guère. J'ai rencontré de nombreuses femmes qui, ayant été battues par leurs parents dans leur enfance, avaient choisi, à l'âge adulte, un mari violent, ou qui, comme Graziella, évitaient de s'attacher, vivant dans la crainte perpétuelle que toute forme d'union débouche sur des violences physiques. Ces femmes développent souvent des réactions phobiques aux rapports hétérosexuels, et beaucoup deviennent lesbiennes.

Au bout de quatre heures d'entretien, je soulevai la question des fantasmes et demandai à Graziella si elle se sentait prête à me raconter à quoi elle pensait, lorsqu'elle se masturbait ou faisait l'amour. Souvent, me dit-elle, elle s'imaginait avec une belle femme. Elle se hâta de préciser qu'elle n'avait jamais au grand jamais eu de contacts sexuels avec une autre femme – mais ce fantasme lesbien ne lui était pas étranger, quand elle se masturbait. Je la priai de me donner de plus amples détails. Dans son fantasme, m'expliqua alors Graziella, elle était toujours avec une inconnue. Elle ne voyait jamais son visage mais savait qu'elle devait avoir entre vingt et vingt-cinq ans, « maximum ». Parfois, un homme faisait irruption au milieu de la scène, regardait Graziella et sa partenaire et les suppliait de le laisser se joindre à elles. Graziella refusait catégoriquement de transformer ces ébats en partie à trois et, m'avoua-t-elle, « prenait son pied » en imaginant cet homme obligé de rester sur la touche et de masturber « sa grosse érection », à distance.

Je demandai à Graziella si elle avait d'autres fantasmes. « Oh oui, celui que je viens de vous dire, c'est un truc de base, pour le quotidien. Il y en a un autre, où ne figure aucun homme, et c'est celui-là qui me procure mes plus grands orgasmes, je crois. »

GRAZIELLA

En réalité, c'est trois fois rien, il ne se passe pas grand-chose. Je suis assise sur un canapé comme celui-ci, et je suis nue. Sou-

dain, des bras (et je sais que ce sont des bras féminins) m'enserrent par derrière et se mettent à me caresser les seins. Je ne sais pas du tout qui est cette femme ou à quoi elle ressemble. Je ne vois jamais son visage. Elle passe la main dans mes cheveux, puis me renverse : je suis allongée, elle me caresse le dos et les épaules. C'est une sensation incroyable, très sensuelle, très érotique – rien à voir avec des caresses d'homme. [*Une pause.*] Et voilà. Je jouis encore et encore. [*Une pause.*] Je sais que ce n'est pas grand-chose, mais j'adore l'idée de cette femme sans visage qui me masse le dos, les épaules et les seins. Ça me suffit. [*Une pause.*] Alors, vous croyez que je suis gouine ?

Je ne répondis pas à la question de Graziella. Était-elle lesbienne ? Je n'en avais pas la moindre idée. D'après son témoignage, elle n'avait jamais eu de relations sexuelles avec une autre femme dans la vraie vie ; en revanche, elle avait connu de nombreux hommes, et les gros pénis, m'avait-elle dit, lui procuraient beaucoup de plaisir. Mais, en fantasme, c'étaient les caresses d'une femme, non pas le sexe d'un homme, qui l'amenaient à l'orgasme. Pour compliquer les choses, enfin, Graziella m'expliqua que, malgré ce fantasme lesbien, jamais elle ne voudrait passer à l'acte, même si la fille la plus sublime lui faisait des avances. Était-elle donc une lesbienne qui s'ignore ? Était-elle bisexuelle ? Était-elle hétérosexuelle et simplement curieuse de nouvelles expériences ? Avait-elle des problèmes d'identité sexuelle ? Ou était-elle tout bonnement inclassable ? Je laisse la question ouverte.

Plutôt que d'assigner Graziella à telle ou telle catégorie, je lui demandai si nous pouvions réfléchir ensemble au contenu de son fantasme. Savait-elle pourquoi elle était excitée par ce fantasme-là en particulier, parmi les mille autres que son esprit aurait pu créer ? La réponse de Graziella ne me surprit pas. Elle se contenta de hausser les épaules et lâcha : « J'en ai pas la moindre idée. C'est comme ça, c'est tout. Je vous ai dit que j'étais "folle dingo", non ? »

Graziella, comme presque toutes les personnes que j'ai rencontrées au cours de mon enquête, ne semble pas avoir

conscience des origines possibles de ses fantasmes. J'imagine que si elle les comprenait, elle n'y serait plus attachée de manière si viscérale. Mais nos fantasmes émanant de notre *inconscient*, il nous est par définition impossible d'en saisir le contenu ; et c'est ainsi que nous continuons pour ainsi dire à les « subir », de façon quasi inexorable.

Graziella n'avait peut-être pas la moindre idée des raisons pour lesquelles elle se masturbait en pensant à ces images en particulier, mais pour ma part, grâce à notre entretien et à l'expérience que j'ai acquise auprès d'individus présentant des expériences, des structures comportementales et des personnalités similaires, je suis en mesure de proposer une petite théorie sur la question.

Graziella passa son enfance confrontée à diverses situations de manque. Elle grandit dans la pauvreté, matérielle et affective, sous la coupe d'un père violent qui ne l'aimait pas et battait sa jeune mère, au point que les services sociaux durent intervenir et mettre Graziella et sa mère à l'abri de cet homme dangereux. Ces circonstances auront sans nul doute prédisposé la jeune fille à développer des relations conflictuelles avec les hommes en général : à mon avis, Graziella devint à la fois pleine de crainte et de désir pour les hommes, dont elle gardait une image violente mais dont la présence lui avait fait défaut pendant son enfance. Devenue adulte et sexuellement mature, elle rechercha le contact physique avec les hommes, mais chaque fois de manière très brève (rappelons qu'elle eut plus de trente partenaires en dix ans). Son incapacité à nouer des liens sentimentaux durables trahit cette ambivalence, ce mélange de phobie et de désir à l'égard des hommes.

Le lesbianisme peut bien entendu être une inclination sexuelle primaire, mais dans le cas de Graziella, qui trouve du plaisir à coucher avec des hommes, la tendance au fantasme lesbien revêt plutôt, à mon sens, une dimension défensive : c'est un mécanisme grâce auquel elle se protège des dangers que symbolise pour elle le pénis. Souvenons-nous

que Graziella est excitée par deux fantasmes distincts : un fantasme lesbien, celui de faire l'amour uniquement avec une femme, une inconnue qui l'attrape par derrière et lui masse les seins, le dos et les épaules ; un fantasme également lesbien mais au cours duquel surgit un homme – que Graziella oblige toutefois à garder ses distances et à se masturber dans son coin. Dans ces deux fantasmes, que l'homme en soit totalement absent ou qu'il soit tenu à l'écart, Graziella réussit à sexualiser son désir de punir les hommes et de les exclure de son univers. Bien des hommes hétérosexuels seraient au supplice s'ils se retrouvaient à quelques centimètres de deux lesbiennes en pleine action et forcé de regarder sans participer... D'un point de vue psychanalytique, les deux principaux fantasmes masturbatoires de Graziella lui permettent d'exprimer son agressivité latente envers les hommes.

Mais je me demande si le deuxième fantasme ne correspond pas aussi à un autre désir inconscient : celui de créer une constellation familiale plus idéale, où elle-même se retrouve choyée par une femme (figure maternelle) et à proximité d'un homme (figure d'autorité) qui n'utilise pas son pénis (sa force) à des fins destructives. En apparence, ce fantasme est de nature sexuelle ; mais peut-être vise-t-il aussi à recréer une cellule familiale au sein de laquelle la sexualité parentale se manifeste de manière moins abusive.

Ces fantasmes soulèvent encore d'autres questions, par exemple celle-ci : pourquoi Graziella a-t-elle des penchants lesbiens ? Si elle éprouve des sentiments ambivalents à l'égard des hommes, à cause de sa relation compliquée avec son père, elle pourrait « simplement » nourrir des fantasmes d'actes sadiques infligés à la gent masculine. Que vient faire le lesbianisme dans l'équation ? Nous touchons, là encore, au caractère complexe et surdéterminé des fantasmes sexuels. Non seulement Graziella a souffert d'être très tôt exposée à une figure masculine négative, mais il se peut aussi qu'elle ait connu une relation encore plus traumatisante avec sa mère.

D'après mon expérience clinique, toutes les femmes

éprouvent une haine profonde pour leur père lorsque celui-ci les a violées ou a abusé d'elles d'une façon ou d'une autre pendant leur enfance ; mais leur animosité est souvent plus violente encore envers leur mère, celle-ci s'étant révélée incapable de les protéger. L'une de mes patientes, sur qui son père s'était livré à de graves attouchements vaginaux quand elle était encore enfant, souhaitait la mort de son géniteur, ce qu'on comprend sans mal ; mais ce dont elle parlait le plus, c'était de son désir d'attacher sa mère à un crucifix, la tête en bas, de lui enfoncer des clous dans les poignets et les chevilles et de la laisser là jusqu'à ce qu'elle se vide de son sang.

J'imagine que Graziella a dû nourrir une rage profonde non seulement contre son père, mais aussi contre la « complice » de ce dernier, sa mère, qui à ses yeux était coupable de s'être mise en ménage avec un homme violent et d'avoir ainsi privé sa fille d'une figure paternelle stable. La mère – sans doute elle-même traumatisée – n'a en tout cas pas donné à sa fille l'attention dont celle-ci avait besoin. A mon sens, les fantasmes lesbiens de Graziella ne correspondent donc pas vraiment à une identification sexuelle ou à une attirance pour les femmes en général, mais plutôt au désir de nouer des relations plus intimes et agréables avec une femme en particulier, à savoir cette mère qui, durant son enfance, s'était montrée négligente et incapable de la protéger.

Graziella a été exposée à des situations dangereuses. Alors qu'elle n'avait pas encore fêté son premier anniversaire, elle a dû voir son père battre sa mère et entendre des cris. Lorsqu'un bébé est témoin de scènes de violence domestique, il n'a pas encore les capacités cognitives suffisantes pour en comprendre toute la gravité, mais il est cependant très perméable à l'atmosphère de peur et de terreur qui l'entoure, et les bruits perturbants qu'il entend le poussent d'ailleurs à réagir en hurlant à son tour.

La mère de Graziella avait en outre réellement fait du mal à sa fille, en lui frappant la tête contre la table basse en verre. Il n'est pas étonnant, dans ces conditions, que les fantasmes

de la jeune femme soient pour l'essentiel pleins de gestes tendres, doux et agréables. Mon hypothèse est qu'elle a créé ces fantasmes masturbatoires pour trouver refuge face à la violence physique, l'imprévisibilité et le manque de sécurité matérielle et affective dont elle a été victime dans son enfance. A cet égard, il n'est pas étonnant non plus qu'elle ait choisi d'exercer un métier qui, comme ses fantasmes, lui permet de tenir les hommes à distance, de maîtriser ces « armoires à glace » en les mettant à ses ordres.

Cette étude de cas aura permis, je l'espère, de mieux comprendre à la fois la *fonction* du fantasme (en l'occurrence, la satisfaction d'un besoin de sécurité, le défoulement de pulsions agressives envers les hommes, etc.) et son *contenu* (ici, la gratification de désirs bisexuels et l'aspiration à une plus grande intimité avec une figure maternelle). Nous devons ainsi approcher chaque fantasme comme un gigantesque puzzle ou une énigme policière : à la fin de l'analyse, chaque pièce, chaque indice doit avoir trouvé sa place et faire surgir un tableau d'ensemble où se révélera dans toute sa complexité l'esprit du sujet fantasmant.

Je crois maintenant être en mesure de comprendre pourquoi, dans le premier fantasme qu'elle m'a raconté, Graziella aime l'idée de faire l'amour avec une femme sous les yeux impuissants d'un homme se masturbant à bonne distance, et pourquoi elle est attirée par les amours lesbiennes en fantasme mais pas nécessairement dans la vie réelle. Toutefois, je demeure intrigué par certains détails de son second fantasme, celui où la belle et douce inconnue la saisit *par derrière*, tandis qu'elle est assise sur son canapé, pour la renverser puis la masser. Ce genre de détail peut paraître insignifiant mais nous permet souvent de percer au plus profond le secret de la psychologie des fantasmes sexuels.

Pourquoi le fantasme lesbien de Graziella se déroule-t-il de cette façon précise ? Pourquoi sa partenaire ne s'approche-t-elle pas *de face*, pour s'occuper par exemple du clitoris de Graziella ? Pourquoi celle-ci ne prend-elle pas l'initiative ?

Pourquoi demeure-t-elle assise sur son canapé, en position passive, attendant sagement qu'on vienne la renverser ?

A mon avis, on ne comprend rien au fantasme masturbatoire de Graziella si l'on ne connaît pas en détail le traumatisme terrible qu'elle a subi dans son enfance, à savoir l'épisode de la table basse en verre. Rappelez-vous : la petite fille faisait des coloriages et se mit à dessiner directement sur la table, ce qui provoqua la colère de sa mère. Celle-ci vint alors, *par derrière*, frapper sa fille en lui projetant le visage contre la plaque de verre. Cet incident, aussi inattendu que violent pour la petite fille, lui a sans doute fait perdre toute confiance en sa mère.

Graziella, comme Callum et comme Deborah, a commencé à se masturber, et donc à éprouver du plaisir, en se fondant sur une vision distordue d'une terrifiante expérience vécue dans sa petite enfance. Elle a transformé un épisode de souffrance physique en une pensée suscitant du plaisir, masquant au passage l'identité de son agresseur réel (sa mère) en effaçant le visage de son amante fantasmée.

En créant une femme inconnue qui la prend par derrière et par surprise, puis la penche en avant pour la caresser (comme le fit sa mère pour lui cogner la tête contre la table), Graziella a, sans le savoir, remis en scène son effrayant souvenir d'enfance – avec une variante cruciale, toutefois : la femme ne cogne plus mais caresse et donne du plaisir, jusqu'à l'orgasme.

Une fois encore, c'est là l'illustration typique d'un schéma psychanalytique observé pour la première fois par Freud en 1920, puis repris dans les années 1970 par le psychanalyste américain Robert Stoller : en tant qu'êtres humains, nous mobilisons toutes les forces de notre esprit pour minimiser les conséquences du traumatisme dont nous avons été victimes. Freud ne s'est jamais vraiment penché sur la fonction du fantasme dans cette perspective, mais il fut le premier à poser les éléments qui permettraient aux psychothérapeutes et aux chercheurs en sciences comportementales modernes d'explorer plus avant ce problème psychologique.

Il serait merveilleux d'imaginer que nous puissions traverser des épreuves traumatiques et en ressortir à jamais indemnes. Hélas, ce n'est pas le cas. *On ne peut pas être traumatisé sans ressentir les effets traumatiques de cette expérience.* Le terme lui-même est parlant : « trauma » signifie « blessure » en grec – or, toute blessure a ses conséquences, physiques ou affectives. Et le fantasme sexuel est l'un des nombreux mécanismes que nous mettons en œuvre afin de soigner ces blessures et de vivre avec les cicatrices qu'elles nous ont laissées.

La violence de l'expérience vécue par Graziella durant son enfance ne lui a pas permis de traiter ces pensées dans la partie consciente de son esprit. Ses fantasmes masturbatoires, en revanche, lui ont permis à la fois de donner à son traumatisme une nouvelle forme, sexualisée et dénuée de toute souffrance, et de ne pas être hantée par une réalité insoutenable. Ainsi nos fantasmes nous protègent-ils tout en nous procurant du plaisir; mais, ce faisant, ils ne cessent de renforcer notre envie de nous masturber, et donc d'éviter de nous pencher sur les causes secrètes de ces pulsions. Si Graziella accédait à une plus grande conscience de la nature profonde de ses fantasmes, peut-être serait-elle en mesure de mieux appréhender ses phobies comme ses attirances, et ainsi de nouer des relations adultes plus confiantes, durables et adultes dans sa vie réelle.

20

Les quatorze significations du fantasme sexuel

« Homo sum ; humani nil a me alienum puto. »
« Je suis homme et rien de ce qui est humain
ne m'est étranger. »

TÉRENCE, *Héautontimorouménos*

Le fantasme sexuel comme automédication

Alors : pourquoi, au juste, fantasmons-nous ? Nous menons des vies de plus en plus débordées – n'avons-nous donc rien de mieux à faire ? Selon Freud, les fantasmes sont le résultat d'expériences de frustration, un effort désespéré pour satisfaire des désirs souvent interdits. Cette hypothèse me paraît un bon point de départ, et m'a en tout cas été très utile dans mon travail auprès de mes patients.

Mais je soupçonne nos fantasmes sexuels d'avoir d'autres fonctions et d'autres significations. Dans le questionnaire informatique que j'ai envoyé aux participants du Projet de Recherche sur les Fantasmes des Britanniques, je demandais à chaque individu interrogé de me livrer sa propre théorie sur la nature et l'origine de ses fantasmes. Je demandais notamment quel rôle ils jouaient dans leur vie. Le tableau

suivant donne une idée des diverses fonctions que nous attribuons nous-mêmes à nos fantasmes. (Les participants pouvaient choisir plusieurs réponses, ce qui explique que le total soit supérieur à 100 %.)

Description de la fonction des fantasmes sexuels selon les sujets eux-mêmes

Fonction	*Total*	*Hommes*	*Femmes*
Soulage l'ennui	19 %	26 %	12 %
Antidépresseur	21 %	24 %	18 %
Permet des actes impossibles dans la vraie vie	25 %	30 %	19 %
Permet d'avoir des contacts sexuels avec des personnes inaccessibles dans la vraie vie	34 %	43 %	25 %
Exploration de pensées et de pratiques différentes	40 %	45 %	34 %
Rend le (la) partenaire plus attirant(e)	5 %	6 %	4 %
Permet une plus grande excitation en compagnie du (de la) partenaire	25 %	24 %	26 %
Vient à l'esprit de manière incontrôlable	26 %	35 %	18 %
Préférable aux activités sexuelles réelles	5 %	5 %	5 %
Permet d'oublier le monde extérieur	10 %	9 %	11 %
Pas concerné par cette question	10 %	5 %	16 %
Autre	4 %	3 %	4 %
Préfère ne pas répondre	2 %	2 %	3 %

Ces résultats nous indiquent tout d'abord que chacun fantasme pour des raisons différentes. Aucune explication ne récolte une immense majorité de suffrages : nous sommes donc conscients que nos fantasmes répondent à des fonctions diverses. L'une des fonctions majeures du fantasme est de soulager un mal-être (ennui, dépression, volonté de fuir la réalité...) ; une autre est de nous permettre l'accès à des partenaires inaccessibles dans la vraie vie : pas moins de 43 % des hommes et 25 % des femmes se servent de leurs fantasmes dans cette perspective. Et pour plus d'un quart des

personnes interrogées, le fantasme sert à augmenter la stimulation érotique. On peut en conclure que les liaisons intraconjugales sont encore fort répandues dans les esprits et ont même de beaux jours devant elles.

Autre révélation intéressante : à la plupart des réponses proposées (ennui, dépression, expérimentation, etc.), entre 20 et 40 % de la population totale a répondu par l'affirmative ; seuls 6 % des hommes et 4 % des femmes, en revanche, ont admis utiliser leurs fantasmes comme moyen de rendre plus attirant(e) leur partenaire. Ce soudain écart statistique démontre l'importance des liaisons intraconjugales : à l'évidence, nous nous servons très souvent de nos fantasmes pour *fuir* l'ennui de notre vie quotidienne (dont font partie nos partenaires) plutôt que pour l'améliorer.

Le point de vue du praticien

Les explications que nous donnons nous-mêmes à nos fantasmes sont passionnantes à maints égards ; elles dévoilent notamment notre besoin désespéré d'échapper à la réalité quotidienne et d'explorer de nouvelles relations et de nouvelles pratiques, dont la vie réelle nous interdit l'accès.

Je pense cependant que les fantasmes sexuels remplissent d'autres fonctions – dont nous n'avons peut-être pas toujours conscience. D'après les informations recueillies grâce à mes entretiens, au questionnaire informatique et à ma propre expérience clinique, je dénombre quatorze raisons différentes (mais pouvant parfois se recouper) pour lesquelles nous fantasmons. Les voici, chacune illustrée par l'un des cas d'étude rencontrés au cours de mon enquête.

1. Assouvissement d'un désir latent

Dans le sillage de la théorie freudienne selon laquelle les fantasmes proviennent de frustrations sexuelles et de l'incapacité à obtenir la gratification recherchée, l'hypothèse de l'assouvissement d'un désir latent joue un rôle crucial dans la pensée psychanalytique depuis plus d'un siècle. Le désir à assouvir peut être conscient ou inconscient.

« Claudia », quarante-cinq ans, rêvait d'avoir des rapports sexuels avec son séduisant beau-frère, « Richie ». Incapable de violer le tabou de l'inceste, et craignant de faire du mal à sa sœur « Adeline », Claudia n'a donné libre cours à sa passion pour Richie que dans le cadre de son rituel masturbatoire. Fantasmer d'être pénétrée par le pénis de Richie lui a toujours procuré un orgasme intense, et elle s'endormait ensuite satisfaite.

Dans la même veine, « Derek », physicien de quatre-vingt-un ans (l'un des doyens de mon enquête), m'expliqua qu'il ne se masturbait jamais en pensant à des femmes. Il imaginait plutôt découvrir un jour, dans son casier au laboratoire, une lettre du roi de Suède l'informant qu'il venait de remporter le prix Nobel. Scientifique à la carrière honorable mais qui n'avait jamais reçu la reconnaissance de ses pairs, Derek avait sublimé toute sa libido dans son travail, de sorte que ses projets de recherche étaient pour ainsi dire ses seules maîtresses. Il aspirait donc à une satisfaction d'ordre professionnel plutôt qu'érotique, et se masturbait en pensant au courrier en provenance de Stockholm... Peu d'entre nous iraient au Septième Ciel en songeant aux PTT scandinaves, mais pour Derek, cette lettre avait fini par représenter le summum de l'excitation érotique.

Presque tous les fantasmes contiennent une part d'assou-

vissement d'un désir latent. Sans la gratification de ce désir, nous n'atteindrions pas l'orgasme. Et ce désir est toujours, d'une manière ou d'une autre, « interdit » (comme dans le cas de Claudia) ou inaccessible (comme dans le cas de Derek).

2. Soulagement et automédication

Les fantasmes sexuels nous soulagent de nos soucis quotidiens et nous procurent un relâchement immédiat, physique et psychologique, quand nous sommes tiraillés par l'angoisse, les conflits, la déprime ou même la crainte d'une dépression nerveuse. Les fantasmes jouent ainsi le rôle de médicaments palliatifs qu'on peut obtenir soi-même, sans ordonnance, à toute heure du jour ou de la nuit.

J'ai rencontré « Daryl », dix-neuf ans, ouvrier en bâtiment, alors qu'il venait de vivre sa première rupture amoureuse. Son médecin référent me l'avait envoyé, m'expliquant dans sa lettre que Daryl, suite à cette rupture brutale, souffrait d'une légère dépression et s'était mis à se masturber de manière compulsive, au point de s'irriter la peau du pénis jusqu'au sang. Daryl lui-même m'avoua qu'il se masturbait six ou sept fois par jour, et que sans ces petites séances onanistes, au cours desquelles il pensait toujours à son ex-petite amie, il serait devenu fou, car il ne savait pas, me dit-il, comment il arriverait à vivre sans elle.

« Boyd », lui, ne perdit pas sa petite amie... mais son emploi. A vingt-huit ans, cet assistant de production à la télévision travaillait dur, mais pas assez pour redresser les pertes abyssales de la société qui l'employait. Licencié (non pour incompétence mais dans le cadre d'un plan social), il sombra dans une grave dépression qui le cloua chez lui quatre semaines d'affilée, durant lesquelles il envoya son CV aux quatre coins de l'Angleterre et attendit avec angoisse qu'on le

convoque à des entretiens d'embauche. Pour s'empêcher de boire et de fumer à l'excès (ce dont il était coutumier), Boyd acheta des DVD pornographiques (comportant pour l'essentiel des scènes de *bondage* et de domination), et il « s'astiquait » furieusement en les regardant. « Après ma branlette, m'expliqua-t-il, je tombais de sommeil, comme un bébé, puis je faisais une petite sieste. Et à mon réveil, je me sentais revigoré. Je crois que ces DVD m'ont vraiment aidé à traverser cette mauvaise passe. »

3. *Mise à l'épreuve*

Les fantasmes nous offrent l'occasion d'expérimenter des pensées sexuelles suscitant en nous des réactions conflictuelles, dont nous espérons et craignons à la fois qu'elles deviennent un jour réalité. On parle ainsi de « mise à l'épreuve », lorsque le patient fait ses premiers pas vers l'objectif de maturation qu'il s'est fixé. Je me souviens par exemple d'un patient agoraphobe, incapable de se rendre à une soirée ou dans un lieu public : il était paniqué dès qu'il était entouré de plus de deux ou trois personnes. Ce monsieur me dit un jour qu'il avait engagé la conversation avec une vieille dame dans un bus – c'était la première fois de sa vie qu'il osait un geste pareil. Il était très fier, et ce « passage à l'acte » fut le point de départ de sa guérison.

« Florence », trente-neuf ans et toujours vierge, était si intimidée par les hommes qu'elle refusait systématiquement toute invitation à dîner ou au cinéma – et ce n'était pas faute de prétendants, car elle était charmante. Florence s'interdisait en outre de se masturber, ses parents puritains l'avaient élevée dans l'idée que se toucher les parties génitales était « dégoûtant ». Son père, homme d'église, lui faisait souvent lecture de textes médiévaux, où le sexe était décrit comme une activité impure, le pénis de l'homme déchar-

geant non seulement du sperme mais aussi de l'urine. Florence me dit qu'elle avait consulté des thérapeutes pour vaincre ses inhibitions affectives et que, peu à peu, le monde intérieur dans lequel elle s'était enfermée, intransigeant et restrictif, s'était adouci, ouvert, si bien qu'un jour, elle s'autorisa à « se donner à elle-même du plaisir » en fantasmant sur l'un de ses jeunes collègues, « Ray ». Elle mit ensuite plus d'un an pour oser l'aborder, et ils finirent par avoir une brève aventure. Pour Florence, ce premier fantasme masturbatoire fut une « mise à l'épreuve » qui lui permit de conceptualiser pour la première fois des gestes jusqu'alors inconcevables et tabous.

4. Prolongement des jeux de l'enfance

Bien avant que nous commencions à fantasmer sur des images explicitement sexuelles à l'âge adulte, chacun d'entre nous a eu le temps de développer ses capacités fantasmatiques durant son enfance. Les psychologues du développement et les pédopsychothérapeutes ne savent pas quand exactement se déclare l'activité fantasmatique chez l'enfant, mais on pense que cela se produit très tôt, peut-être même dès le troisième trimestre de la grossesse. Ce qui est certain, c'est que les nouveaux-nés « fantasment » sur la nourriture (le lait maternel), et que les bébés « fantasment » sur le jour où ils pourront se lever, tenir et marcher sur leurs deux jambes, comme leur père et leur mère. Notre capacité à fantasmer se développe en parallèle avec notre imagination ludique. Prenons par exemple deux jeunes enfants en train de jouer. L'un d'eux s'exclame : « On dirait que je suis la maman et toi le papa ! » Il est toujours étonnant de voir à quel point les enfants peuvent faire preuve d'inventivité quand ils jouent, sans jamais se lasser. J'ai récemment vu un enfant de quatre ans qui faisait semblant d'être le propriétaire d'un magasin

de chaussures ; il arrêtait tous les adultes qu'il croisait sur son chemin et leur proposait de leur vendre leurs propres souliers pour un euro. Trop heureux de se prêter à ce petit jeu fantasmatique, les adultes se déchaussaient, l'enfant faisait semblant quelques instants de réparer leurs chaussures, tel un cordonnier, puis les leur rendait « en parfait état » et empochait, ravi, une pièce d'un euro imaginaire.

Quand elle était petite, « Brenda » (aujourd'hui âgée de trente-sept ans) fantasmait sur un Prince Charmant de dessin animé. Elle et sa sœur, « Clarissa », imaginaient que le prince les avait demandées toutes deux en mariage ; elles revêtaient les robes de leur mère et mettaient en scène ce double mariage imaginaire. Le fantasme du Prince Charmant devint l'un des éléments clés de la vie sexuelle de Brenda, qui, à l'âge adulte, tourna sa convoitise vers une autre altesse royale : le Prince William en personne. Elle prolongea ainsi son fantasme d'enfance en un fantasme adulte similaire.

5. Création de relations objectales

Les psychanalystes décrivent souvent les relations humaines comme des relations « objectales ». Terme peu engageant à première vue ; mais s'il est resté en usage dans le vocabulaire professionnel depuis plusieurs dizaines d'années, c'est que, même si nos relations nous mettent le plus souvent en rapport avec d'autres *personnes*, et non pas des *objets*, nous avons souvent tendance, précisément, à traiter les autres comme des objets, avec cruauté ou en ne nous intéressant qu'à une partie de leur corps ou de leur personnalité. « Mon mari ne s'intéresse qu'à mon vagin », se plaignait par exemple l'une de mes patientes. Ce genre d'affirmation indique qu'on a affaire à une relation objectale. Cependant, ce terme peut être aussi employé pour décrire une forme d'interaction plus sophistiquée et sensible, et l'on peut dire par exemple

d'un patient guéri et sain qu'il a amélioré ses relations objectales.

Nous nous efforçons tous d'établir et de développer notre relation objectale au monde, et l'on sait que les fantasmes sexuels peuvent aider certaines personnes seules ou isolées à créer ce genre de lien avec le monde extérieur.

« Theodore », cinquante-trois ans, employé de banque, souffrait depuis longtemps de problèmes psychologiques ; il avait notamment traversé une crise psychotique dans sa jeunesse, qui l'avait laissé sans amis et sans partenaire sexuel. Dans ses fantasmes, Theodore s'imaginait entouré de femmes qui se jetaient sur lui, lui arrachaient ses vêtements et lui prodiguaient des caresses jusqu'à ce qu'il jouisse. C'est là un fantasme auquel de nombreuses personnes – surtout des hommes – seraient sans doute sensibles, mais pour Theodore, il jouait un rôle bien spécifique. Il lui permettait en effet de passer d'une position de retrait psychologique, dans laquelle les femmes ne lui inspiraient que de la terreur, à une forme de lien objectal : il était capable d'entrer en relation avec des femmes (quoique de manière interchangeable, chaque femme pouvant être remplacée indifféremment par une autre). Le fantasme de Theodore traduisait un désir et un besoin profonds de contact, et c'est en cela qu'il lui était si agréable : il lui permettait de vaincre ses phobies et de nouer des liens avec autrui.

6. Objets et phénomènes transitionnels

Dans les années 1950 et 1960, le pédiatre et psychanalyste Donald Winnicott étudia la manière dont l'enfant humain, dépendant et incapable de se prendre en charge seul, progresse à chaque étape du cycle de la vie et développe peu à peu son indépendance psychologique. Winnicott attribuait de nombreux facteurs à une croissance réussie, et en premier

lieu les soins prodigués par des figures parentales attentionnées et aimantes, mais il insistait également sur l'importance des objets, des sons ou encore des pensées qui permettent au bébé vulnérable de se séparer de sa mère sans se sentir brutalement abandonné – étape cruciale de son développement. Winnicott théorisa l'importance des couvertures, ours en peluche et autres « doudous », qui offrent à l'enfant le réconfort d'une figure maternelle symbolique. Il les appelait des « objets transitionnels » : même si, disait-il, un ours en peluche ne saurait remplacer l'amour d'une mère, la douceur du tissu (similaire à celle du sein maternel) procure une sensation de plaisir qui permet à l'enfant de faire la transition de sa mère au monde des objets – et qui permet à la mère, au passage, de se reposer.

Le bébé humain a donc besoin d'objets transitionnels pour se séparer du corps de la mère, mais, toujours selon Winnicott, il est aussi important qu'il entende la voix de sa mère au loin, l'appelant depuis une autre pièce par exemple : ainsi est-il rassuré de savoir qu'elle n'a pas disparu, mais il comprend en même temps qu'elle peut ne pas être constamment à sa disposition immédiate. Parfois, savoir que la mère a « tenu » son enfant, non pas dans ses bras mais dans son esprit, simplement en *pensant* à lui, aide à stimuler le bon déroulement de sa croissance et de son développement. Winnicott appelait ces expériences des « phénomènes transitionnels » : des sons ou des pensées que l'enfant ne peut pas toucher de manière concrète, mais qui lui indiquent qu'il n'a pas perdu sa mère.

« Emmy » était un véritable « pot de colle », et faisait tourner en bourrique son pauvre mari, « Tobin », qu'elle ne lâchait pas d'une semelle. Il ne pouvait jamais rester tranquille plus de cinq minutes sans qu'elle le dérange et se lance dans une grande conversation. Un jour, en faisant le ménage dans les affaires de Tobin, elle trouva une collection de magazines pornographiques. Piquée par la curiosité, elle s'installa dans le canapé et se mit à en feuilleter un. Jus-

qu'alors, elle croyait n'avoir aucun fantasme sexuel, mais elle se surprit à trouver très excitantes certaines photos, notamment celle d'un couple en train de faire l'amour. Elle s'imagina à la place de cette jeune femme et se demanda ce que cela lui ferait de tromper Tobin. Pour finir, elle se masturba en regardant cette photo, et bientôt la cause était entendue : elle avait trouvé un nouveau hobby. Peu à peu, elle se montra moins « collante » avec son mari – lequel était ravi mais ne comprenait pas bien comment sa femme était tout à coup devenue si facile à vivre. Après tout, son comportement à lui n'avait pas changé d'un iota. Inconsciemment, Emmy utilisa ses fantasmes comme phénomènes transitionnels, lui permettant d'entamer un processus de séparation psychologique et de s'extraire du schéma fusionnel qui la liait à Tobin. Il en résulta une plus grande liberté et une plus grande indépendance psychologiques, pour le mari comme pour la femme. Emmy ne parla jamais à Tobin du magazine, mais elle savait qu'elle avait accédé, grâce à la pornographie, à un univers qui n'appartenait qu'à elle.

7. Expression d'un conflit intérieur

Parfois, les fantasmes ont pour fonction première d'exprimer un conflit psychologique, irrésolu, faute d'analyse. Le sujet peut en avoir conscience, mais le plus souvent, ce conflit réside dans la partie inconsciente de son esprit, et il ne peut y avoir accès par ses propres moyens.

« Garcia », jeune enseignant de vingt-quatre ans, m'avoua son principal fantasme sexuel avec une grande honte : il fantasmait sur les jeunes garçons de sa classe, âgés de onze ou douze ans. Il m'affirma que jamais il ne leur toucherait ne serait-ce qu'un cheveu. Il savait parfaitement que la pédophilie est un mal absolu, et il avait même assisté à une série de conférences, dans le cadre de sa formation à l'université,

sur les conséquences dévastatrices à long terme des abus sexuels sur enfants. Les élèves de sa classe, m'assura-t-il, ne craignaient rien : il confinait ses pulsions pédophiles dans les parties les plus inaccessibles de son esprit. Malgré ses fantasmes « criminels » (s'il était passé à l'acte), Garcia me donna l'impression d'être un jeune homme intelligent, réfléchi et sensible. Lorsqu'il me raconta qu'il avait lui-même été victime de maltraitances durant son enfance, je commençai à comprendre que son désir de contacts sexuels avec de jeunes garçons ne traduisait pas une envie de leur faire du mal (même si c'eût été l'effet obtenu), mais au contraire une volonté désespérée d'aimer un petit garçon, comme lui-même, au même âge, aurait voulu être aimé (au lieu de quoi ses parents l'avaient très tôt envoyé en internat à l'étranger). Le fantasme masturbatoire de Garcia était pour lui un moyen de se « décharger » de son angoisse et de sa confusion, et, heureusement, suite à notre entretien, il accepta sur mon conseil d'aller consulter l'un de mes confrères spécialisé dans le traitement des jeunes gens souffrant de tendances et de fantasmes pédophiles. J'espère que Garcia a pu ainsi apprendre à maîtriser ses pulsions et à se débarrasser de la crainte que lui inspirait la perspective d'avoir des relations avec des femmes (ou, plus vraisemblablement, dans son cas, des hommes) du même âge que lui.

8. Désir masochiste de punition

Nos fantasmes, source de plaisir sexuel, servent parfois à nous punir d'un crime, réel ou imaginaire. Ce genre de fantasme surgit en général non pas après un échec mais, au contraire, à la suite d'un grand succès. C'est Freud qui, le premier, identifia cette forme d'illogisme psychologique : selon lui, nous sommes souvent rongés par la culpabilité de connaître une plus grande réussite que nos parents, et nous

nous « sabotons » par tous les moyens possibles pour nous soulager de ces scrupules.

« Jocelyne », avocate, la quarantaine, venait de recevoir une belle promotion, un important bonus, un nouveau bureau et une Mercedes flambant neuve. Cet éclatant succès professionnel lui pesait, et dès qu'elle avait quelques instants de libres, à l'abri des regards dans son nouveau bureau, elle consultait des sites de pornographie masochiste sur Internet ; quand elle était certaine (croyait-elle) que tous ses collègues étaient déjà rentrés chez eux, il lui arrivait même de se masturber dans son fauteuil. Mais son supérieur finit par découvrir sa petite manie, la dénonça au patron du cabinet, et Jocelyne reçut un blâme – qui décupla bien entendu ses sentiments de honte et de culpabilité. Mais, à mon sens, elle se sentait inconsciemment coupable d'abord et avant tout d'avoir réussi, et c'est pour se punir qu'elle s'était « sabotée », utilisant son ordinateur de bureau pour regarder des sites pornographiques sur Internet alors qu'elle aurait très bien pu le faire chez elle sans courir le moindre risque.

9. Un moyen de défense contre l'intimité et les rapports fusionnels

La perspective de relations intimes nous semble parfois si terrifiante que nous mettons tout en œuvre pour ériger des barrières et nous empêcher de nouer des liens avec autrui. Très souvent, le fantasme sexuel est inextricablement lié à une addiction masturbatoire, et le recours compulsif au fantasme fonctionne comme un moyen de tenir à distance les autres êtres humains. Je ne dis pas, bien sûr, qu'on ne peut être équilibré sur le plan psychologique que si l'on est en couple, mais, dans l'idéal, il faut au moins avoir la *capacité* de créer des liens intimes avec autrui. Si de nombreux veufs et veuves, par exemple, choisissent de ne pas se remarier, ce

n'est pas parce qu'ils sont incapables de se lier à un nouveau partenaire, mais pour d'autres raisons diverses – par exemple, au nom d'une compréhensible « fidélité » à leur conjoint défunt. Pour beaucoup, cependant, toute forme d'intimité est un objet d'effroi plutôt que de désir.

Le petit ami de « Dora », avec qui elle vivait depuis longtemps, était mort pendant la guerre du Golfe. A trente-huit ans, elle était célibataire depuis plus de quinze ans et n'avait jamais accepté la moindre invitation à dîner. Elle avait d'abord traversé une grave dépression, suite à la mort tragique de son petit ami, mais elle s'en était sortie, grâce au soutien de sa famille et de ses proches. Elle recommença à travailler mais ne retrouva jamais sa joie de vivre d'antan. Au début, sa libido était inexistante ; mais un jour, deux ou trois ans plus tard, elle entra dans une librairie spécialisée dans la littérature érotique pour femmes, et depuis une dizaine d'années, elle y fait régulièrement provision de lectures qui lui fournissent l'essentiel de ses fantasmes masturbatoires. Lesquels regorgent de scènes romantiques, d'étreintes sur des plages de sable fin ou dans d'exotiques lagons... Toutefois, l'idée de faire l'amour « en vrai », avec un homme en chair et en os, plutôt qu'avec ses amants de papier, reste inconcevable pour cette femme traumatisée. Suite à notre entretien, j'ai envoyé Dora consulter un psychologue pour l'aider à vaincre ses peurs.

(J'aimerais préciser ici que j'ai certes recommandé à certains des participants à mon enquête de consulter – mais en de très rares occurrences : moins de 5 % de tous les individus que j'ai rencontrés. La grande majorité des personnes avec qui je me suis entretenu se sont prêtées au jeu sans aucune difficulté et n'ont montré aucun signe de détresse psychologique.)

10. Défoulement de pulsions agressives

Nous avons eu l'occasion de le constater, de très nombreux fantasmes comportent des éléments de violence, avouée ou refoulée. Nous serions (presque) tous d'accord pour dire que « défoncer son ou sa partenaire comme un bout de viande » relève de l'agression la plus caractérisée – mais que dire des nombreux termes crus (« baiser », « niquer », « fourrer ») que tant de témoins ont employés pour décrire des pratiques sexuelles « normales » ?

« Cory », vingt ans, étudiant, aimait se masturber en pensant à la chanteuse Kylie Minogue. Des posters à son effigie tapissaient les murs de sa chambre, et il s'excitait souvent en regardant les DVD de ses concerts ou de ses clips. Son fantasme absolu ? « Une nuit avec Kylie », me dit-il. Je l'encourageai à entrer dans les détails, et Cory ne se fit pas prier : « Je la renverserais sur le lit, je lui arracherais ses vêtements et je lui enfoncerais mon sexe. Je lui en mettrais un bon coup, je la niquerais à fond, et son crâne irait taper à grand bruit contre la tête de lit. » Imaginons un instant que ce fantasme devienne réalité et que Mlle Minogue accepte d'avoir des rapports sexuels avec Cory : on ne pourrait pas accuser ce dernier d'avoir commis un acte illégal ou répréhensible – tout au plus verrait-on dans ces ébats une forme particulièrement vigoureuse de coït... Et pourtant, l'agressivité sous-jacente de ce fantasme saute aux yeux – les choix lexicaux de Cory ne laissent planer aucun doute à ce sujet... Il avait des allures de jeune homme bien sous tous rapports, mais, comme je l'appris au cours de notre entretien, il venait d'une famille défavorisée et éclatée, et il avait vécu de nombreuses expériences traumatisantes, qui avaient instillé en lui une immense colère. Son fantasme ne relevait donc pas de l'amour transi d'un jeune fan pour une *pop star*, mais plutôt d'un besoin profond de se décharger d'une agressivité contenue.

11. Un moyen de fuir une réalité trop douloureuse

Tous les fantasmes expriment une forme de désir, mais tous les désirs ne sont pas de même nature. Certains sont « projectifs » (par exemple : « J'espère qu'un jour, j'aurai la chance de coucher avec Scarlett Johansson. »). Ce ne sont peut-être pas des désirs réalistes, mais au moins ils tendent vers un contact possible. Après tout, Mlle Johansson a une vie sentimentale et sexuelle – ce qui prouve qu'elle n'est pas inaccessible à proprement parler. De nombreuses personnes nourrissent un fantasme similaire sur le Loto : si certains ont gagné le jackpot, cela veut dire, en toute logique, qu'il existe une probabilité, même infime, pour que nous gagnions à notre tour. D'autres désirs, en revanche, si sincères soient-ils, ne pourront jamais être assouvis, et nous nous en servons pour ainsi dire comme d'un « cache-sexe » pour ne pas avoir à affronter des réalités trop douloureuses. Je les appelle les « désirs antiprogressifs » (par exemple : « Un jour, je me réveillerai transformé en quelqu'un d'autre, quelqu'un d'irrésistible, comme James Bond, et des hordes de femmes me poursuivront dans la rue. »). Se fantasmer sous les traits d'un Casanova moderne est loin d'être un crime, mais ce genre de fantasme (s'imaginer devenir quelqu'un d'autre) nous empêche d'accepter la réalité : la bedaine de la quarantaine, la calvitie naissante, les seins en gants de toilette, les pattes-d'oie au coin des yeux et autres inévitables affronts de l'âge, qui nous rappellent que nous sommes mortels.

« Lana », une séduisante femme de trente-sept ans, voulait désespérément avoir un enfant. Hélas, suite à un terrible accident de montagne dix ans plus tôt, elle était hémiplégique, et son médecin lui avait dit qu'elle ne pourrait jamais concevoir. Incapable de ressentir un orgasme ou toute autre sensation physique dans la partie inférieure de son corps, Lana n'avait en revanche rien perdu de ses fantasmes (ce qu'elle appelait ses « rêves sexuels ») : elle imaginait qu'un beau guide de montagne l'empêchait de chuter, puis lui

faisait l'amour, la mettait enceinte, et que neuf mois plus tard, elle donnait naissance à un beau bébé. Étant donné la situation de Lana, on comprend sans mal qu'elle ait ce fantasme. Mais elle m'avoua que, lorsqu'elle ne rêvait pas, elle avait tellement honte de son corps handicapé qu'elle sortait à peine de chez elle ; elle avait rencontré, par le passé, des hommes en chaise roulante, eux aussi paralysés à la suite d'un accident, mais elle n'avait éprouvé aucune attirance pour eux, car ce qu'elle désirait par-dessus tout, c'était un homme en parfaite condition physique. Son fantasme lui procurait certes une forme de réconfort, mais il était « antiprogressif » plutôt que « projectif » : il ne l'aidait pas à accepter, et donc à mieux vivre, la réalité de son handicap.

12. Un moyen d'évacuer des pulsions sadiques

La plupart du temps, nos fantasmes nous permettent de nous décharger de nos pulsions agressives, mais il arrive que ces tendances dépassent le seuil de la normalité et prennent une forme pathologique et meurtrière. Les fantasmes sexuels servent souvent de moyen d'expression aux aspects les plus sadiques de la nature humaine, et ils constituent, pour les services de police comme pour les psychologues médico-légaux chargés d'évaluer le degré de dangerosité d'un individu, une indication précieuse. Hélas, nous disposons de très peu de données sur les fantasmes masturbatoires des meurtriers ; c'est regrettable, car cela nous aiderait sans doute à affiner les caractéristiques distinguant les sujets qui se contentent de fantasmer de ceux qui passent à l'acte. Prenons l'exemple du tueur en série Dennis Nilsen, qui assassina et dépeça douze jeunes gens chez lui à Muswell Hill, dans le nord de Londres, et qui écrivit son Journal en prison : on y apprenait que lorsqu'il se masturbait, il fantasmait souvent sur des cadavres. Si cette information avait été connue des

forces de l'ordre ou du corps psychiatrique, peut-être aurait-il pu recevoir des soins appropriés et ces crimes auraient été évités.

Lorsque « Whitney », cinquante-six ans, se présenta pour notre entretien, je perçus en lui une sorte de méfiance paranoïaque (il avait le regard fuyant, fébrile, et la mâchoire crispée) : il me faisait penser aux patients que j'ai eu l'occasion de traiter en milieu psychiatrique – en plus inquiétant encore. Il se montra pourtant très coopératif et m'avoua sans détours ni embarras que son fantasme sexuel préféré était de faire saigner les femmes. Whitney m'expliqua qu'il n'avait jamais commis un tel geste dans la vie réelle, et qu'il ne se considérait pas comme un individu dangereux. Mais la vue du sang, du moins dans ses fantasmes, l'excitait plus que tout. Je l'avoue humblement : j'eus beau chercher à établir des connexions symboliques entre ce fantasme et un quelconque traumatisme dont Whitney eût été victime durant son enfance, je rencontrai un échec cuisant. Whitney répondait à mes questions de bonne grâce, mais par monosyllabes et grognements, ce qui ne me facilita pas la tâche. Cette sorte d'« anémie » dans la conversation est souvent le signe de graves troubles psychologiques. Avec ce genre de patients, on ne peut se forger une opinion qu'au terme de nombreux entretiens, sur une longue période. Ma rencontre avec Whitney fut, je l'admets, une véritable épreuve pour moi, et je fus soulagé de le voir partir. Rien ne prouvait qu'il n'ait jamais fait du mal à une femme, mais je ne pouvais en être certain ; j'imagine cependant que ses fantasmes lui permettaient avant tout d'évacuer sa haine meurtrière, laquelle l'aurait sans nul doute mené, autrement, à céder à ses pulsions de violence.

13. Un moyen de surmonter un traumatisme

Beaucoup de fantasmes mettent en scène un épisode traumatique, suivi de sa résolution : ils nous permettent de le surmonter, pas forcément par le défoulement d'un sadisme inconscient, mais par une simple érotisation de la souffrance, qui devient alors source de plaisir.

« Bunny », jeune coiffeuse de vingt-deux ans, m'affirma qu'elle ne fantasmait jamais, ce qui me surprit beaucoup. J'avais déjà remarqué, en épluchant les résultats de mon questionnaire informatique, que certaines personnes (une infime proportion, et en majorité des femmes) se prétendaient dépourvues de toute vie fantasmatique – mais aucune ne me fit une telle déclaration lors d'un entretien en face-à-face. Après tout, si l'on n'a aucun fantasme, pourquoi se porter volontaire pour participer à une enquête comme la mienne ? Je levai donc un sourcil incrédule, et Bunny passa aussitôt aux aveux : « Bon d'accord, j'ai des fantasmes – mais rien de croustillant comme ce que vous devez avoir l'habitude d'entendre à longueur de journées. » Lorsqu'elle fermait les yeux et se masturbait, m'expliqua-t-elle, elle voyait des étoiles dorées, rouges ou orange scintiller dans le ciel. Rien qu'en pensant à ces étoiles, Bunny était au comble de l'excitation et au bord de l'orgasme. En outre, ce fantasme était apparemment très récent. Je ne tardai pas à apprendre que, dix-huit mois plus tôt, alors qu'elle rentrait chez elle un soir après sa journée de travail, elle s'était fait agresser par deux jeunes garçons qui l'avaient renversée à terre, frappée puis violée – sans préservatif. Fort heureusement, elle ne tomba pas enceinte ni ne contracta de maladie, mais cette agression (physique, sexuelle et psychologique) la traumatisa : elle se mit à souffrir d'angoisses, de dépression, et se retrouva incapable de rien faire pendant six mois. Puis, lorsqu'elle reprit son travail, elle rencontra un jeune collègue au salon de coiffure, « Donovan », qui était devenu son petit ami, et tout se passait très bien entre eux. Lorsqu'ils faisaient

l'amour, elle ne pensait qu'à lui ; mais lorsqu'elle se masturbait, elle n'avait en tête qu'un immense ciel rempli d'étoiles.

Intrigué, je demandai à Bunny de m'expliquer d'où lui venait ce fantasme si inhabituel, mais elle ne sut pas me répondre, et je me retrouvai dans une impasse. Je décidai alors de lancer une hypothèse, un peu au hasard ; je songeais à cette expression en anglais, « voir des étoiles », que l'on emploie lorsqu'on se cogne [1] : je demandai à Bunny ce qui lui avait traversé la tête pendant son agression. A ma grande surprise, elle me répondit, sans se rendre compte le moins du monde du sens de ses mots : « Bah j'ai "vu des étoiles", comme on dit... Vous savez, comme des flashes de lumière devant les yeux... Je crois que c'est parce que je m'étais cogné la tête en tombant. »

J'imagine que Bunny vit bel et bien des « étoiles » au moment de l'impact, et qu'en se concentrant sur ces taches de lumière, elle réussit en quelque sorte à faire abstraction du viol qu'elle était en train de subir. J'ai entendu de nombreuses personnes, victimes d'abus sexuels dans leur enfance, raconter qu'au moment de la pénétration, elles s'imaginaient flotter au-dessus de leur propre corps, se dissociant d'elles-mêmes comme si c'était quelqu'un d'autre qui se faisait violer. Bunny, sans le savoir, employa la même stratégie, focalisant son attention sur les étoiles plutôt que sur le viol – manœuvre mentale qui lui permit de traverser cette épreuve sans trop de dommages du point de vue psychologique. Par la suite, lorsqu'elle commença à se masturber, ces étoiles devinrent source de plaisir sexuel : après avoir redécouvert des relations sexuelles harmonieuses grâce à son petit ami Donovan, elle érotisa son traumatisme et parvint ainsi à le surmonter.

1. Nous dirions, en français, « voir trente-six chandelles ». (*NdT.*)

14. Équilibrage de la personnalité

Depuis que je me suis lancé dans cette enquête, je me suis souvent demandé à quoi ressemblerait la psychologie humaine si nous n'étions pas capables de fantasmer. J'imagine que notre esprit serait une zone bien terne... Nos fantasmes sont parfois glauques, perturbants, voire « malsains », mais je les considère avant tout comme le signe de nos *capacités créatives*, de la même manière qu'on parle de la « créativité » des écrivains, des peintres, des compositeurs, ou même de Monsieur Tout-le-Monde lorsqu'il se met à raconter une histoire à table pour amuser la galerie... Nos fantasmes ont une autre vertu : ils nous aident à ne pas nous effondrer, à nous structurer, et remplissent ainsi une fonction essentielle que j'appelle l'« équilibrage de la personnalité ». En d'autres termes, les fantasmes sont tout simplement un élément crucial de notre équilibre psychologique.

« Tyler », trente ans, était en parfaite santé et très heureux dans la banque d'affaires où il travaillait. Mais ses importantes responsabilités professionnelles faisaient peser sur ses épaules une énorme pression, et il se sentait souvent, selon ses propres termes, « au bord du pétage de plombs » – expression courante qui, sous une forme un peu plus châtiée, a une signification psychiatrique très précise. Cela ne voulait pas dire que Tyler risquait de devenir schizophrène, par exemple, mais il avait bel et bien l'impression que son esprit était souvent sur le point d'exploser. Lorsque j'abordai la question du sexe et des fantasmes, il me déclara, avec une admirable perspicacité : « Ça m'empêche de devenir dingue. Si je ne pouvais pas fantasmer, je crois que ma tête finirait par éclater comme un de ces personnages de dessins animés. » La suite de l'entretien révéla que Tyler avait des fantasmes très « simples » : faire l'amour avec sa petite amie, avec Britney Spears, un petit peu de *bondage* par-ci par-là (« rien de très méchant »), et une touche de gourmandise (manger des cerises et de la crème chantilly à même le corps de sa parte-

naire)... Comparés aux extravagances dont regorge ce livre, on serait même tenté de dire que les rêveries érotiques de Tyler sont d'une grande banalité. Mais l'essentiel, de son propre aveu, était que cette capacité à fantasmer lui permettait d'assouvir ses envies, d'évacuer son stress et de l'empêcher de déprimer – en un mot, de rester équilibré.

21

Existe-t-il des fantasmes sans traumatisme ?

« De mon immense chagrin
Je fais de petites chansons »

Elizabeth BARRETT BROWNING,
« From Heine »

Tous les fantasmes ont-ils pour origine un traumatisme physique, sexuel, un lointain épisode de souffrance et d'humiliation ? A la lecture des cas évoqués dans les chapitres précédents, on serait tenté de le croire. Est-ce à dire que tout le monde a, d'une façon ou d'une autre, traversé de cruelles épreuves pendant son enfance ? Bien sûr que non. Et quand bien même ce serait le cas, ces traumatismes constituent-ils nécessairement la cause déterminante de la nature de nos fantasmes sexuels ?

Le retour de Jasper

J'ai commencé mon enquête avec « Jasper », ce jeune Londonien aisé, à qui la vie semblait sourire – sauf qu'il n'avait pas l'âme en paix. Malgré une petite amie à tomber à

la renverse, une carrière florissante, un appartement somptueux et une vie sociale trépidante, il était prisonnier d'un fantasme sexuel obsessionnel et compulsif : se masturber en regardant deux jeunes femmes se rouer de coups sur un ring de boxe, spectacle dont il se repaissait à loisir grâce à un DVD allemand. En présentant le cas Jasper, je voulais illustrer la nature intime des fantasmes sexuels, donner un aperçu de leur étendue et de leurs conséquences sur les rapports de couple. Mais j'avais sciemment omis de donner des informations biographiques sur Jasper, sur son enfance ou sur les facteurs qui avaient pu le pousser à développer ce fantasme masturbatoire.

Jasper, en apparence, était le jeune homme le plus « normal » qui soit. « Sain », heureux, beau, sophistiqué, il pouvait passer pour l'exemple même de l'homme dont toutes les femmes rêvent et à qui tous les autres hommes aimeraient ressembler. Toutefois, derrière ces glorieuses apparences, Jasper était tourmenté par un secret.

D'où provenait le fantasme de Jasper ? Lorsque je lui demandai pourquoi les *Fräulein* pugilistes l'excitaient à ce point, il m'adressa un regard éberlué et se révéla incapable d'avancer la moindre explication à son comportement masturbatoire. C'est d'ailleurs une réaction que j'ai maintes fois rencontrée au cours de mes entretiens.

Jasper s'exprimait avec aisance, mais je notai un appauvrissement soudain de son vocabulaire lorsqu'il me raconta son histoire familiale. Il avait grandi dans un milieu très défavorisé, dans l'Essex, avec sa sœur « Linette », de cinq ans son aînée, et ses deux parents qui se disputaient sans arrêt. Ils étaient « extrêmement » jeunes, me dit-il : sa mère n'avait que vingt-deux ans à sa naissance, et son père vingt-quatre. Alcoolique et chômeur, celui-ci avait beaucoup de mal à faire vivre sa famille, et les rares fois où il trouvait un emploi d'ouvrier en usine, il se faisait licencier la plupart du temps au bout de quelques semaines ou quelques mois, à cause de ses problèmes de boisson. Sa mère, caissière dans un super-

marché, se débrouillait un peu mieux. Elle ramenait tous les mois un chèque à la maison, mais elle avait très peu de temps à consacrer à Jasper, qui manqua d'affection tout au long de son enfance. Sa sœur Linette ou des voisins s'occupaient parfois de lui, mais il était seul la plupart du temps. Voilà le morne paysage, tout droit sorti d'un roman de Dickens, dans lequel avait vécu Jasper avant de découvrir la vie glamour de Londres, quelques années plus tard...

Jasper eut la chance de ne subir dans son enfance ni deuil ni maltraitance d'aucune sorte, physique ou sexuelle. Les douleurs épargnèrent son corps – mais pas son esprit. Il se sentait abandonné, négligé, et pour compenser la carence affective à laquelle le soumettaient l'ivresse perpétuelle de son père et l'absence de sa mère, il développa très tôt une vie fantasmatique, inventant constamment des histoires et s'évadant dans un monde imaginaire.

En revenant un jour de l'école, Jasper, alors âgé de dix ans, entendit des cris dans la chambre de ses parents, à l'étage. Il monta l'escalier. Les bruits étaient de plus en plus forts – des gifles, des coups. Il appela sa mère, qui lui cria d'aller s'enfermer dans sa chambre. Jasper obéit, mais colla son oreille contre sa porte. Les hurlements s'intensifièrent encore. Puis des bruits de pas dévalant l'escalier. Enfin, une porte qui claque.

Le petit garçon sortit timidement de sa chambre et découvrit sa mère recroquevillée en bas de l'escalier, couverte de bleus, les bras serrés sur ses côtes, dans un état de souffrance manifeste. Elle annonça à son fils que son père venait de quitter la maison et ne reviendrait pas. Et Jasper, en effet, ne revit plus jamais son père. A l'évidence, les parents de Jasper avaient de graves problèmes domestiques depuis longtemps, qu'ils avaient pris soin de cacher à leurs enfants. Mais cette fois, la querelle avait dégénéré, des coups d'une extrême violence avaient été échangés, et le père avait fini par jeter sa femme dans l'escalier avant de prendre la porte. Jasper ne se rappelait pas avoir pleuré. Il ne se souvenait que de sa propre

stupeur et des murmures de sa mère : « Maintenant que ton père est parti, mon chéri, c'est toi l'homme de la maison. »

Suite à cet épisode douloureux, l'enfance de Jasper changea du tout au tout. Il n'y avait plus aucune figure d'autorité masculine dans son entourage immédiat ; craignant de devenir « une chochotte », il voulut devenir un « dur » et se mit à fréquenter une bande de garçons turbulents de son école. A quatorze ans, Jasper et ses camarades avaient découvert les magazines pornographiques, et ils se retrouvaient régulièrement pour des séances de masturbation collective chez l'un ou l'autre, dans la cave, se passant les magazines de main en main, excités par ces photos de splendides femmes nues. Bientôt, la petite bande découvrit également les joies du cannabis et du vol à l'étalage... « Bon sang, s'exclama Jasper, j'aurais pu devenir un vrai criminel... Je me demande comment je m'en suis sorti. »

Par chance, l'un des professeurs de Jasper décela chez l'adolescent un grand potentiel, le prit sous son aile et lui donna des cours particuliers en vue de préparer le concours d'entrée aux plus prestigieuses universités du pays. Il fut admis à Cambridge, où il poursuivit des études de lettres et se constitua un réseau, lequel lui permit par la suite de trouver une belle situation dans une banque d'affaires de la *City* : à vingt-neuf ans, il était devenu riche.

Jasper ne se rappelait pas à quel moment exact s'était déclaré son fantasme, mais il m'affirma qu'il datait de bien avant l'acquisition du fameux DVD, « *Boxen Frauen* ». Ce dernier lui tomba dans les mains par hasard et lui apprit seulement que d'autres personnes devaient partager son fantasme « tordu », puisqu'on en faisait des films X.

Je lui demandai s'il avait fait de la boxe pendant son enfance, ou si, pour une raison ou une autre, il avait déjà enfilé des gants de boxe. Pas du tout, me répondit-il : il n'avait même jamais *vu* des gants de boxe (à part sur son écran géant). Jasper et moi échangeâmes un long regard perplexe, nous demandant pourquoi diable ces gants étaient investis à

ses yeux d'une telle dimension érotique. Tout au long de ma carrière et des entretiens menés pour cette enquête, j'avais rencontré beaucoup de fétichistes, qui ne juraient que par tel ou tel bout de tissu, des bottes en cuir, des petites culottes en dentelle ou que sais-je encore, mais chaque fois, cet attachement à un objet ou à une matière spécifique renvoyait à une expérience précise vécue pendant l'enfance. Dans le cas de Jasper, il ne semblait y avoir aucun lien de cette nature.

Lors de notre entretien, je m'interrogeai sur la signification de la composante lesbienne de ce fantasme : deux belles femmes aux formes généreuses et à moitié dévêtues en plein corps à corps... Jasper était-il amateur de pornographie lesbienne en général ? Il me déclara qu'il en avait déjà regardé à l'occasion, notamment lors de soirées « entre mecs », mais que, s'il n'y était pas insensible, l'élément lesbien en soi ne suscitait chez lui aucune excitation particulière. Celle-ci ne pouvait naître que grâce au spectacle conjoint des femmes *et* des gants de boxe. Les gants tout seuls, ou inversement les femmes mains nues, le laissaient pour ainsi dire de marbre.

Je m'étais intéressé à la dimension lesbienne du fantasme de Jasper parce que nous avons remarqué, mes confrères et moi, que ce genre de fantasme n'est pas du tout, comme on le pense parfois, une preuve indubitable d'hétérosexualité chez les hommes. De nombreuses études psychanalytiques sur le sujet démontrent qu'il est plutôt lié au manque d'affection maternelle : les amateurs de scènes saphiques ont besoin de voir non pas deux mais *quatre* seins (au moins) afin de compenser l'absence de la mère (physique ou affective) ressentie pendant la petite enfance. Or, Jasper avait souffert d'un tel manque.

Les contours de la vie de Jasper, passée et présente, devenaient de plus en plus nets. Je ne tardai pas à comprendre que, parmi tous les indices pouvant m'aider à mieux cerner sa personnalité et son fantasme, c'était peut-être du côté de la violence qu'il fallait chercher : la confrontation dont il avait été témoin entre ses parents était sans doute ce qui l'avait le

plus marqué. Je lui demandai si son père avait jamais levé la main sur sa sœur Linette. Non, me répondit-il, pas à sa connaissance : il réservait ce traitement à sa femme. Jasper semblait intrigué que je lui aie posé cette question. Et sa perplexité ne fit que croître lorsque je lui demandai de quelle couleur étaient les cheveux de sa mère et de sa sœur. La première était blonde, la seconde châtain, m'apprit-il.

J'expliquai mon hypothèse à Jasper : les deux boxeuses de ses rêves (l'une blonde et l'autre châtain) représentaient peut-être sa mère et sa sœur. Étant donné les scènes violentes qui s'étaient déroulées sous ses yeux, et le fait que sa mère l'avait promu « homme de la maison », il avait pu être angoissé à l'idée d'assumer une telle charge, craignant qu'elle se révèle au-dessus de ses forces, physiques et mentales. Ayant besoin d'aide, il avait alors symboliquement équipé sa mère et sa sœur de gants de boxe, les « armant » en quelque sorte, les transformant en combattantes, capables de se protéger par leurs propres moyens au cas où le père (ou un autre homme violent) referait surface.

Jasper me regarda d'un air ébahi, renifla et déclara : « Ça ne rime pas à grand-chose pour moi. Je sais que vous êtes psychothérapeute et tout, mais je ne crois pas que ce soit ça. » Ce n'était pas la première fois que je voyais un patient réagir de prime abord en rejetant mes hypothèses. Il arrive, de fait, qu'on se trompe ; d'autres fois, au contraire, on a touché si juste, et mis au jour une vérité si déstabilisante, qu'il faut du temps au patient pour se faire à l'idée. Plus d'un m'a dit : « Vous savez, la remarque que vous m'aviez faite il y a un an sur ma mère, dont je pensais que c'était n'importe quoi – eh bien je crois que vous aviez raison, mais j'ai mis longtemps à l'admettre. »

Le déni de Jasper ne m'inquiétait donc pas. Je présente toutes mes observations à mes patients sur le mode hypothétique, comme de vagues idées qui me viennent comme ça et dont nous pouvons discuter ensemble. En ce sens, si j'étais un des deux célèbres héros d'Arthur Conan Doyle, je serais le

Dr Watson plutôt que Sherlock Holmes : le plus modeste des deux, celui qui n'a pas peur de poser des questions idiotes ou de se tromper (alors que Holmes, apparemment, a toujours la bonne réponse).

Peut-être, en effet, dis-je à Jasper, ma remarque était-elle absurde, mais nous pouvions tout de même garder cette idée en tête pour tenter de comprendre la signification possible de son fantasme. Il parut tomber d'accord sur ce point et accepta d'y réfléchir.

Je n'ai pas revu Jasper depuis cet entretien, et sans doute ne le reverrai-je jamais. Je ne sais pas s'il a réfléchi au sens de son comportement masturbatoire, s'il en a envie, ou besoin, si ses fantasmes continuent de le tourmenter, s'ils ont changé, ou s'il a trouvé le moyen de les incorporer de manière plus harmonieuse à sa vie de couple. Je suis très tenté d'entamer un processus de suivi avec toutes les personnes que j'ai rencontrées pour cette enquête, mais, à l'heure où j'écris ces lignes, mes diverses obligations ne m'en ont pas encore laissé le loisir. Jasper s'est-il rangé à mon hypothèse, ou la considère-t-il toujours comme une absurdité ? Je n'en saurai peut-être jamais rien.

Parfois, on tombe tout de suite sur la clé qui nous ouvre la porte des fantasmes ; parfois, la porte reste verrouillée ; et la plupart du temps, c'est un trousseau entier qu'il faut essayer avant de trouver la bonne clé. Dans les chapitres qu'on vient de lire, je me suis efforcé de présenter un éventail de cas particuliers démontrant, je l'espère, qu'un psychothérapeute peut souvent aider un individu à identifier les traumatismes sous-jacents qui nourrissent ses fantasmes sexuels. Mais, si talentueux et expérimenté soit-il, le psychothérapeute peut très bien se retrouver à court d'explications, et il doit alors se contenter d'émettre des *hypothèses de travail*, lesquelles doivent être testées et confrontées sans cesse aux informations biographiques livrées par le patient au fil de son analyse.

Les études de cas que j'ai pu mener jusqu'à présent, à la fois dans le cadre de ma pratique professionnelle et de cette

enquête, me poussent à conclure qu'environ 90 % des fantasmes ont pour origine des événements traumatiques : du douloureux épisode d'enfance au fantasme adulte, les mêmes scènes se retrouvent, presque à l'identique, sous une forme érotisée. Dans les 10 % de cas restants, je n'ai pas pu établir de correspondance de cette nature. Ce qui ne veut pas dire qu'il n'en existe aucune : on sait à quel point certains traumatismes peuvent se terrer dans les profondeurs de l'inconscient et demeurer ainsi inaccessibles, du moins trop difficiles à mettre au jour en un seul entretien, même de longue haleine. Mais je crois pouvoir affirmer que *le traumatisme est un élément déterminant dans la genèse des fantasmes sexuels adultes*. Il existe bien sûr des fantasmes dépourvus de toute dimension traumatique, mais même dans ce cas, il est toujours possible de trouver un lien avec un épisode – agréable, cette fois – remontant à l'enfance.

Suis-je vraiment impartial ?
La recherche scientifique comme entreprise collective

Le psychothérapeute freudien que je suis s'intéresse en particulier à deux facteurs influant sur le développement de la personnalité adulte : les expériences vécues pendant l'enfance et les expériences traumatiques (avant ou après la puberté). Ayant entendu des milliers de confessions intimes, j'en suis arrivé à la conclusion (partagée par nombre de mes collègues dans le monde entier) que ces expériences infantiles, surtout quand elles sont de nature traumatique, sont celles dont l'impact est le plus fort sur notre existence. Beaucoup de personnes refusent d'en reconnaître l'importance, à cause de la douleur que ces lointains épisodes (maltraitances, abandon, etc.) continuent de leur faire éprouver ; ils ne cessent pourtant de ressurgir, et il me paraît inconcevable de pratiquer la psychothérapie sans prendre en compte dans

toute son étendue le rôle formatif de ces premières impressions.

On pourrait penser que la vision des psychothérapeutes (surtout freudiens) est en quelque sorte biaisée, puisque nous ne traitons par définition que des individus ayant connu une enfance difficile, agitée ou traumatique. Les gens équilibrés dont l'enfance fut un long fleuve tranquille sont rarement candidats à une psychothérapie : ils n'en ont pas besoin. Certes. Je travaille dans des hôpitaux psychiatriques et autres centres spécialisés dans les maladies mentales, où les patients sont en effet des hommes et des femmes marqués à l'extrême par leurs souffrances physiques et psychologiques ; mais je travaille aussi dans mon propre cabinet privé, où, pour le coup, les personnes que je reçois sont beaucoup plus « équilibrées » en apparence et se révèlent pourtant tout aussi atteintes par une forme ou une autre de traumatisme ayant influencé leur développement psychique.

Je suis le premier à reconnaître que mes divers patients, comme les individus avec qui je me suis entretenu pour cette enquête, ne sont peut-être pas représentatifs de l'ensemble de la population. Mais ils le sont tout de même *dans une certaine mesure*. Ayant été sélectionnés à partir d'un panel antérieur, sans lien aucun avec les questions psychiatriques, on peut les considérer comme des personnes dites « normales ».

Tout scientifique se lançant dans un projet de recherche doit cependant se confronter à au moins deux problèmes méthodologiques essentiels : la possibilité que son échantillon de population soit *partial*, et la possibilité d'être *lui-même partial*. On risque toujours de tirer des conclusions erronées, faute d'un panel de témoins vraiment représentatifs. Par exemple, si nous voulions tester l'hypothèse selon laquelle toutes les femmes britanniques aiment la bière, nous obtiendrions sans aucun doute des réponses très différentes selon les personnes interrogées ; les résultats ne seraient pas les mêmes, selon que je poserais mes questions à dix femmes assises au pub du coin ou à dix femmes vivant dans un couvent. A cet

égard, on peut soupçonner mes cas d'étude (qui, pour la plupart, présentent de nombreux éléments traumatiques) de ne pas être représentatifs de la population générale. Après tout, il est possible que seules des personnes traumatisées aient envie de participer à une enquête sur les fantasmes sexuels.

Les individus que j'ai interrogés sont-ils plus traumatisés que le Britannique moyen ? Rien ne le prouve – mais rien ne prouve le contraire non plus. On pourrait opposer à ce soupçon le fait que seule une personne dotée d'un ego fort et intègre (autrement dit, quelqu'un de très équilibré et de « bien dans sa peau ») aurait le courage et la capacité de parler en toute liberté de ses fantasmes. Et si les participants à mon enquête étaient en réalité bien plus équilibrés que le Britannique moyen ? La vérité, c'est que je n'en sais rien. Tous m'ont paru d'une constitution mentale ni plus ni moins robuste que celle des gens « normaux » que nous rencontrons dans la vie de tous les jours. A ma connaissance, aucun d'entre eux n'a jamais été interné, et ils sont moins de 5 % à avoir eu recours par le passé à une forme ou une autre de traitement psychologique. Aucun n'a suivi de psychothérapie ou de psychanalyse intensive. Pour ma part, je constate que j'ai accumulé un nombre considérable de données, et qu'une importante partie d'entre elles révèlent des expériences d'enfance traumatiques dont le lien avec le développement de la sexualité adulte est patent.

Afin de réduire au minimum le risque de partialité, rappelons que j'ai complété mes entretiens par un questionnaire auquel ont répondu 17 170 Britanniques, choisis dans le panel représentatif établi par YouGov, et que, là encore, ces réponses ont révélé l'importance des éléments traumatiques dans la construction de la personnalité sexuelle.

Quant à la partialité du chercheur lui-même, je me suis efforcé de mener chacun de mes entretiens avec la plus grande ouverture d'esprit possible et de couvrir tous les aspects de la vie des sujets interrogés. Jamais je n'ai demandé

de but en blanc : « Avez-vous été traumatisé dans votre enfance ? », mais j'ai toujours gardé à l'esprit une grille d'analyse psychothérapeutique, restant souvent silencieux afin de permettre au sujet de se laisser aller aux « libres associations », de parler sans inhibition ni aucune forme de restriction ou de censure. J'ai enfin consacré le maximum de temps possible à chacun de mes entretiens, de sorte qu'une relation de confiance s'établissait entre les participants et moi-même, facteur essentiel au dévoilement des aspects les plus intimes de leur existence.

Si j'ai mis à ce point en avant le rôle probable du traumatisme dans la genèse des fantasmes sexuels, c'est donc en raison de la fréquence avec laquelle j'ai vu ce thème revenir au cours de mes entretiens, mais aussi parce que cette hypothèse a rarement été explorée à sa juste valeur. Sommes-nous vraiment les architectes de notre propre vie sexuelle ? Sommes-nous libres de choisir nos partenaires, nos fantasmes et notre pornographie préférée ? Mon enquête laisse penser que nous exerçons un contrôle beaucoup plus réduit sur nos prédilections érotiques que nous aimerions le croire. Cette question ne relève donc pas d'un savoir sexologique et académique établi une bonne fois pour toutes, mais d'une perception immédiate et individuelle qu'il appartient aux professionnels de la psychologie et aux sujets eux-mêmes d'explorer.

En dépit de la dimension sans précédent de cette recherche (tant par le nombre de personnes interrogées que par les moyens mis en œuvre), je l'ai menée non pas dans l'espoir d'apporter une conclusion définitive sur ce thème, mais plutôt de contribuer à accroître notre connaissance des fantasmes sexuels. La recherche scientifique avance toujours pas à pas, chacun apportant sa pierre à l'édifice bâti par ses prédécesseurs, de génération en génération. L'investigation scientifique n'est donc pas la propriété d'un seul auteur, mais une entreprise collective, où chacun œuvre dans la mesure de ses moyens à donner une image plus nette et plus juste du

sujet étudié. Alfred Kinsey défricha comme personne avant lui le champ de la recherche sexologique, et Nancy Friday fut la première à dévoiler au grand jour le discours du fantasme sexuel. Grâce à la méthodologie la plus pointue, à la psychanalyse freudienne et aux théories modernes du traumatisme, j'espère, pour ma part, avoir contribué à élargir et approfondir l'étude des origines de nos fantasmes.

QUATRIÈME PARTIE

LES FANTASMES SEXUELS ET LE MONDE EXTÉRIEUR

« Peu importe ce que vous faites dans votre chambre – du moment que vous n'effrayez pas les chevaux en le faisant dehors dans les rues. »

Mme Patrick CAMPBELL

22

Les fantasmes détruisent-ils les relations amoureuses ?

> « Douze ans ne veut pas dire que vous êtes un couple *heureux*. Ça veut simplement dire que vous êtes un *vieux* couple. »
>
> Neil SIMON, *The Odd Couple*

L'homme qui était accroc aux sites Internet pornographiques

Quelles conséquences les fantasmes sexuels ont-ils sur nos relations intimes ? Augmentent-ils le plaisir que nous éprouvons avec nos partenaires, ou mettent-ils en péril notre vie de couple ? L'étude d'un cas clinique nous permettra peut-être de répondre à cette question.

Depuis la fin des années 1990, avec la popularité sans cesse croissante d'Internet, je rencontre de plus en plus de couples, mariés ou non, qui viennent suivre une psychothérapie, souvent parce que la femme a découvert que son mari ou petit ami passait des heures à regarder des sites pornographiques sur Internet. D'année en année, mes confrères et moi avons remarqué que ce phénomène prend une ampleur

singulière et amène dans nos cabinets un nombre de couples toujours plus élevé. Internet, et son usage compulsif (voire pervers), est devenu un tel sujet de préoccupation que la Société des Psychothérapeutes pour la Psychanalyse de Couple, à laquelle j'appartiens, a consacré pas moins de trois séminaires à cette question pour la seule année 2005-2006.

Prenons l'exemple de « M. et Mme Jaccoby », trente-six et trente-cinq ans, un couple charmant, issu d'une classe sociale aisée, et qui arriva un jour dans mon cabinet en proie à de profondes angoisses. Après dix ans d'une vie sexuelle tout à fait heureuse, M. et Mme Jaccoby avaient cessé de faire l'amour suite à la naissance de leurs jumelles. Ils en avaient pris leur parti, chacun réussissant à convaincre l'autre que la lourde tâche d'élever deux bébés ne leur laissait plus le temps d'avoir des contacts physiques intimes : quand les jumelles étaient enfin endormies et qu'ils avaient cinq minutes pour eux, ils devaient eux-mêmes en profiter pour rattraper leur sommeil. Ils ne paraissaient pas s'inquiéter outre mesure, se disant qu'ils reprendraient leurs activités sexuelles dès que les jumelles seraient un peu plus indépendantes et feraient leurs nuits.

Un jour, Mme Jaccoby prit son courage à deux mains et demanda à son époux s'il avait recommencé à se masturber. Question légitime, étant donné qu'ils n'avaient pas fait l'amour depuis plus d'un an. M. Jaccoby lui jura que non : il était beaucoup trop épuisé pour se livrer à ce genre de pratique. Mme Jaccoby lui affirma la même chose de son côté. Chacun crut l'autre sur parole, car, comme le dit Mme Jaccoby : « Notre couple a toujours été fondé sur l'honnêteté et la confiance mutuelle. »

C'est alors qu'un soir... Mme Jaccoby alla se coucher tôt, à 21 heures, avec un début d'angine, et M. Jaccoby lui dit qu'il s'occuperait des petites. A une heure du matin, Mme Jaccoby se réveilla et s'aperçut que son mari n'était pas à ses côtés dans le lit conjugal. Enfilant sa robe de chambre et ses chaussons, elle partit à sa recherche et, stupéfaite, le trouva dans son bureau, endormi devant l'ordinateur, le pantalon baissé,

un mouchoir en papier froissé dans sa main. Mme Jaccoby jeta un œil sur l'écran et s'aperçut avec horreur que son mari s'était masturbé en regardant des sites pornographiques d'un sadisme extrême, où l'on payait pour voir des femmes s'insérer d'énormes et dangereux objets dans le vagin.

Mme Jaccoby, folle de rage, se mit à hurler sur son époux, qui se réveilla en sursaut, piteux et humilié. Aucun moyen de nier l'évidence : sa femme l'avait surpris pour ainsi dire la main dans le sac. Elle le menaça aussitôt de divorcer, furieuse et perturbée, non seulement par l'idée que son mari ait dépensé toutes leurs économies pour consommer de la « pornographie vicieuse », mais qu'il lui ait menti, qu'il l'ait « trompée » et, enfin, qu'il ait des fantasmes sexuels sadiques. Cela faisait beaucoup en une seule fois... Comment pourrait-elle jamais refaire l'amour avec lui, sachant qu'il prenait du plaisir à voir des femmes se masturber avec divers accessoires peu recommandables ?

Lorsqu'ils pénétrèrent dans mon cabinet, la situation n'était pas brillante. Mme Jaccoby s'exprimait d'une voix sèche et implacable, tel un impitoyable procureur s'apprêtant à réduire en miettes l'accusé pour l'envoyer « au trou » à perpétuité. « Il est hors de question que je reste mariée à cet homme, hurla-t-elle. C'est un traître, un menteur, un obsédé sexuel *et* un psychopathe ! »

M. Jaccoby essaya désespérément de se défendre. Terrifié à l'idée que sa femme demande le divorce et la garde des jumelles, il se dit prêt à suivre n'importe quel programme de réhabilitation pour sauver leur mariage ; il alla jusqu'à sortir son portefeuille, déposant en offrande ses cartes de crédit à sa femme pour qu'elle devienne son geôlier et l'empêche de consulter des sites pornographiques.

Mme Jaccoby jeta les cartes de crédit par terre d'un geste méprisant, et soudain elle éclata en sanglots : « Même si on t'empêchait d'aller sur Internet, ces images sont déjà dans ta tête. Je ne te reprendrai qu'à une seule condition : que tu subisses une lobotomie ! » J'étais sidéré : malgré son émoi,

Mme Jaccoby avait mis le doigt, avec une remarquable précision, sur le cœur du problème. Ce qui la perturbait, ce n'était pas tant que M. Jaccoby ait vu des images pornographiques sur Internet, mais que ces images soient désormais gravées à jamais dans son esprit, qu'il puisse y penser pendant qu'ils feraient l'amour (ou qu'il l'ait même déjà fait par le passé). Mme Jaccoby était dans tous ses états parce qu'elle avait découvert que son mari avait une liaison – non pas extra mais intraconjugale.

Comme tant d'autres hommes dans la même situation, M. Jaccoby commença à expliquer que ces femmes sur Internet n'étaient rien pour lui. Il ne connaissait même pas leurs noms. Et il finit par demander la clémence : « N'en faisons pas tout un plat. C'est vrai quoi, ce n'est pas comme si j'avais sauté ta sœur ! » L'argument était, hélas, fort mal choisi, et n'eut pas du tout l'effet escompté sur une Mme Jaccoby plus outrée que jamais : « Ah ! parce que maintenant tu veux sauter ma sœur ? J'appelle tout de suite mon avocat. » Une fois encore, M. Jaccoby tenta une parade : « Mais tous les hommes regardent de la pornographie, ce n'est vraiment pas grave ! Ça m'arrive de temps en temps, c'est tout. » Mme Jaccoby n'était pas convaincue.

A ce stade, je craignais que la situation fût déjà devenue incontrôlable, et ce couple impossible à sauver. Mais M. et Mme Jaccoby étaient tombés d'accord pour venir me consulter, ce qui me paraissait bon signe. Je commençai à me demander, d'autre part, si la détresse exprimée par ce couple ne reflétait pas des problèmes antérieurs à celui qui l'amenait aujourd'hui.

Les Jaccoby, et c'est tout à leur honneur, acceptèrent d'entreprendre une psychothérapie de couple intensive, qui dura près de trois ans. Mme Jaccoby parvint à exprimer la colère que lui inspiraient les « crimes » de son mari, et celui-ci apprit à l'écouter sans se mettre aussitôt sur la défensive – tâche délicate pour un homme qui se trouve sur le banc des accusés, confondu de honte et de culpabilité. J'explorai longue-

ment avec eux les raisons pour lesquelles M. Jaccoby était excité par la vision de femmes s'insérant des objets dans le vagin : ce fantasme traduisait-il, d'une façon ou d'une autre, son désir de faire du mal à des figures féminines de sa propre histoire ?

Les révélations ne tardèrent pas : M. Jaccoby parla de sa mère, qui l'avait régulièrement battu durant son enfance, et qui lui avait fait subir de douloureux et humiliants lavements jusqu'à l'âge de treize ou quatorze ans. Peut-être l'envie de voir des objets enfoncés dans les parties génitales d'une femme représentait-elle un désir inconscient d'inverser la souffrance qu'il avait lui-même ressentie quand sa mère lui enfonçait des objets dans le rectum ? Cette interprétation parut très sensée à M. Jaccoby, et il se mit à pleurer – ce qui suscita chez sa femme un regain de tendresse et de compassion pour cet homme avec qui elle avait été si heureuse et qui lui avait donné deux beaux enfants.

Je consacrai aussi beaucoup de temps, justement, à la question des jumelles, et aux conséquences que cette naissance avait pu avoir sur la vie sexuelle du couple. Accoucher de deux gros bébés (chacune pesait près de trois kilos) avait « déchiré en deux » Mme Jaccoby, selon ses propres termes. Des complications avaient rendu l'accouchement éprouvant (l'une des deux fillettes avait notamment failli s'étrangler avec le cordon ombilical). L'arrivée des jumelles, suite à une grossesse que les Jaccoby n'avaient pas prévue, apporta une joie immense dans le foyer, mais fut aussi source de grandes angoisses – non seulement ils n'avaient pas décidé de devenir parents, mais il fallait maintenant s'occuper de *deux* bouches affamées, ce qui représentait pour le couple une charge très lourde (physique, affective et financière).

Pendant l'une de nos séances, M. Jaccoby déclara soudain : « Quand j'ai vu ces deux bébés sortir de ton vagin, je n'avais qu'une envie, c'était de les repousser à l'intérieur. » Mme Jaccoby fut aussi sidérée que moi par cette remarque, et je me demandai si la prédilection de son mari pour la

pornographie sadique, qui avait atteint son paroxysme après la naissance des jumelles, était liée à un désir d'enfoncer des objets dans le vagin des femmes pour qu'il ne puisse plus rien en sortir – comme des bébés, par exemple –, ou à son désir de voir les jumelles retourner dans le ventre de sa femme. M. Jaccoby nous entretint longuement du ressentiment qu'il éprouvait à l'égard de ses filles, mais aussi de sa haine pour sa petite sœur et son petit frère, avec qui il n'avait plus aucun contact alors qu'ils habitaient tout près. Peut-être son fantasme correspondait-il donc à l'envie d'agresser sa mère, non seulement parce qu'elle l'avait fait souffrir, mais aussi parce qu'elle avait donné naissance à deux rivaux. Souvenons-nous que les fantasmes remplissent souvent plusieurs fonctions.

M. et Mme Jaccoby trouvèrent tous deux cette hypothèse très pertinente ; et au fil des mois suivants, M. Jaccoby me dit que la tentation de se connecter à des sites pornographiques sur Internet devenait « de jour en jour moins puissante ». Peu à peu, les hurlements qui avaient caractérisé nos premières séances laissèrent place à des échanges plus tempérés. A mesure que la thérapie avançait, il nous était beaucoup plus facile de réfléchir ensemble aux significations des symptômes de M. Jaccoby et à la nature de leur couple.

On aurait tort de croire que la psychothérapie de couple ne s'intéresse qu'à un seul des deux individus concernés. Au début du traitement, Mme Jaccoby espérait que je serais capable de « soigner » son mari, dans la mesure où « lui seul » s'était rendu coupable d'un comportement répréhensible, mais il ne me fallut pas longtemps pour comprendre (et faire comprendre aux Jaccoby) qu'ils étaient tous les deux responsables de l'état de crise dans lequel se trouvait aujourd'hui leur mariage. Mme Jaccoby, enfant de parents divorcés, ne s'était pas rendu compte qu'elle avait en elle une immense colère, accumulée depuis des années, et surtout dans sa jeunesse, suite à de multiples événements douloureux. Son père avait trompé sa mère, qui avait sombré dans la dépression et avait même manifesté des tendances

suicidaires. Mme Jaccoby avait dû un jour arracher des mains de sa mère une boîte de cachets pour l'empêcher de l'avaler tout entière. Et elle avait dû souvent écouter cette femme blessée se répandre en discours haineux contre les hommes, ces êtres « maléfiques » et « esclaves de leur pénis ».

Je m'interrogeai avec elle sur les conséquences de ces épisodes d'enfance sur son développement adulte, et sur son choix marital. Elle reconnut qu'elle traitait son époux comme un punching-ball sur lequel elle se défoulait verbalement, même quand il n'avait « rien fait de mal », ce qui lui permettait en quelque sorte de venger sa mère et de punir son père. M. Jaccoby fut d'un grand soutien pour sa femme, à mesure qu'elle dévoilait sa part de vulnérabilité ; elle fut touchée par sa prévenance. D'un côté comme de l'autre, ce genre de marques d'affection n'avait plus cours chez les Jaccoby depuis la naissance des jumelles.

Les placards s'ouvrirent l'un après l'autre, déversant leurs petits secrets, et l'atmosphère tendue qui s'était abattue comme une chape sur mon cabinet, les premiers temps, commença à se dissiper. Je fus ravi d'apprendre, neuf mois après le début de la thérapie, que M. et Mme Jaccoby avaient repris leur vie sexuelle et que, à part un léger sentiment d'étrangeté au début, ç'avait été « aussi facile que de remonter à bicyclette ». Je me demandai si M. Jaccoby avait recours à des pensées sadiques pour s'exciter, et si Mme Jaccoby s'était posé la même question, mais à l'époque, je n'avais pas encore entrepris mes travaux de recherche sur les fantasmes et ne songeai donc pas aussitôt à m'enquérir de la nature de leurs rêveries érotiques. Interroger un couple sur ce sujet peut se révéler une manœuvre délicate, qu'il ne faut entreprendre qu'après mûre réflexion et avec la plus grande diplomatie ; sinon, l'un ou l'autre partenaire peut se sentir brusqué et se réfugier dans ses retranchements.

Je sais aujourd'hui que les gens n'ont pas forcément les mêmes fantasmes pendant la masturbation et pendant le coït. En général, les pulsions les plus primaires et les plus sadiques

surgissent dans la solitude de l'onanisme ; dans l'étreinte à deux, on est souvent plus enclin à se préoccuper du désir de l'autre. Toutefois, comme je l'ai déjà souligné, la frontière entre les fantasmes coïtaux et les fantasmes masturbatoires n'est pas si clairement définie, et j'ai été confronté à des centaines de cas où, en situation de coït, l'un des partenaires ne pouvait être excité qu'à condition de puiser dans ses fantasmes masturbatoires intimes et personnels.

A mesure que la thérapie des Jaccoby progressait, la défiance, la souffrance et les tourments disparurent peu à peu, et nos séances devinrent plus « ordinaires », nous laissant à tous les trois le loisir de nous interroger sur les conséquences de la naissance des jumelles, et sur la difficulté qu'avait éprouvée le couple à passer en quelque sorte d'un « ménage à deux » à un « ménage à quatre ». J'abordai aussi avec eux la question de la frustration dans le domaine professionnel. M. Jaccoby était malheureux dans son travail, qu'il trouvait terne et dénué d'intérêt ; quant à Mme Jaccoby, le rôle de mère au foyer à plein temps lui pesait, et elle avait hâte de reprendre le chemin du bureau. Ce sont là des problèmes que tous les jeunes parents connaissent.

Au bout de trois ans, le couple mit un terme à la thérapie d'un commun accord. M. Jaccoby n'allait plus sur Internet, même si, de son propre aveu, il fantasmait toujours sur d'autres femmes. Il n'était plus excité, cependant, par l'idée de voir des femmes s'insérer d'énormes objets dans le vagin, au grand soulagement de Mme Jaccoby. La vision d'une femme se masturbant avec un vibromasseur continuait toutefois à lui procurer du plaisir, et les Jaccoby avaient donc incorporé cet accessoire à leur répertoire sexuel – façon bien plus saine de sublimer ses vieux symptômes. Ils faisaient de nouveau l'amour, et ils cherchaient tous deux un nouvel emploi. Après m'avoir serré la main avec effusion, ils partirent, un sourire béat et reconnaissant illuminant leur visage, satisfaits du nouvel équilibre et du regain d'énergie que ce long travail thérapeutique avait donné à leur couple.

Un an plus tard, je reçus d'eux une carte de vœux pour Noël, m'annonçant que Mme Jaccoby était enceinte. Six mois plus tard m'attendait dans ma boîte aux lettres une photo des jumelles, à présent âgées de cinq ans, tenant dans leurs bras leur petit frère nouveau-né, et je m'empressai de leur écrire pour les féliciter. La naissance d'un enfant n'est pas toujours signe de victoire. Comme l'a fait remarquer mon ancien professeur, le Dr Estela Welldon, dans son livre *Mère, Madone, Putain : Idéalisation et dénigrement de la condition maternelle*, une naissance peut aussi être le point de départ d'un nouveau cycle de souffrances et ne doit donc pas être systématiquement interprété comme un événement heureux. Mais, dans le cas des Jaccoby, ce troisième bébé signifiait, à mon avis, que tous deux avaient vaincu leurs angoisses, et que M. Jaccoby en particulier avait passé outre sa haine de son frère et de sa sœur, ce qui lui avait permis de tolérer et même de souhaiter avoir un autre enfant avec sa femme.

Bien entendu, toutes les histoires n'ont pas une fin aussi heureuse que celle des Jaccoby. Mes confrères et moi-même traitons d'innombrables couples ravagés par les liaisons, extra ou intraconjugales. J'en ai pour ma part rencontré beaucoup dont les fantasmes sexuels, en particulier, étaient incompatibles, et dont les relations s'étaient de ce fait soldées par un désastre. Je me souviens par exemple de cet homme qui fantasmait sur les femmes à forte poitrine, et dont l'épouse fantasmait *aussi* sur les créatures plantureuses... Pendant un temps, monsieur et madame avaient même partagé les mêmes magazines pornographiques, jusqu'au jour où le mari finit par devenir jaloux des tendances lesbiennes de sa femme ; leur couple ne s'en remit jamais. Dans la même veine, je me souviens de cet homme qui avoua un soir à sa petite amie qu'il fantasmait sur des hommes nus, à quoi sa compagne lui répondit qu'elle fantasmait, elle, sur des femmes nues. Ils se séparèrent, et chacun entama de son côté une nouvelle liaison, cette fois avec une personne du même sexe. Mais l'histoire ne s'arrête pas là. Un an plus tard,

monsieur quitta son compagnon et reprit une vie sentimentale hétérosexuelle, et madame fit de même, quittant sa petite amie pour tomber dans les bras d'un homme. Moralité : lorsqu'on parle des fantasmes et de leur rôle dans les rapports de couple, il n'existe aucune règle intangible.

Faut-il partager ses fantasmes ? Faut-il les réaliser ?

Ces dernières années, j'ai donné de nombreuses conférences sur les fantasmes sexuels devant des confrères de diverses organisations psychologiques à travers la Grande-Bretagne. Au cours de la discussion qui suivait, mes confrères ne manquaient jamais de me poser des questions pertinentes et d'apporter leur contribution en évoquant leurs propres théories et expériences. La question qui revenait le plus souvent était : « Selon vous, les couples doivent-ils parler ensemble de leurs fantasmes, et doivent-ils passer à l'acte ? »

Au risque de décevoir, je dois avouer que je n'ai pas la réponse à cette épineuse question. J'ai rencontré beaucoup de couples où les partenaires se sont ouverts l'un à l'autre de leurs fantasmes, et les conséquences furent tantôt heureuses, tantôt catastrophiques. J'en ai rencontré d'autres qui ont voulu mettre en pratique leurs fantasmes, ce qui se solda, là encore, tantôt par d'immenses plaisirs, tantôt par la souffrance et les larmes. Illustrons ces différentes possibilités par quelques anecdotes concrètes.

Un soir, au lit, « Kara » (quarante et un ans, enseignante) demanda à son mari, « Salvatore » (trente-neuf ans, poète), à quoi il pensait quand il se masturbait. Elle lui avait déjà posé la question à plusieurs reprises par le passé, et chaque fois il avait répondu : « Mais à toi, ma chérie. Je pense toujours à toi. » Cette réponse insincère avait flatté le narcissisme de Kara, mais récemment, elle avait découvert un magazine

pornographique roulé dans une poche de la veste de Salvatore, et elle avait cessé de croire qu'il ne fantasmait sur personne d'autre qu'elle. Salvatore finit par reconnaître qu'il se masturbait en pensant à d'autres femmes ; il aimait tout particulièrement, précisa-t-il, l'idée d'éjaculer sur le visage des femmes. Kara, atterrée, le prévint qu'elle ne le laisserait jamais faire une chose pareille avec elle, et qu'elle trouvait cette pratique dégradante ; en revanche, elle ne voyait aucun inconvénient à ce qu'il continue de se masturber en y pensant. Maintenant qu'elle avait découvert ses rivales pornographiques, elle était même ravie que son mari éjacule sur ces autres femmes et la laisse, elle, pure de ses souillures.

« Yuri » (vingt-trois ans, chauffeur de taxi) et « Céline » (vingt-quatre ans, apprenti chef) s'avouèrent eux aussi leurs fantasmes. Après que Yuri eut confessé sa prédilection pour le triolisme avec deux femmes bisexuelles, ce fut au tour de Céline, qui avoua pour la première fois à son compagnon qu'elle s'imaginait souvent, quand ils faisaient l'amour, en train de se faire prendre « sauvagement » par « un homme afro-caribéen bien membré ». Yuri avait de l'expérience en matière de sexe, et Céline s'était dit qu'il saurait garder l'esprit ouvert ; au lieu de quoi il devint fou de rage à l'idée que sa petite amie ait un tel fantasme. Fulminant de jalousie, il claqua la porte et alla dormir chez un ami. A son retour, le lendemain, Céline éclata en sanglots : « Pourquoi ne pourrais-je pas fantasmer sur un homme ? Tu fantasmes bien sur *deux* personnes, toi ! » Sa description de l'imposant pénis de son amant imaginaire, lui expliqua Yuri, l'avait complexé ; lui-même avait eu la délicatesse de lui épargner les détails anatomiques des deux bisexuelles de ses fantasmes... Délicatesse qu'il oublia un instant pour annoncer à Céline, d'un ton sarcastique, que les deux femmes en question avaient des seins beaucoup plus gros que les siens. La querelle s'envenima, Yuri et Céline s'insultant de manière toujours plus infantile. Ils se réconcilièrent, mais se firent le serment de ne plus jamais parler de leurs fantasmes.

« Riley » (vingt-neuf ans, sans emploi) et « Lissa » (vingt-neuf ans, opticienne) étaient mariés depuis deux ans et leur vie sexuelle était très satisfaisante. Un soir, Lissa annonça à son compagnon, avec un clin d'œil coquin, qu'elle avait une idée pour pimenter leurs ébats. Les pupilles de Riley se dilatèrent d'impatience. Lissa lui expliqua qu'elle fantasmait souvent à l'idée de s'habiller d'une simple robe de cocktail, de bas résille noirs et de chaussures « de salope », puis de se percher sur un tabouret au bar d'un hôtel chic pour boire quelques verres. Riley ferait son entrée une demi-heure plus tard et commencerait à la draguer, comme s'il ne l'avait jamais rencontrée auparavant. Il parviendrait à la séduire, puis il réserverait une chambre et l'y emmènerait pour lui faire l'amour avec passion. Riley écouta attentivement le récit imaginaire de Lissa, puis la gronda de ne pas lui avoir parlé plus tôt de ce fantasme. Il sauta sur l'occasion de le mettre en pratique : le week-end suivant, il réserva une chambre au Savoy Hotel, dans le quartier chic du West End de Londres et, comme prévu, il « dragua » et conquit sa propre femme comme si c'était une parfaite inconnue. Lissa et Riley tombèrent d'accord : jamais ça n'avait été aussi bon. Et, depuis, de nombreux grands hôtels ont l'honneur de servir de décor à leur petite mise en scène.

« Mark » (quarante et un ans, journaliste) et « Marge » (trente et un ans, assistante sociale dans un refuge pour femmes battues) n'avaient pas une vie sexuelle très enviable. Mark souffrait de dépression chronique et de fréquentes pannes érectiles. Un jour, il dit à Marge que « depuis des années » il rêvait de la sodomiser. Ses érections étaient toujours flamboyantes quand il se masturbait seul en pensant à pénétrer Marge analement, et il se demandait s'ils pouvaient essayer. Elle résista pendant de longs mois à cette idée qui ne lui disait pas grand-chose. Mark, dont la vigueur laissait toujours à désirer, ne perdit pas espoir, insista encore et encore, si bien que Marge finit par céder et le laissa la sodomiser. Le résultat fut catastrophique. Non seulement elle

éprouva une grande souffrance physique, mais, comble de l'horreur, après que Mark se fut retiré, elle fut prise d'un bref accès d'incontinence et ne put s'empêcher de déféquer sur les draps. Mark éprouva un tel dégoût à ce spectacle qu'il en vomit, et, suite à ce malheureux épisode anal, le couple sombra plus encore dans le marasme... Un an plus tard, ils divorçaient.

Parler de ses fantasmes ou les mettre en pratique peut ouvrir la porte à de nouveaux horizons sexuels, comme le montre l'histoire de Riley et Lissa, ou ne provoquer aucun changement majeur, comme chez Kara et Salvatore. Mais cela peut à l'inverse briser un couple ou fragiliser une relation déjà entamée par d'autres problèmes, comme chez Yuri et Céline ou Mark et Marge. Il n'appartient pas aux psychothérapeutes de dire à leurs patients ce qu'ils doivent faire de leurs fantasmes; en la matière, chaque couple négocie comme il l'entend. Mais une chose est sûre : il faut toujours faire preuve de la plus extrême prudence. Ce n'est pas un hasard si la grande majorité des Britanniques n'ont jamais parlé à leur partenaire de leurs plus profonds et intimes fantasmes.

Notons, pour conclure ce chapitre sur les diverses conséquences que peuvent avoir les fantasmes sur la vie de couple, que l'intensité de ces derniers varie selon l'état de la relation et son évolution dans le temps. L'une des participantes à mon enquête, « Phœbe », me dit qu'elle et son époux avaient traversé au début de leur relation une « phase d'observation » de quelques mois, chacun apprenant à se familiariser avec le corps de l'autre, puis que ses fantasmes s'étaient « évaporés » : elle avait désormais une passion si grande et exclusive pour le corps de son amant réel que tout autre fantasme semblait superflu. Un autre témoignage, celui de « Tamara », rend compte de l'expérience inverse. Elle ne fantasmait jamais et était très heureuse au lit avec son mari, jusqu'au jour où elle découvrit qu'il la trompait. Ils ne divorcèrent pas, mais elle était désormais incapable de faire

l'amour avec lui *à moins* de fantasmer sur quelqu'un d'autre. Ainsi, les fantasmes, en général assez stables tout au long de la vie d'un individu, peuvent cependant évoluer, chez de nombreuses personnes, selon le degré de satisfaction conjugale – dont ils deviennent alors un indicateur précieux.

23

Normalité et perversion

> « Un esprit qui ne serait que logique est comme un couteau qui ne serait que lame : gare à la main qui s'en saisit ! »
>
> Rabindranath TAGORE, *Stray Birds*

Vos fantasmes sont-ils pervers ?

Quelle que soit l'origine de nos fantasmes (traumatiques ou non), et quelle que soit leur influence sur nos relations de couple (négative ou positive), nous nous posons souvent la question suivante : « Mon fantasme est-il sain, ou est-il un signe de perversion ? » La crainte de paraître sexuellement « dérangé », « bizarre », « singulier » ou « pervers » aux yeux d'autrui (ou à nos propres yeux) est sans doute le principal obstacle qui nous empêche de parler en toute franchise de nos fantasmes. Mais avant toute chose, il importe de définir ce qu'est une perversion. Depuis longtemps, du côté des professionnels de la santé comme du grand public, on use et on abuse du terme « perversion », sans discernement, ce qui contribue à exacerber les sentiments de honte et de culpabilité attachés au domaine du sexe sous toutes ses formes (pensées, émotions et pratiques). Pendant la majeure partie

du XXe siècle, par exemple, les psychanalystes ont décrit les personnes se livrant à des activités homosexuelles comme des malades souffrant de perversion ; aujourd'hui, de manière générale, notre point de vue sur la question est plus tolérant et compréhensif. Les homosexuels, hommes ou femmes, ne sont plus considérés par les psychologues comme des pervers, car on sait qu'ils peuvent, ni plus ni moins que les hétérosexuels, être en parfaite santé mentale ou souffrir de graves troubles psychiques indépendamment de leur orientation sexuelle.

Si nous n'appelons plus « perversions » les préférences sexuelles « divergentes », comme au XIXe siècle, nous continuons toutefois d'utiliser ce terme, mais dans une acception très spécifique. Le professeur Robert Stoller, aujourd'hui décédé, et qui fut en son temps le plus éminent psychiatre et psychanalyste américain, est à l'origine de cette nouvelle définition. Selon lui, la perversion était tout simplement la forme érotique de la haine. En d'autres termes, relève de la perversion tout acte dans lequel le sujet éprouve un plaisir d'ordre sexuel en faisant du mal à autrui ou à soi-même. La pédophilie, par exemple, le viol, ou encore l'inceste, constituent des perversions cliniques, au sens où un individu y est victime de souffrances infligées par un autre individu cherchant à assouvir son désir sexuel et agressif.

En Grande-Bretagne, le Dr Estela Welldon, l'une des plus grandes psychiatres au monde, spécialisée dans la psychothérapie médico-légale (qui s'intéresse au diagnostic, au traitement et à la prévention des perversions et des violences sexuelles), a depuis enrichi et affiné cette définition. Forte d'une grande expérience l'ayant amenée à travailler avec des patients dangereux, elle a analysé ce concept en profondeur, et conclu que toute « perversion » digne de ce nom se caractérisait par douze traits distinctifs :

- Une personne se livrant à une perversion n'a pas le choix. C'est une compulsion. Autrement dit, si le sujet pratique la pédophilie, par exemple, il déclarera tou-

jours avoir agi contre son gré, et aucune forme de menace ou d'injonction légale ne le dissuadera de céder à cette tentation perverse.

- Un individu pratiquant la perversion traite l'autre comme un *objet* et non pas comme une *personne*. En termes psychanalytiques, on dit que le sujet a une relation à une « partie d'objet » plutôt qu'à un « objet entier ». Pour le dire plus crûment, la victime se réduit à un orifice aux yeux de la personne perverse.
- Un individu pervers n'a aucun égard affectif pour sa victime. Toute forme de protestation de sa part (« Oh, mais j'aimais cet enfant ! ») n'est qu'un argument rationnel de défense.
- La perversion se manifeste de manière compulsive et répétitive.
- La perversion est souvent dissimulée, pratiquée en secret.
- La plupart du temps, un individu pervers trouve bizarres ou inexplicables ses propres actes et se révèle incapable d'en comprendre les origines.
- La perversion sert à soulager des angoisses sexuelles irrésolues. Chez l'individu pervers, la sexualité est dissociée de tout comportement intime et affectif envers autrui.
- La perversion exprime non pas de l'amour mais de la haine.
- Dans la plupart des cas de perversion, le sujet agissant viole les frontières de l'intégrité physique de sa victime.
- Un individu pervers manifeste un comportement trompeur.
- Un individu pervers est en général incapable de faire le deuil de proches disparus pendant son enfance, ce qui explique en partie le développement de sa perversion.
- L'activité perverse sert de mécanisme de défense, sous forme maniaque, contre un état dépressif sous-jacent.

Dans mon propre travail, j'emploie très rarement le mot « perversion », que je réserve aux pédophiles, aux violeurs et

aux individus trouvant leur plaisir sexuel dans les souffrances infligées aux autres ou, dans certains cas extrêmes, à eux-mêmes. Les psychothérapeutes font en général une différence entre ceux qui *fantasment* sur des actes pervers (ceux qui se masturbent en pensant au viol, par exemple) et ceux qui *passent à l'acte*, portant atteinte à l'intégrité physique d'autrui. Il est évident qu'un viol réel relève par définition de la perversion ; en revanche, le fantasme de viol est beaucoup plus difficile à classifier. Souvent, le fantasme sert à canaliser la pulsion agressive, rendant ainsi très peu probable un passage à l'acte.

Internet a changé notre façon de voir les choses en la matière. Pendant des années, seuls les actes « concrets » de violation corporelle étaient considérés comme des perversions ; mais aujourd'hui, on peut se masturber de manière compulsive et répétitive en regardant des images d'une extrême violence diffusées sur Internet, ce qui relève également de la perversion sexuelle.

Selon moi, un fantasme sexuel est « pervers » s'il répond à ces deux critères essentiels :

- Le fantasme implique l'infliction prolongée d'actes sadiques sur soi-même ou sur la personne prise comme « objet de désir ».
- Le fantasme devient si obsessionnel qu'il empêche le sujet de forger des liens intimes avec autrui et fait obstacle à son bon fonctionnement dans d'autres domaines de la vie.

Prenons l'exemple de « Julius ». A près de quatre-vingts ans, il se masturbe au moins deux fois par jour depuis l'âge de quinze ans. Son seul et unique fantasme masturbatoire, dont il ne s'est jamais lassé, est d'imaginer qu'il attache une certaine jeune fille, laquelle l'avait rejeté pendant son adolescence, et qu'il la pénètre avec une telle sauvagerie qu'elle se met à saigner. Ensuite, il lui frappe le visage avec son pénis jusqu'à ce que ses joues soient couvertes d'ecchymoses, et il jouit en la traitant de « grosse pute » et de « salope ». Julius a

eu quelques relations épisodiques avec des femmes, au cours de ce dernier demi-siècle, mais jamais il n'a réussi à rester en couple. Son fantasme masturbatoire est resté son plus fidèle compagnon. J'appelle « pervers » le fantasme de Julius dans un sens purement descriptif, à cause de son caractère prolongé, immuable et sadique. De nombreux hommes ont des fantasmes agressifs envers les femmes, mais la plupart parviennent à faire l'amour à leur compagne avec tendresse et délicatesse, manifestant ainsi leur capacité à mener une vie érotique « normale ». Dans le cas de Julius, l'emprise du fantasme est devenue telle qu'il n'a jamais pu nouer de liens intimes avec quiconque.

Certaines personnes considèrent que leurs propres fantasmes relèvent de la perversion, quand bien même aucun expert ne serait de cet avis, car tout ce qui a trait au sexe suscite chez elles un sentiment de honte profondément enraciné. Je me souviens par exemple de « Loretta », vingt ans, qui se mit à rougir dès le début de notre entretien et m'expliqua que je serais scandalisé par son fantasme, car il était « très pervers ». Je pris une grande respiration, m'attendant à un témoignage recelant les plus abominables actes de cruauté – mais Loretta se contenta de m'annoncer qu'elle fantasmait à l'idée de coucher avec son professeur à l'université. Je gardai le silence quelques instants, certain que de plus amples détails allaient venir... Mais elle ne m'en dit pas plus. Je lui demandai d'une voix douce : « Y a-t-il autre chose dont vous aimeriez me parler à propos de ce fantasme ? — Non, répondit Loretta, c'est tout. C'est atroce, n'est-ce pas ? Je fais tout pour ne pas y penser, mais il est vraiment trop mignon ! » A ses yeux, fantasmer sur un homme marié et plus âgé qu'elle constituait un crime psychologique monstrueux, une perversion mentale absolue. Je me demande si elle continuera à se trouver perverse quand elle aura lu les fantasmes consignés dans ce livre et découvert jusqu'à quelles extrémités l'imagination humaine peut aller lorsqu'il est question de sexe.

24

Les dix composantes essentielles du fantasme sexuel

> « Il est très inconvenant pour un gentleman de lire ce qui est gravé dans un étui à cigarettes privé. »
>
> Oscar WILDE,
> *L'importance d'être constant*

Retour sur quelques questions pénétrantes

Au début de ce livre, j'ai soulevé vingt-deux questions spécifiques sur les fantasmes. La plupart ont été abordées en détail au cours des pages qui précèdent ; essayons maintenant de leur apporter à chacune une réponse concise.

Question 1 : Qu'est-ce qu'un fantasme sexuel?

On peut définir le fantasme comme une image, une pensée, ou un scénario complet, qui traverse notre esprit en général au cours d'une activité sexuelle, coïtale ou masturbatoire, et mène le plus souvent à un orgasme. Il ne faut pas

confondre le fantasme avec la rêverie ou une pensée fugitive d'ordre sexuel. Les fantasmes peuvent être très simples ou très élaborés, tendres ou sadiques, et peuvent susciter, du point de vue psychologique, du plaisir ou de la souffrance. La plupart du temps, nous ne confions pas nos fantasmes à nos partenaires, ni même à notre psychothérapeute ou à aucun autre confident.

Question 2 : Qu'est-ce qu'un fantasme sexuel « normal » ?

Après avoir décortiqué l'intimité mentale de plus de 19 000 de mes compatriotes, je suis incapable de définir ce qu'est un fantasme « normal ». Il serait trop facile de dire que seuls les fantasmes où figurent des éléments de tendresse et de coït entre deux conjoints de longue date constituent la « normalité ». Je me suis entretenu avec de nombreux maris et femmes qui nourrissaient des fantasmes très agressifs, et dont l'objet, justement, était leur conjoint. Mon étude souligne d'abord et avant tout la diversité et la complexité des fantasmes ; à cet égard, le terme « normal » me paraît tout bonnement dépourvu de sens.

Question 3 : Pourquoi avons-nous des fantasmes ?

Nous ne savons pas comment ni pourquoi, au juste, se développent les fantasmes. Les psychologues évolutionnistes y voient un moyen de faciliter l'excitation sexuelle, et donc, à terme, la procréation. Ainsi, il se pourrait que les fantasmes jouent un rôle crucial, et jusqu'ici méconnu, dans la reproduction de l'espèce. Les psychothérapeutes et psychanalystes freudiens, en revanche, pensent que le fantasme est avant tout une façon de satisfaire un désir et de surmonter des traumatismes d'enfance.

Question 4 : Quelle(s) fonction(s) nos fantasmes remplissent-ils ?

J'ai déjà relevé quatorze fonctions distinctes, de l'assouvissement d'un désir au contrôle du traumatisme, de l'automédication à l'élaboration autour de jeux d'enfance. Pour beaucoup d'entre nous, les fantasmes demeurent surtout une inépuisable source de récréation et de plaisir ; pour d'autres cependant, ils ne sont que le douloureux rappel de souffrances passées. Souvent, enfin, plaisir et douleur sont présents à parts égales dans le fantasme. Ce qui est certain, c'est que les fantasmes remplissent toujours plusieurs fonctions à la fois.

Question 5 : Est-ce que tout le monde a des fantasmes ?

D'après les psychanalystes, tout le monde possède une structure fantasmatique *inconsciente* – en d'autres termes, une prédilection sous-jacente pour telle ou telle pratique sexuelle (qu'elle s'exprime de manière sadique ou masochiste, dépressive, etc.). Chez la plupart des adultes, cette structure inconsciente trouve sa représentation dans des fantasmes sexuels conscients, se manifestant au moment de la masturbation ou du coït. D'après les résultats de mon enquête, au moins 90 % des adultes britanniques connaissent ce qu'on appelle des « rêveries », qu'elles soient ou non de nature sexuelle. Quant aux fantasmes proprement dits, environ 96 % des hommes et 90 % des femmes déclarent en avoir. Rappelons que ces chiffres sont sans doute plus élevés en réalité, dans la mesure où certaines personnes affirment ne pas avoir de fantasmes, alors qu'un simple entretien sur la question, ou parfois une psychothérapie, révèle souvent le contraire.

Question 6 : Doit-on s'inquiéter si l'on n'a aucun fantasme?

Analyser la personnalité des individus dépourvus de tout fantasme nécessiterait une étude à part entière. Pour l'heure, nous n'avons trouvé aucun moyen fiable de différencier ceux qui ont des fantasmes de ceux qui n'en ont pas. D'après mon expérience, toutefois, l'absence revendiquée de fantasmes cache souvent, en réalité, de profondes difficultés dans le domaine sexuel (notamment des sentiments de honte et de culpabilité), qui sont alors refoulées par un mécanisme de défense.

Question 7 : Doit-on parler de ses fantasmes à son partenaire?

Comme je l'ai déjà dit, je ne suis pas en mesure d'apporter une réponse définitive à cette question très complexe. Certains couples tirent profit de ce dévoilement mutuel (la révélation des fantasmes est alors considérée comme une preuve d'amour et de confiance), d'autres en souffrent. Tout dépend, bien entendu, de la solidité des liens qui unissent le couple. L'essentiel, en tout cas, est de procéder avec prudence et réflexion lorsqu'on décide de révéler ses fantasmes les plus intimes.

Question 8 : Doit-on parler de ses fantasmes à ses amis?

Il est souvent plus facile et moins risqué d'avouer ses fantasmes à un ami plutôt qu'à un amant. Je sais que beaucoup d'hommes, par exemple, n'hésiteraient pas une seconde à parler de leurs liaisons extraconjugales ou de leurs fantasmes de viol à des amis autour d'un verre au pub ou lors d'une partie de poker – mais n'en diraient jamais un mot à leur

épouse. De même, j'ai rencontré beaucoup de femmes disposées à s'ouvrir de leurs fantasmes à leurs amies (en particulier lorsqu'ils portent sur des hommes fortement membrés) mais prenant bien soin de ne pas les dévoiler à leur mari. Avouer ses fantasmes à un ami est peut-être une preuve de confiance, mais souvenons-nous que les rapports amicaux ne sont pas dépourvus d'embûches, et qu'ils peuvent eux aussi mener à certaines angoisses, par exemple à la crainte paranoïaque que le confident choisi brise sa promesse de discrétion.

Question 9 : Est-il raisonnable de réaliser ses fantasmes avec ses amants ?

Passer à l'acte demande beaucoup de compréhension, d'ouverture d'esprit et de confiance ; j'ai vu beaucoup de couples s'effondrer suite à de tels jeux de rôle. Les psychothérapeutes recommandent toujours la plus grande prudence en la matière, sachant que le fantasme et la réalité constituent deux expériences souvent très différentes, et que l'on n'est jamais à l'abri d'une surprise. Je me souviens d'une femme qui avait accédé au fantasme de son mari, lequel rêvait de lui donner la fessée en la traitant de « salope ». Elle était séduite et même excitée par l'idée, telle qu'il la lui décrivait, mais dès qu'ils passèrent aux travaux pratiques, elle se sentit « rabaissée, insultée » et regretta amèrement sa décision. Pour beaucoup d'entre nous, si le fantasme est excitant, c'est justement parce qu'il ne deviendra jamais réalité.

Question 10 : Nos fantasmes peuvent-ils être nuisibles, voire dangereux ?

Certains fantasmes sadiques laissent présager des gestes sadiques. Au cours de mon expérience en hôpital psychiatrique, j'ai côtoyé de nombreux criminels dont la funeste carrière avait commencé dans leur tête... J'ai même eu l'occasion, un jour, d'interroger un tueur en série psychotique. Avant son incarcération, cet homme ne pouvait faire l'amour à sa femme que s'il s'imaginait en train de brandir un grand couteau à cran d'arrêt. Et c'est avec ce même instrument qu'il avait massacré par la suite ses nombreuses victimes. Cas dramatique qui demeure bien sûr exceptionnel, mais il n'en reste pas moins que les fantasmes peuvent contribuer à renforcer les structures mentales agressives et certains comportements autodestructeurs.

Question 11 : Si l'on fantasme sur des pratiques sexuelles « ordinaires », cela veut-il dire qu'on est ennuyeux ?

Je suis frappé par le nombre de participants à mon enquête qui jugeaient leurs fantasmes « ennuyeux », en particulier lorsqu'il s'agissait simplement de faire l'amour à leur partenaire habituel. Et pourtant, il n'existe aucune corrélation avérée entre le degré de sophistication des fantasmes et celui de la vie réelle (tel que nous l'indiquent, par exemple, l'aisance dans la conversation, la réussite professionnelle, etc.). En termes cliniques, toutefois, certains fantasmes sont en effet très peu « élaborés », mais dans l'état actuel de mes recherches, rien ne me permet d'affirmer qu'ils dénotent un manque de personnalité ou de densité dans la vie sociale et domestique.

Question 12 : Si l'on a des fantasmes très particuliers, cela veut-il dire qu'on est mentalement déséquilibré?

Les individus chez qui j'ai repéré des fantasmes « particuliers » ou « inhabituels » étaient par ailleurs très différents les uns des autres, et aucun ne montrait de signes de déséquilibre mental. Au contraire même, les individus souffrant de troubles psychologiques profonds avaient souvent des fantasmes beaucoup plus simples et moins intriqués que la majorité des participants.

Question 13 : Si l'on fantasme sur son partenaire pendant l'acte sexuel ou en se masturbant, cela veut-il dire que l'on a une relation de couple saine?

Les hommes et les femmes qui font preuve d'un « coefficient de fidélité » élevé – autrement dit, ceux qui fantasment en priorité sur leur conjoint – sont souvent ceux dont la vie de couple est la plus solide et harmonieuse. Mais il existe bien sûr de nombreux couples, par ailleurs tout à fait heureux, où ni l'un ni l'autre ne fantasme sur son conjoint, ce qui dénote un faible coefficient de fidélité. J'ai rencontré enfin des couples dotés d'un fort coefficient de fidélité, où chacun fantasmait sur l'autre, et traversant pourtant de graves difficultés maritales, liées notamment à de multiples liaisons extraconjugales.

Question 14 : Si l'on fantasme sur quelqu'un d'autre, cela veut-il dire que le couple est en danger?

Si l'on se retrouve la proie d'un fantasme intraconjugal, cela ne signifie pas forcément que notre relation de couple est

menacée; mais il arrive souvent que ce soit le signe avant-coureur de difficultés à venir. En fantasmant sur quelqu'un d'autre que notre partenaire habituel, notre inconscient nous donne l'occasion de réévaluer notre relation de couple – de nous demander, en privé et en toute honnêteté, si cet amant imaginaire n'a pas surgi à cause de certains problèmes conjugaux. Mais nous pouvons très bien nous rendre compte, au terme de cet examen de conscience, que tout va bien dans notre couple et que cette liaison fantasmatique n'est qu'une innocente récréation ludique et érotique.

Question 15 : Si l'on fantasme sur une pratique « illégale », cela veut-il dire que l'on est susceptible de passer à l'acte?

Heureusement, les fantasmes remplissent une très importante fonction régulatrice sur l'esprit humain, en se chargeant de certains aspects agressifs et destructeurs de notre personnalité. J'ai rencontré des médecins, prêtres, travailleurs sociaux, infirmières et autres membres de professions dont le but premier est de « prendre soin d'autrui », qui, sans jamais passer à l'acte, avaient des fantasmes très violents. Si toutefois le fantasme devient pervers (autrement dit sadique, compulsif et obsessionnel), alors le risque du passage à l'acte est bien réel. Mais les pires fantasmes (par exemple les fantasmes pédophiles) demeurent la plupart du temps confinés à l'imaginaire. Si l'on a des fantasmes « illégaux », cela peut être révélateur de graves problèmes d'agressivité, souvent liés à un traumatisme d'enfance; dans ce cas, il est prudent de consulter un professionnel des questions de santé mentale, surtout si l'on craint de passer à l'acte.

Question 16 : Nos fantasmes ne sont-ils qu'une petite distraction intime, ou ont-ils des implications existentielles plus profondes ?

Comme je l'ai déjà souligné, il se peut que nos fantasmes déterminent non seulement notre approche des relations intimes, mais aussi de la vie professionnelle. La frontière entre la chambre à coucher et le bureau est souvent floue, ce qui peut représenter un danger, notamment chez les individus souffrant des séquelles de traumatismes irrésolus. Chez la plupart d'entre nous, cependant, les fantasmes demeurent du domaine de l'intime et de l'imaginaire, et ne rentrent donc pas en conflit avec notre quotidien.

Question 17 : Comment expliquer la diversité des fantasmes chez les êtres humains – en d'autres termes, pourquoi certaines personnes aiment-elles se faire embrasser et caresser tandis que d'autres préfèrent qu'on leur inflige des souffrances physiques parfois insoutenables ?

Cette question appelle deux réponses. Le contenu et la structure de nos fantasmes dépendent en grande partie de la nature de nos expériences d'enfance. Ceux qui ont connu des épisodes traumatisants seront plus enclins aux fantasmes sadiques ; d'autres exorciseront cette souffrance dans leur vie quotidienne, par un comportement autodestructeur ou agressif, et se réfugieront dans des fantasmes très tendres au contraire. J'ai cependant rencontré de nombreux individus qui n'avaient vécu aucun traumatisme particulier et qui nourrissaient pourtant des fantasmes extrêmes ou morbides. Il est donc possible que les fantasmes d'agression ne soient pas seulement déterminés par de lointains traumatismes, mais correspondent à une forme créative de régression, de

retour à une forme psychique primitive, sans pour autant relever d'une structure infantile. En d'autres termes, ces fantasmes peuvent aussi constituer *une forme achevée de développement*, une façon d'intégrer et d'embrasser en imagination toute la diversité de l'expérience humaine.

Question 18 : Peut-on changer ses fantasmes?

Les résultats de mon projet de recherche semblent indiquer que, dans la plupart des cas, les structures fantasmatiques demeurent constantes tout au long de la vie adulte; il arrive toutefois que de nouvelles constellations de fantasmes surgissent, suite à de profonds bouleversements affectifs, par exemple. L'un de mes patients, citoyen modèle à tous égards, avait cependant des fantasmes masturbatoires très agressifs : il pensait à des scènes de viol. Or, ces fantasmes ne lui venaient à l'esprit que lorsqu'il se querellait avec son épouse. Quand les rapports conjugaux étaient au beau fixe, il se masturbait beaucoup moins souvent en pensant à ces fantasmes de viol. Il ne faut pas sous-estimer l'importance d'un phénomène que j'appelle « le complexe du volcan », où un événement soudain (extérieur ou intérieur) déclenche l'éruption de fantasmes présents depuis très longtemps mais jusqu'alors en sommeil. Les études psychothérapeutiques sur les changements structurels des fantasmes masturbatoires et coïtaux étant peu nombreuses, le sujet est encore très mal connu.

Question 19 : Mentons-nous souvent à propos de nos fantasmes?

A mon grand regret, c'est là une question que j'ai omis d'inclure dans mon questionnaire informatique. Je n'en connais pas la réponse, mais j'ai cru comprendre, au cours de

mes entretiens, que les gens mentent très souvent à propos de leurs fantasmes. J'ai été frappé d'entendre mes patients ou les participants à mon enquête déclarer parfois, en guise d'avertissement avant de se lancer dans leurs confessions : « Je n'ai jamais dit cela à personne », ou « Je n'arrive pas à croire que je suis en train de vous raconter tout ça. » Il existe en tout cas, comme je l'ai déjà souligné, une grande différence entre les « vrais fantasmes » et les « fantasmes de comptoir ». Parler de ses fantasmes de manière élaborée et approfondie demeure un tabou ; l'ignorance, la honte et le secret recouvrent encore de leurs voiles ce sujet, et ce genre de dévoilement pouvant susciter des réactions imprévisibles, je soupçonne que le mensonge en la matière est monnaie courante.

Question 20 : Nos fantasmes sont-ils différents de nos rêves ?

Oui, nos fantasmes sont différents de nos rêves (éveillés ou nocturnes), dans la mesure où ils font intervenir des éléments sexuels explicites et aboutissent en général à l'orgasme, ce qui n'est pas le cas des rêves (ou pas toujours). La frontière entre ces deux activités cérébrales est bien entendu très flottante, et l'on sait que certains individus, notamment les jeunes garçons adolescents, peuvent éjaculer pendant leur sommeil, suite à des « rêves humides » bien plus intenses que le coït ou la masturbation. Une étude comparative des différences entre ces divers degrés de conscience serait un apport bienvenu au domaine des sciences psychologiques.

Question 21 : Fantasme-t-on de la même manière quand on fait l'amour et quand on se masturbe?

Il existe une différence cruciale entre le fantasme coïtal (se manifestant en présence d'un partenaire sexuel) et le fantasme masturbatoire (se manifestant lorsqu'on est seul) : le « quotient de fidélité ». Nous sommes beaucoup plus susceptibles de fantasmer sur notre partenaire quand nous sommes entre ses bras que durant la masturbation. La complexité du fantasme peut aussi dépendre de la durée du coït ou de la masturbation. Plus l'acte se prolonge, plus le fantasme est élaboré. Mais il est possible aussi d'accomplir ces gestes sexuels de manière très rapide (notamment la masturbation) sans que le fantasme intervienne à aucun moment.

Question 22 : Avons-nous le contrôle de nos fantasmes, ou est-ce plutôt nos fantasmes qui nous contrôlent?

C'est la question à 100 000 euros, sans doute celle qui suscite le plus de débats et de controverses dans les cercles psychologiques et sexologiques. J'ai rencontré, au fil des années, un nombre considérable d'individus perturbés par leurs fantasmes (à cause d'interdits religieux ou familiaux, de traumatismes, etc.) et qui cherchaient à les effacer de leur esprit. Mais chaque fois, sous l'effet du « complexe du volcan », l'éruption fantasmatique reprenait de plus belle et se révélait inévitable. Une chose est sûre : les individus les plus traumatisés ont très peu de contrôle sur leurs fantasmes. L'un de mes patients, qui se vantait de pouvoir fantasmer sur « tout et n'importe quoi », s'était autoproclamé « sculpteur érotique » : « Donnez-moi n'importe quel sujet, disait-il, et je le transforme en objet de fantasme, comme un sculpteur prend un morceau d'argile et le modèle selon la forme qu'il désire. » Certaines personnes ont sans doute ce talent; mais

dans la majorité des cas, et en dépit de notre bonne volonté, nous ne sommes pas les architectes de notre propre vie fantasmatique. Je me souviens d'un de mes patients, un jeune homosexuel, qui me disait : « Si je pouvais être hétéro, je le serais. Ma vie serait beaucoup plus facile, et mes parents seraient beaucoup plus détendus... Mais je ne peux pas. Il m'est tout simplement impossible de fantasmer sur des femmes. Voilà, c'est comme ça. » Il y a donc peut-être quelques sculpteurs parmi nous – mais, pour la plupart, nous ne sommes qu'un morceau d'argile, et ce sont nos fantasmes qui nous sculptent

Les dix composantes essentielles du fantasme sexuel

Arrivé presque au terme de cette enquête sur les fantasmes, je suis impressionné par ce qui nous rapproche et nous différencie en tant qu'êtres humains. J'ai entendu deux femmes, qui ne se connaissaient pas le moins du monde et vivaient à des centaines de kilomètres l'une de l'autre, me raconter en détail et dans des termes identiques le même fantasme sur Mel Gibson, et deux hommes, menant des vies opposées en tout point, me confier très exactement le même fantasme de viol. Comment des individus si divers peuvent-ils avoir en commun des pensées intimes ? Quelles sont les expériences qui les rapprochent ?

Cherchant le point commun de tous les fantasmes que j'ai recueillis au cours de cette étude, je suis parvenu à isoler dix composantes essentielles, grâce auxquelles on peut dresser un rapide panorama de la vie fantasmatique dans toute son étendue et sa diversité.

Composante 1 : tendresse/sadisme

Tous les fantasmes se situent sur une échelle allant du plus tendre au plus sadique, selon la façon dont nous traitons notre propre corps et celui de notre partenaire.

Composante 2 : actif/passif

Dans tout fantasme, nous nous trouvons en position soit de diriger et d'orchestrer le scénario établi (en forçant, en cajolant, en insistant, en faisant pression ou en demandant), soit d'être l'objet passif des gestes d'autrui.

Composante 3 : simplicité/complexité

Certains fantasmes sexuels sont très simples, tant par le contenu que par le style ; d'autres sont intriqués et complexes, obéissant à un scénario très détaillé, faisant parfois intervenir un grand nombre de protagonistes.

Composante 4 : ouverture/retrait

Dans tout fantasme sexuel, nous prenons position par rapport à nos semblables. La plupart du temps, un lien physique étroit et direct est établi, mais parfois nous nous plaçons au contraire en retrait, peut-être par crainte du contact. Un fantasme de coït avec une personne bien précise dénote une attitude d'ouverture ; un fantasme de coït avec une personne décédée, un animal ou un objet relève plutôt d'une posture de retrait.

Composante 5 : fluidité/rigidité

Cette composante décrit la relative fixité de nos fantasmes. Sommes-nous capables d'explorer différents scénarios fantasmatiques et de multiplier les partenaires (fluidité), ou obéissons-nous plutôt à une structure d'ordre pervers où le fantasme ne varie jamais (rigidité) ?

Composante 6 : constance/diversité

Nous manifestons tous une fidélité mentale d'un degré variable envers nos partenaires. Un individu faisant preuve de constance dans l'objet de son désir fantasme essentiellement sur son partenaire habituel, tandis qu'un individu enclin à la diversité se révèle plus éclectique, passant souvent d'un objet de fantasme à un autre.

Composante 7 : conscient/inconscient

Cette composante indique dans quelle mesure nous sommes ou non capables de laisser la teneur de nos fantasmes émerger dans la partie consciente de notre esprit. Les psychologues parlent souvent de « sadiques inconscients », autrement dit des individus qui agissent de manière brutale envers autrui mais se considèrent eux-mêmes très tendres et attentionnés : ils sont pathologiquement incapables de reconnaître leur propre « part d'ombre », cet aspect de leur personnalité étant « dissociée » au sein de leur structure psychologique.

Composante 8 : expansif/restreint

Cette composante, en apparence similaire à celle du degré de simplicité ou de complexité, renvoie en réalité à la capacité de nourrir un fantasme sur une durée plus ou moins longue. Les individus dits « restreints » chassent leurs fantasmes de leur esprit sitôt après en avoir joui ; les individus « expansifs », à l'inverse, démontrent une aptitude à jouir de plusieurs fantasmes, à les explorer et à jouer avec de manière prolongée.

Composante 9 : ego-syntonie/ego-dystonie

Les fantasmes nous procurent souvent beaucoup de plaisir et demeurent dans notre esprit sans y provoquer le moindre conflit. Ces fantasmes dénotent chez le sujet ce qu'on appelle une « ego-syntonie ». Certaines personnes, en revanche, éprouvent de profonds sentiments de honte, de culpabilité et d'angoisse à cause de leurs fantasmes, qui révèlent alors une « ego-dystonie ».

Composante 10 : excitation de forte/de faible intensité

Je me souviens d'un homme, il y a plusieurs années, qui m'avait déclaré : « Je n'ai jamais eu de *mauvais* orgasme. » Peut-être disait-il la vérité. Mais lors de mes entretiens, je me suis aperçu que les fantasmes procurent une excitation sexuelle variable, de plus ou moins forte intensité. Les fantasmes suscitant une excitation de forte intensité sont ceux qui mènent aux orgasmes les plus explosifs ; ceux qui génèrent une excitation de faible intensité aboutissent à des orgasmes agréables mais moyennement satisfaisants.

Les dix composantes que je viens d'identifier pourront servir aux futurs chercheurs en matière de psychologie de la sexualité, pour organiser et classifier les données recueillies au cours de leurs enquêtes. Par exemple, si l'on découvrait que les individus faisant état d'un degré élevé de « sadisme » combiné à des dispositions « actives » et à un fort taux d'« ego-syntonie » (autrement dit, des individus chez qui les tendances sadiques s'expriment sans retenue ni inconfort psychologique) finissent tous par commettre des crimes de nature sexuelle, alors nous pourrions utiliser ces éléments dans le cadre d'un diagnostic préventif.

En attendant, chacun d'entre nous peut déterminer où il se trouve sur l'échelle fantasmatique définie par ces dix composantes. Ces paramètres nous aident à rendre compte de la diversité de notre vie sexuelle, selon que l'on est tendre, ouvert, constant, conscient et expansif, ou au contraire sadique, en retrait, inconscient et restreint. On peut imaginer que cette grille de lecture remplisse d'autres fonctions : elle pourrait aider par exemple les agences matrimoniales à établir de manière plus précise la compatibilité amoureuse et sexuelle de deux partenaires potentiels... Après tout, ces paramètres sont peut-être bien plus révélateurs de notre personnalité que les goûts (cinématographiques, vestimentaires, gastronomiques, etc.) que nous revendiquons lorsque nous essayons de définir notre profil psychologique.

Post-scriptum

Sherlock Holmes ou Dr Watson ? Quel sexologue êtes-vous ?

Etudier la sexualité humaine demande à la fois de la tolérance, du courage, un certain sens de l'humour et ce que j'appellerais de l'« endurance psychologique ». Au cours de cette vaste enquête sur les fantasmes, j'ai dû entendre des récits parfois horrifiques, violents et très explicites. Et alors que je croyais avoir fait le tour de toutes les fantaisies sexuelles possibles et imaginables, un nouveau cas fut porté à mon attention. J'étais en train de rédiger les dernières pages de ce livre lorsqu'un de mes collègues me rapporta une anecdote singulière, qui échappe à toute classification.

« Parker », homosexuel âgé de quarante-neuf ans et originaire de Manchester, avait pour habitude de recevoir chez lui des hommes pour de brèves aventures sexuelles sans lendemain. En entrant chez lui, ces invités d'un soir étaient assaillis par des bruits de volière assourdissants, et ne tardaient pas à s'apercevoir que le salon de Parker était encombré par une vingtaine de cages à oiseaux, chacune contenant quatre ou cinq perruches. Parker se retirait un instant dans sa

chambre, puis revenait au salon, nu de la tête aux pieds – ou presque : il avait enfilé une paire de santiags en cuir. Il ordonnait à son invité du jour de se déshabiller, puis le sodomisait. Juste avant l'orgasme, il se mettait à piétiner le sol à grand bruit avec ses santiags, et l'invité entendait de curieux craquements... Quand les deux hommes avaient joui, Parker enlevait ses bottes, les retournait, et deux malheureuses perruches écrabouillées se décollaient de la semelle, devant le pauvre invité souvent révulsé. N'ayant pas eu la chance d'interroger Parker en personne, je ne sais rien de son passé ni de sa vie fantasmatique, mais je n'ai pas pu résister à la tentation d'inclure ici cette histoire qui démontre, s'il en était encore besoin, la diversité extraordinaire et parfois choquante de la sexualité humaine.

En discutant de mon projet de recherche avec mes confrères et mes amis, des quidams ou des collègues travaillant dans d'autres disciplines, j'ai été sidéré par les différentes réactions que mes travaux leur inspiraient. Certains, faisant preuve de curiosité et d'une authentique ouverture d'esprit, étaient effarés par la diversité des informations que j'avais recueillies, mais d'autres, à ma grande surprise, se transformaient soudain en moralistes, portant des jugements d'une implacable sévérité sur certains fantasmes, qu'ils trouvaient « tordus », « pervers » et « répréhensibles ». J'ai remarqué enfin que tous mes interlocuteurs, quelles que soient leurs compétences, s'improvisaient sexologues professionnels et s'empressaient de me livrer leur avis d'« expert » sur tel ou tel aspect de mes recherches.

Dans les premiers temps de mon enquête, je retirai une certaine satisfaction intellectuelle et professionnelle, je l'avoue, d'avoir réussi à établir un lien entre les traumatismes d'enfance et les fantasmes sexuels adultes. Pendant un moment, je me fis l'effet d'être devenu Sherlock Holmes, un fin limier capable de décoder n'importe quelle énigme et de trouver le coupable à tous les coups... Mais à mesure que mes recherches avançaient, je me sentais de moins en moins Sherlock et de plus en plus Watson, car je devenais sans cesse

plus conscient de la complexité infinie de mon sujet. La modestie s'impose, au terme de cette étude, car je sais que de très nombreuses questions demeurent obscures et sans réponse. Par exemple, tout occupé à explorer le contenu secret des fantasmes sexuels de mes compatriotes, j'ai laissé de côté certains thèmes chers à l'un de mes grands mentors, le pédiatre, pédopsychiatre et psychanalyste Donald Winnicott, dont les brillantes intuitions sur l'importance potentielle de l'« incommunicable » mériteraient pourtant d'être mises à profit. Parlant du processus de libre association, au cours duquel le psychothérapeute encourage son patient à exprimer sur le vif et sans retenue toutes les idées ou images qui lui traversent l'esprit, Winnicott se demandait si chacun d'entre nous ne possédait pas une zone de l'imaginaire spéciale (le « self incommunicable »), qui devrait demeurer intime et ne jamais être dévoilée. Winnicott craignait que le patient soit mis en danger si son analyste venait à connaître ses secrets et ses rêves dans leur intégralité, sans aucune exception. D'autres médecins, à l'inverse, pensent que seul un dévoilement *total* permet de comprendre pleinement le patient.

Dans mon propre travail clinique, comme au cours de mes entretiens, je suis toujours parti du principe selon lequel je devais en savoir le plus possible sur la vie et les fantasmes sexuels de mes sujets : j'espérais qu'en les forçant à révéler leurs secrets, je les aidais à mettre des mots sur la honte et la culpabilité cachées qui, le cas échéant, perturbaient leur vie sexuelle, laquelle s'en trouverait dès lors améliorée. Je continue de penser qu'il est important de pouvoir raconter ses problèmes intimes à une personne de confiance ou à un professionnel, mais je me demande dans quelle mesure nous ne sous-estimons pas l'importance de l'« incommunicable » tel que l'a défini Winnicott ; il est peut-être essentiel, en effet, pour notre bien-être psychologique, que nous préservions une part de secret et de privauté absolue. La question demeure ouverte.

Je me suis d'autre part rendu compte que les fantasmes

sexuels sont, pour de nombreuses personnes, source d'une inépuisable fascination (médicale, intellectuelle, culturelle ou personnelle); toutefois, j'ai aussi eu affaire à une petite minorité d'individus qui trouvaient ce sujet du plus mauvais goût et, à la simple mention du terme « fantasme », criaient au scandale et à la perversion... Je ne cesserai de le répéter : comme le montre mon enquête, les fantasmes, même les plus « osés », sont un phénomène psychique tout ce qu'il y a de plus normal. Mais notre culture est encore imprégnée de forts préjugés antisexuels, au nom desquels certains aimeraient voir passé sous silence, ou même éradiqué, cet aspect aussi primordial que méconnu de la psychologie humaine.

Pour conclure, et par souci d'exhaustivité, j'aimerais livrer ici quelques ultimes témoignages, représentatifs d'une certaine frange de la population. La plupart des participants à mon enquête m'ont volontiers confié leurs fantasmes sur leur belle-sœur, leur voisin de palier, leur fille adolescente ou encore sur George Clooney, mais d'autres m'ont déclaré sans ambages qu'ils n'avaient strictement aucun fantasme – ou qu'ils en avaient mais n'en parleraient jamais à quiconque. D'autres encore se perdaient en hésitations, ne sachant quel fantasme choisir, et une toute petite minorité, enfin, m'a donné l'impression de se moquer de moi. Voici donc quelques réponses recueillies auprès des « blagueurs », des « hésitants » et des « récalcitrants ».

Les blagueurs

JARED

Moi déguisé en singe, avec ma copine enduite de beurre et coiffée d'un cône de signalisation routière.

BELLA

Faire de la confiture

VAN

Me masturber en lisant une étude sexologique

ROTH

Me faire abuser le rectum par un âne atteint de syphilis.

BYRON

A part me faire sauvagement frapper à coups de cabillaud frais par Britney Spears en porte-jarretelles et chaussons à pompons en fourrure de lapin ? Non, vraiment, je ne vois pas...

Les hésitants

LORCAN

Je n'ai ni l'envie ni l'énergie d'être excité par des fantasmes.

BERND

J'en ai trop, je n'arrive pas à décider.

CATE

Ils changent à chaque fois.

ENOCH

Ma femme me tuerait si je répondais à cette question.

JULIA

Je serais incapable de le formuler avec des mots.

Les récalcitrants

HAMILTON

Je refuse.

PETULA

Si vous imaginez que je vais vous le dire

QUINBY

Vous plaisantez !

BENEDICTE

Je n'ai pas de fantasmes : j'ai des relations sexuelles.

CRISPIN

Est-ce que ça va être publié ?

Un tout dernier fantasme...

... le mien : que cette étude ait pu tant soit peu contribuer à ouvrir un nouveau dialogue autour des questions sexuelles, dialogue qui devrait aller bien au-delà des simples réactions de curiosité ou de rejet que ce livre aura pu susciter chez ses lecteurs. Au moins 90 % des adultes (sans doute plus, en réalité) ont des fantasmes – les adolescents et les enfants aussi, d'ailleurs, quoique nous n'ayons aucune donnée chiffrée à ce sujet. J'espère que les professionnels des questions psychologiques auront désormais à cœur d'accorder une place de choix aux fantasmes dans leurs travaux et l'analyse de leurs patients. J'aimerais également que cette étude nous amène à considérer avec plus de bienveillance les pensées et pratiques sexuelles qui diffèrent des nôtres. Nous avons beau vivre une époque sexuellement « libérée », un lourd héritage de pru-

derie et d'inhibitions pèse toujours sur nos épaules, et les données recueillies au cours de cette enquête prouvent que des millions d'individus continuent de mener une vie sexuelle très insatisfaisante. Il est possible d'y remédier, et l'examen des vicissitudes fantasmatiques peut jouer un rôle important dans l'amélioration de la sexualité – en nous aidant à surmonter nos traumatismes, et en réduisant le poids de la culpabilité et de la honte qui demeurent si vivaces dans notre culture.

Si j'ai à ce point porté l'accent, dans ce livre, sur la maltraitance et les traumatismes de toutes sortes, c'est que ces expériences me semblent déterminantes dans la genèse de nos fantasmes et de nos comportements sexuels – mais aussi dans d'autres domaines de notre existence. Les conséquences de ce genre d'abus sur le développement de l'enfant, leur lien avec la dépression, les angoisses, les phobies, les troubles de l'alimentation et autres dysfonctionnements psychologiques, sont bien connus aujourd'hui ; mais je ne crois pas que nous ayons encore compris à quel point ces phénomènes peuvent dévaster le sanctuaire intime de nos fantasmes sexuels. Les effets à long terme de ces abus sont sans doute bien plus graves que n'en ont conscience aujourd'hui les psychologues et les traumatologues.

J'ai choisi de m'en tenir, pour ma part, à une recherche fondée sur le témoignage direct d'individus comme vous et moi, mais j'espère que ce livre inspirera d'autres études, dans d'autres disciplines, et qu'en recoupant les connaissances ainsi acquises, nous contribuerons à éradiquer la souffrance psychologique qui caractérise encore si souvent le domaine de la sexualité. J'espère aussi que ce livre aura aidé à démystifier le rôle et le travail des psychothérapeutes, en donnant à voir comment ces derniers réfléchissent, fonctionnent et s'expriment face aux divers troubles psychologiques et affectifs dont ils sont les témoins et les confidents.

Je n'ai cessé de dire que les fantasmes peuvent donner lieu à de grandes souffrances – mais je voudrais conclure en

rappelant qu'ils peuvent être aussi source de plaisir ludique, de créativité et même d'amusement. Parmi les quelque 19 000 fantasmes que j'ai entendus, en voici deux derniers, qui ont eu le mérite de me faire beaucoup rire :

MIRIAM

QUE MON PARTENAIRE ARRIVE À TENIR PLUS DE DEUX MINUTES !

REUBEN

Mon plus grand fantasme sexuel ? Que ma femme se transforme en pizza et en pack de six après l'amour !

ANNEXE 1

LA SEXUALITÉ DES BRITANNIQUES EN QUELQUES STATISTIQUES

N.B. Certains pourcentages, une fois additionnés, atteignent 98 ou 99 %, et non 100 %, lorsque j'ai arrondi les décimales pour plus de lisibilité. Les pourcentages totaux peuvent à l'inverse dépasser les 100 %, lorsque plusieurs réponses étaient possibles.

1. Répartition de la population selon l'orientation sexuelle

Orientation	*Total*	*Hommes*	*Femmes*
Hétérosexuels	91 %	89 %	94 %
Homosexuels	3 %	5 %	2 %
Bisexuels	4 %	4 %	3 %
Indécis	1 %	1 %	1 %

2. Fréquence des rapports sexuels

Fréquence	*Total*	*Hommes*	*Femmes*
Jamais	2 %	3 %	2 %
Pas en ce moment	16 %	12 %	19 %
Moins d'une fois par an	2 %	2 %	2 %
Une fois par an	1 %	1 %	1 %
Tous les quelques mois	11 %	12 %	11 %
Une fois par mois	8 %	9 %	8 %
Une fois tous les quinze jours	10 %	11 %	10 %
Une fois par semaine	13 %	14 %	12 %
Deux fois par semaine	13 %	14 %	13 %

Trois fois par semaine	10 %	10 %	10 %
Quatre ou cinq fois par semaine	7 %	7 %	7 %
Tous les jours	1 %	1 %	1 %
Plus d'une fois par jour	1 %	1 %	1 %
Préfère ne pas répondre	3 %	3 %	3 %

3. Fréquence de la masturbation

Fréquence	*Total*	*Hommes*	*Femmes*
Jamais	8 %	2 %	13 %
Pas en ce moment	12 %	10 %	14 %
Moins d'une fois par an	2 %	1 %	2 %
Une fois par an	1 %	1 %	2 %
Une fois par semestre	17 %	12 %	22 %
Une fois tous les quinze jours	10 %	9 %	12 %
Une fois par semaine	14 %	15 %	12 %
Deux ou trois fois par semaine	17 %	22 %	13 %
Quatre ou cinq fois par semaine	8 %	12 %	4 %
Une fois par jour	5 %	8 %	2 %
Deux fois par jour	2 %	3 %	1 %
Trois fois par jour ou plus	1 %	1 %	0 %
Préfère ne pas répondre	4 %	3 %	5 %

4. Contacts extraconjugaux

Pratique	*Total*	*Hommes*	*Femmes*
Baiser	36 %	42 %	31 %
Caresses	25 %	34 %	17 %
Fellation/cunnilingus	18 %	25 %	11 %
Pénétration vaginale	24 %	28 %	20 %
Pénétration anale	5 %	8 %	2 %
Préfère ne pas répondre	3 %	3 %	3 %

5. Consommation de pornographie

Genre de pornographie	*Total*	*Hommes*	*Femmes*
Tous genres confondus	73 %	87 %	56 %
Cassettes vidéo ou DVD	54 %	65 %	42 %
Magazines de charme	36 %	50 %	21 %
Magazines pornographiques	17 %	27 %	7 %
Littérature érotique	30 %	32 %	28 %
Photos sur Internet	32 %	53 %	11 %
Vidéos sur Internet	26 %	43 %	8 %
Téléphone rose	4 %	7 %	2 %
Spectacles érotiques ou clubs de strip-tease	6 %	10 %	1 %
Lap-dance	5 %	10 %	1 %
Autres variétés de pornographie	2 %	2 %	2 %
Préfère ne pas répondre	2 %	2 %	2 %

6. Fréquence de l'orgasme au cours d'un contact sexuel avec un(e) partenaire

Fréquence de l'orgasme	*Total*	*Hommes*	*Femmes*
Chaque fois	50 %	71 %	28 %
Plus d'une fois sur deux	24 %	18 %	30 %
Environ une fois sur deux	8 %	3 %	13 %
Moins d'une fois sur deux	9 %	2 %	16 %
Jamais	5 %	2 %	8 %
Préfère ne pas répondre	5 %	4 %	6 %

7. Souvenirs conscients d'un contact sexuel non consenti

Age	*Total*	*Hommes*	*Femmes*
A 16 ans et plus	18 %	8 %	27 %
A moins de 16 ans	7 %	4 %	9 %
Ne sait pas	1 %	1 %	1 %
Préfère ne pas répondre	1 %	0 %	1 %

8. Age auquel est intervenu le premier contact sexuel non consenti (avant 16 ans)

Age	*Total*	*Hommes*	*Femmes*
Entre 0 et 5 ans	4 %	1 %	5 %
Entre 6 et 9 ans	16 %	19 %	15 %
Entre 10 et 12 ans	22 %	30 %	18 %
Entre 13 et 15 ans	56 %	48 %	59 %
Ne sais pas	1 %	2 %	1 %
Préfère ne pas répondre	1 %	0 %	2 %

9. Souvenirs conscients d'une forme quelconque d'abus (physique, sexuel et/ou affectif)

Age	*Total*	*Hommes*	*Femmes*
A 16 ans et plus	13 %	4 %	21 %
A moins de 16 ans	18 %	14 %	21 %
Ne sait pas	2 %	1 %	2 %
Préfère ne pas répondre	1 %	1 %	1 %

10. Age auquel est intervenu le premier abus physique, sexuel et/ou affectif (avant 16 ans)

Age	*Total*	*Hommes*	*Femmes*
Entre 0 et 5 ans	11 %	7 %	13 %
Entre 6 et 9 ans	32 %	31 %	32 %
Entre 10 et 12 ans	27 %	29 %	26 %
Entre 13 et 15 ans	27 %	30 %	26 %
Ne sait pas	3 %	2 %	3 %
Préfère ne pas répondre	1 %	0 %	1 %

ANNEXE 2

INDEX THÉMATIQUE DES PRÉFÉRENCES SEXUELLES DES BRITANNIQUES

N.B. Les pourcentages suivants indiquent la proportion de Britanniques adultes ayant ou ayant eu des fantasmes correspondant à chacune des propositions données – chaque « groupe » représente une constellation de fantasmes, et non pas un classement des fantasmes préférés des Britanniques.

Le pourcentage « 0 % » ne signifie pas une absence complète de réponse positive, mais que moins de 0,5 % de la population a répondu par l'affirmative au choix proposé. (Par exemple, presque aucune femme n'a admis avoir de fantasmes nécrophiles, contre 1 % pour les hommes ; la moyenne arrondie donne un chiffre de 0 %, mais on compterait tout de même environ 250 000 Britanniques excités à l'idée de faire l'amour avec un cadavre.)

Groupe 1

Pourcentage total	*Fantasme*
58 %	Avec mon (ma) partenaire habituel(le)
25 %	Avec quelqu'un du même sexe
41 %	Avec le (la) partenaire de quelqu'un d'autre
32 %	Avec un(e) ami(e)
23 %	Avec le (la) partenaire d'un(e) ami(e)
39 %	Avec un(e) collègue
11 %	Avec mon (ma) patron(ne)
37 %	Avec un(e) inconnu(e)
15 %	Avec un homme et une femme en même temps
18 %	Avec deux hommes ou plus
35 %	Avec deux femmes ou plus
30 %	Une partie à trois
20 %	Une orgie
21 %	Regarder un homme et une femme faire l'amour
7 %	Regarder deux hommes (ou plus) faire l'amour

Pourcentage total	*Fantasme*
23 %	Regarder deux femmes (ou plus) faire l'amour
19 %	Être regardé en train de faire l'amour
5 %	Montrer sa poitrine en public
5 %	Montrer ses parties génitales en public
11 %	Échangisme
5 %	Se déshabiller en public
13 %	Espionner quelqu'un en train de se déshabiller
10 %	Se déshabiller devant quelqu'un d'autre
30 %	Regarder des films pornographiques
20 %	Lire de la pornographie
11 %	Jouer dans un film pornographique
16 %	Être filmé en train de faire l'amour
11 %	Prendre l'identité de quelqu'un d'autre
9 %	Je n'ai jamais eu aucun des fantasmes mentionnés ci-dessus
2 %	Préfère ne pas répondre

Groupe 2

Pourcentage total	*Fantasme*
29 %	Jouer un rôle dominateur ou agressif pendant l'amour
33 %	Jouer un rôle soumis ou passif pendant l'amour
4 %	Être violent envers quelqu'un d'autre
6 %	Être victime de violences
11 %	Forcer quelqu'un à se déshabiller
13 %	Être forcé à se déshabiller
9 %	Forcer quelqu'un à se masturber
10 %	Être forcé à se masturber
13 %	Donner la fessée
12 %	Être fessé
7 %	Utiliser un fouet, un martinet, une canne, une ceinture pour frapper quelqu'un
17 %	Bander les yeux de quelqu'un
17 %	Se faire bander les yeux
23 %	Attacher quelqu'un
25 %	Se faire attacher
15 %	Utiliser des menottes, des liens ou un collier sur quelqu'un

Pourcentage total	*Fantasme*
14 %	Se faire mettre des menottes, des liens ou un collier
4 %	Étouffer quelqu'un
4 %	Se faire étouffer
38 %	Je n'ai jamais eu aucun des fantasmes mentionnés ci-dessus
3 %	Préfère ne pas répondre

Groupe 3

Pourcentage total	*Fantasme*
6 %	Porter des vêtements du sexe opposé
2 %	Porter les vêtements de quelqu'un d'autre (du même sexe)
3 %	Avec un travesti
3 %	Avec un transsexuel
1 %	Cracher sur quelqu'un
1 %	Se faire cracher dessus
6 %	Uriner sur quelqu'un
6 %	Se faire uriner dessus
1 %	Déféquer sur quelqu'un
1 %	Se faire déféquer dessus
18 %	Avec un(e) adolescent(e) de 16 ans ou plus
5 %	Avec un(e) adolescent(e) de moins de 16 ans
1 %	Avec un enfant
0 %	Avec un bébé
1 %	Avec un frère
1 %	Avec une sœur
1 %	Avec sa mère
0 %	Avec son père
2 %	Avec un beau-frère
7 %	Avec une belle-sœur
2 %	Avec sa belle-mère
0 %	Avec son beau-père
4 %	Avec d'autres parents consanguins
7 %	Avec d'autres parents par alliance
64 %	Je n'ai jamais eu aucun des fantasmes mentionnés ci-dessus
2 %	Préfère ne pas répondre

Groupe 4

Pourcentage total	*Fantasme*
0 %	Nécrophilie
35 %	Vibromasseur (ou tout autre appareil électrique)
22 %	Godemiché (ou pénis artificiel ou tout autre jouet érotique similaire)
9 %	Gode-ceinture
6 %	Pinces à tétons
24 %	Sous-vêtements
16 %	Nourriture
14 %	Rasage
1 %	Asphyxie autoérotique, strangulation
3 %	Avec des animaux
5 %	Fétichisme
0 %	Infantilisme (mettre des couches, boire au biberon, etc.)
3 %	Humilier quelqu'un
3 %	Se faire humilier
31 %	Parler crûment (coprolalie)
23 %	Jeux de rôle
2 %	Odeurs corporelles
5 %	Liquides corporels
43 %	S'embrasser
37 %	Scènes romantiques
23 %	Je n'ai jamais eu aucun des fantasmes mentionnés ci-dessus
2 %	Préfère ne pas répondre

ANNEXE 3

LE QUESTIONNAIRE

Voici, dans son intégralité, le questionnaire qui a été envoyé à 15 000 Britanniques issus du panel établi par YouGov.

*

Le questionnaire qui suit porte de manière explicite et détaillée sur les fantasmes et les comportements sexuels ; certaines questions sont très intimes et personnelles. Vos réponses ne seront pas analysées individuellement mais combinées avec celles des autres participants à cette enquête. Elles nourriront un projet de recherche sur les fantasmes destiné à approfondir notre connaissance de la sexualité humaine. Toutes vos réponses seront traitées sous couvert de la plus stricte confidentialité : personne – ni les enquêteurs eux-mêmes, ni aucune tierce partie – n'aura accès à votre identité. Nous garantissons, en vertu du code de déontologie professionnelle par lequel nous sommes liés, que seules vos réponses seront prises en compte par les chercheurs : vos nom, adresse et coordonnées électroniques ne seront en aucun cas divulgués ou utilisés.

Ce questionnaire est divisé en sections ; au début de chacune, vous aurez le choix, soit de répondre aux questions, soit de passer directement à la section suivante.

Nous sommes conscients du caractère intime des questions posées. Il est très important que vous réfléchissiez soigneusement à chacune d'entre elles et que vous y répondiez avec la plus grande honnêteté. Dans l'intérêt de ce projet de recherche, il serait souhaitable que vous répondiez au plus grand nombre possible de questions ; toutefois, si certaines vous gênent, vous n'êtes pas obligé(e) d'y répondre.

Souhaitez-vous répondre au questionnaire ?

☐ Oui.
☐ Non.

Quel âge avez-vous ?

☐ Moins de 18 ans.
☐ 18 ans ou plus.

[Pour les personnes indiquant qu'elles étaient âgées de moins de 18 ans, le message suivant apparaissait à l'écran : *Merci d'avoir accepté de prendre part à ce questionnaire. Malheureusement, en raison de son caractère sexuel explicite, nous ne pouvons accepter que les réponses d'individus majeurs.* Avertissement de pure forme, mais qu'il était important de mentionner afin de nous protéger d'un point de vue légal – et de protéger les mineurs qui auraient accédé par mégarde à ce questionnaire...

Pour les personnes majeures, le message suivant s'inscrivait : *Merci d'avoir accepté de prendre part à ce questionnaire. Les informations recueillies grâce à votre aide serviront à compléter un projet de recherche sur les fantasmes et la sexualité humaine. Avant de répondre aux questions, merci de lire les définitions suivantes, qui pourront se révéler utiles.*]

DÉFINITIONS

Qu'entendons-nous par le terme « rapport sexuel » ?

Le terme « rapport sexuel » désigne tout contact physique intime entre deux personnes ou plus : contact du pénis au vagin, du pénis à l'anus (ou aux fesses), du pénis à la bouche, du vagin à la bouche, de l'anus (ou des fesses) à la bouche. Dans le cadre de cette étude, aucune forme de baiser (de bouche à bouche) ne sera considérée comme « rapport sexuel ».

Qu'entendons-nous par le terme « fantasme sexuel » ?

Le terme « fantasme sexuel » désigne les pensées intimes, de quelque nature qu'elles soient, vous traversant l'esprit pendant la masturbation ou le coït. Ces pensées peuvent également survenir pendant que vous regardez ou lisez de la pornographie. Les rêves,

pendant le sommeil, ne relèvent pas de la catégorie « fantasme sexuel » (qu'on peut toutefois apparenter à une « rêverie » éveillée, menant souvent à l'excitation sexuelle).

SECTION 1 : INFORMATIONS PRÉLIMINAIRES

Cette section porte sur votre vie sexuelle en général.

Vous pouvez choisir de ne pas répondre à ces questions et de passer directement à la section suivante.

☐ Je désire continuer.
☐ Je préfère ne pas répondre et passer à la section suivante.

Quelle est votre situation actuelle ?

☐ Je suis marié(e) et vis avec mon conjoint.
☐ Je vis en concubinage.
☐ Je ne suis pas marié(e), j'ai un partenaire régulier mais je ne vis pas avec.
☐ Je n'ai pas de partenaire régulier.
☐ Autre.

Combien d'enfants, si vous en avez, vivent dans votre foyer ?

Age	*Nombre*
☐ Moins de 1 an	aucun
☐ Entre 1 et 3 ans	1
☐ Entre 3 et 5 ans	2
☐ Entre 5 et 9 ans	3
☐ Entre 10 et 12 ans	4
☐ Entre 13 et 17 ans	5
☐ Enfants adultes – 18 ans ou plus	6
	7 ou plus

Si vous êtes en couple, depuis combien de temps ?

En moyenne, quelle est la fréquence de vos « rapports sexuels » (selon la définition indiquée plus haut) ?

- ☐ Je n'ai jamais eu de rapport sexuel.
- ☐ J'ai déjà eu des rapports sexuels, mais je n'en ai plus.
- ☐ J'ai des rapports sexuels moins d'une fois par an.
- ☐ Environ une fois par an.
- ☐ Tous les quelques mois.
- ☐ Une fois par mois.
- ☐ Une fois tous les quinze jours.
- ☐ Une fois par semaine.
- ☐ Deux fois par semaine.
- ☐ Trois fois par semaine.
- ☐ Quatre ou cinq fois par semaine.
- ☐ Tous les jours.
- ☐ Plus d'une fois par jour.
- ☐ Préfère ne pas répondre.

Avec combien de FEMMES avez-vous eu des rapports sexuels dans votre vie ?

____

Avec combien d'HOMMES avez-vous eu des rapports sexuels dans votre vie ?

____

A quel âge avez-vous connu votre premier rapport sexuel ?

____

Etes-vous satisfait(e) de votre vie sexuelle ?

- ☐ Je suis extrêmement satisfait(e) de ma vie sexuelle.
- ☐ Ma vie sexuelle est satisfaisante.
- ☐ Ma vie sexuelle est acceptable.
- ☐ Ma vie sexuelle est médiocre.
- ☐ Ma vie sexuelle est très insatisfaisante.
- ☐ Ma vie sexuelle est entièrement insatisfaisante.
- ☐ Préfère ne pas répondre.

Quand vous avez des rapports sexuels, vous atteignez l'orgasme (vous « jouissez »)...

- ☐ Chaque fois.
- ☐ Plus d'une fois sur deux.
- ☐ Environ une fois sur deux.
- ☐ Moins d'une fois sur deux.
- ☐ Jamais.
- ☐ Préfère ne pas répondre.

SECTION 2 : FANTASMES, 1RE PARTIE

Cette section porte sur vos fantasmes en général.

Vous pouvez choisir de ne pas répondre à ces questions et de passer directement à la section suivante.

- ☐ Je désire continuer.
- ☐ Je préfère ne pas répondre et passer à la section suivante.

Combien de pensées sexuelles avez-vous par jour ?

____

A quelle fréquence fantasmez-vous SUR VOTRE PARTENAIRE pendant que vous avez des rapports sexuels AVEC CE MÊME PARTENAIRE ?

- ☐ Chaque fois.
- ☐ Très souvent.
- ☐ Assez souvent.
- ☐ Pas très souvent.
- ☐ Je fantasme quand j'ai des rapports sexuels avec mon partenaire mais jamais sur lui/elle.
- ☐ Je n'ai pas de partenaire.
- ☐ Je ne fantasme pas.
- ☐ Préfère ne pas répondre.

A quelle fréquence fantasmez-vous SUR QUELQU'UN D'AUTRE quand vous avez des rapports sexuels avec votre partenaire ?

☐ Chaque fois.
☐ Très souvent.
☐ Assez souvent.
☐ Pas très souvent.
☐ Je fantasme quand j'ai des rapports sexuels avec mon partenaire mais seulement sur lui/elle.
☐ Je n'ai pas de partenaire.
☐ Je ne fantasme pas.
☐ Préfère ne pas répondre.

A quelle fréquence fantasmez-vous SUR VOTRE PARTENAIRE quand vous vous MASTURBEZ ?

☐ Chaque fois.
☐ Très souvent.
☐ Assez souvent.
☐ Pas très souvent.
☐ Je fantasme quand je me masturbe mais pas sur mon partenaire.
☐ Je n'ai pas de partenaire.
☐ Je ne fantasme pas.
☐ Je ne me masturbe pas.
☐ Préfère ne pas répondre.

A quelle fréquence fantasmez-vous SUR QUELQU'UN D'AUTRE que votre partenaire quand vous vous MASTURBEZ ?

☐ Chaque fois.
☐ Très souvent.
☐ Assez souvent.
☐ Pas très souvent.
☐ Je fantasme quand je me masturbe mais seulement sur mon partenaire.
☐ Je n'ai pas de partenaire.
☐ Je ne fantasme pas.
☐ Je ne me masturbe pas.
☐ Préfère ne pas répondre.

Pour quelle(s) raison(s) fantasmez-vous ? (Plusieurs réponses possibles)

- ☐ Les fantasmes m'aident à soulager mon ennui.
- ☐ Les fantasmes me remontent le moral quand je suis déprimé(e).
- ☐ Les fantasmes me permettent d'accomplir des gestes que je ne peux pas faire dans la vraie vie.
- ☐ Les fantasmes me permettent de faire l'amour avec des gens que je ne voudrais ou ne pourrais pas côtoyer sexuellement dans la vraie vie.
- ☐ Les fantasmes me permettent d'explorer des pensées et des pratiques sexuelles différentes.
- ☐ Mon (ma) partenaire devient plus attirant(e) à mes yeux dans mes fantasmes.
- ☐ Les fantasmes m'aident à augmenter mon excitation quand je suis avec mon (ma) partenaire.
- ☐ Je ne peux pas m'en empêcher. J'ai des fantasmes malgré moi.
- ☐ Je préfère les fantasmes aux expériences réelles.
- ☐ Les fantasmes me permettent d'oublier le monde extérieur.
- ☐ Pas concerné(e) par cette question.
- ☐ Autre.
- ☐ Préfère ne pas répondre.

Laquelle des propositions suivantes décrit le mieux le rapport que vous entretenez à vos propres fantasmes ?

- ☐ Je suis tout à fait à l'aise avec mes fantasmes et je peux en parler à n'importe qui sans le moindre problème.
- ☐ Je suis à l'aise avec mes fantasmes et je peux en parler à certaines personnes.
- ☐ Je suis à l'aise avec mes fantasmes mais je n'en parle à personne.
- ☐ Je ne suis pas très à l'aise avec mes fantasmes, mais je sais que tout le monde en a.
- ☐ Mes fantasmes me préoccupent.
- ☐ Mes fantasmes m'inspirent de la honte ou de la culpabilité.
- ☐ Je suis horrifié(e) ou tourmenté(e) par mes fantasmes.
- ☐ Pas concerné(e) par cette question/Je ne fantasme jamais.
- ☐ Préfère ne pas répondre.

SECTION 3 : FANTASMES, 2e PARTIE

Cette section ne comporte qu'une seule question : quel est le fantasme sexuel qui vous excite le plus ? Vous pouvez choisir de ne pas répondre à cette question et de passer directement à la section suivante.

☐ Je désire continuer.
☐ Je préfère ne pas répondre et passer à la section suivante.

Décrivez ci-dessous le fantasme sexuel qui vous excite le plus. Vous pouvez entrer dans les détails autant que vous voulez – pour l'intérêt de notre recherche, cela est même chaudement recommandé !

[Apparaissait à l'écran une case vierge dans laquelle les participants pouvaient écrire autant qu'ils le voulaient.]

SECTION 4 : FANTASMES, 3^E^ PARTIE

Cette section porte à nouveau sur vos fantasmes sexuels, cette fois de manière plus détaillée. Vous pouvez choisir de ne pas répondre à ces questions et de passer directement à la section suivante.

☐ Je désire continuer.
☐ Je préfère ne pas répondre et passer à la section suivante.

Avez-vous déjà eu les fantasmes suivants ? (Plusieurs réponses possibles)

☐ Faire l'amour avec mon partenaire régulier.
☐ Faire l'amour avec une personne du même sexe.
☐ Faire l'amour avec un(e) ami(e).
☐ Faire l'amour avec le/la partenaire d'un(e) ami(e).
☐ Faire l'amour avec un(e) collègue de travail.
☐ Faire l'amour avec mon/ma patron(ne).
☐ Faire l'amour avec un(e) inconnu(e).
☐ Faire l'amour avec un homme et une femme en même temps.
☐ Faire l'amour avec deux hommes ou plus.
☐ Faire l'amour avec deux femmes ou plus.
☐ Un ménage à trois.
☐ Une orgie.
☐ Regarder un homme et une femme faire l'amour.
☐ Regarder deux hommes (ou plus) faire l'amour.

☐ Regarder deux femmes (ou plus) faire l'amour.
☐ Être regardé(e) en train de faire l'amour.
☐ Montrer mon torse/mes seins en public.
☐ Montrer mes parties génitales en public
☐ L'échangisme.
☐ Me déshabiller en public.
☐ Épier quelqu'un en train de se déshabiller
☐ Se déshabiller devant quelqu'un d'autre.
☐ Regarder des films pornographiques.
☐ Lire des textes pornographiques.
☐ Jouer dans un film pornographique.
☐ Être filmé(e) en train de faire l'amour.
☐ Me faire passer pour quelqu'un d'autre pendant l'amour.
☐ Je n'ai jamais eu aucun des fantasmes mentionnés ci-dessus.
☐ Préfère ne pas répondre.

Avez-vous déjà eu les fantasmes suivants ? (Plusieurs réponses possibles)

☐ Jouer un rôle dominateur ou agressif pendant l'amour.
☐ Jouer un rôle soumis ou passif pendant l'amour.
☐ Être violent(e) envers quelqu'un d'autre.
☐ Être victime de violences.
☐ Forcer quelqu'un à se déshabiller.
☐ Être forcé(e) à me déshabiller.
☐ Forcer quelqu'un à se masturber.
☐ Être forcé(e) à me masturber.
☐ Donner la fessée.
☐ Être fessé(e).
☐ Utiliser un fouet, un martinet, une canne, une ceinture pour frapper quelqu'un.
☐ Bander les yeux de quelqu'un.
☐ Me faire bander les yeux.
☐ Attacher quelqu'un.
☐ Me faire attacher.
☐ Utiliser des menottes, des liens ou un collier sur quelqu'un.
☐ Me faire mettre des menottes, des liens ou un collier.
☐ Étouffer quelqu'un.
☐ Me faire étouffer.
☐ Je n'ai jamais eu aucun des fantasmes mentionnés ci-dessus.
☐ Préfère ne pas répondre.

Avez-vous déjà eu les fantasmes suivants ? (Plusieurs réponses possibles)

- ☐ Porter des vêtements du sexe opposé.
- ☐ Porter les vêtements de quelqu'un d'autre (du même sexe).
- ☐ Faire l'amour avec un travesti.
- ☐ Faire l'amour avec un transsexuel.
- ☐ Cracher sur quelqu'un.
- ☐ Me faire cracher dessus.
- ☐ Uriner sur quelqu'un.
- ☐ Me faire uriner dessus.
- ☐ Déféquer sur quelqu'un.
- ☐ Me faire déféquer dessus.
- ☐ Faire l'amour avec un(e) adolescent(e) de 16 ans ou plus.
- ☐ Avec un(e) adolescent(e) de moins de 16 ans.
- ☐ Avec un enfant.
- ☐ Avec un bébé.
- ☐ Avec mon frère.
- ☐ Avec ma sœur.
- ☐ Avec ma mère.
- ☐ Avec mon père.
- ☐ Avec mon beau-frère.
- ☐ Avec ma belle-sœur.
- ☐ Avec ma belle-mère.
- ☐ Avec mon beau-père.
- ☐ Avec d'autres parents consanguins.
- ☐ Avec d'autres parents par alliance.
- ☐ Je n'ai jamais eu aucun des fantasmes mentionnés ci-dessus.
- ☐ Préfère ne pas répondre.

Avez-vous déjà eu les fantasmes suivants ? (Plusieurs réponses possibles)

- ☐ Nécrophilie.
- ☐ Vibromasseur (ou tout autre appareil électrique).
- ☐ Godemiché (ou pénis artificiel ou tout autre jouet érotique similaire).
- ☐ Gode-ceinture.
- ☐ Pinces à tétons.
- ☐ Sous-vêtements.
- ☐ Nourriture.
- ☐ Rasage.
- ☐ Asphyxie autoérotique, strangulation.
- ☐ Faire l'amour avec des animaux.
- ☐ Fétichisme.

☐ Infantilisme (mettre des couches, boire au biberon, etc.).
☐ Humilier quelqu'un.
☐ Me faire humilier.
☐ Parler crûment.
☐ Jeux de rôle.
☐ Odeurs corporelles.
☐ Liquides corporels.
☐ S'embrasser.
☐ Scènes romantiques.
☐ Je n'ai jamais eu aucun des fantasmes mentionnés ci-dessus.
☐ Préfère ne pas répondre.

SECTION 5 : AUTRES EXPÉRIENCES SEXUELLES

Cette section porte sur toutes les autres expériences sexuelles que vous avez pu connaître au cours de votre vie.

Vous pouvez choisir de ne pas répondre à ces questions et de passer directement à la section suivante.

☐ Je désire continuer.
☐ Je préfère ne pas répondre et passer à la section suivante.

En moyenne, à quelle fréquence vous masturbez-vous (seul(e), sans que votre partenaire vous regarde) ?

☐ Je ne me masturbe jamais seul(e).
☐ Je me suis déjà masturbé(e) autrefois, mais je ne le fais plus.
☐ Je me masturbe seul(e) moins d'une fois par an.
☐ Environ une fois par an.
☐ Tous les quelques mois.
☐ Une fois par mois.
☐ Tous les quinze jours.
☐ Une fois par semaine.
☐ Deux à trois fois par semaine.
☐ Quatre à cinq fois par semaine.
☐ Une fois par jour.
☐ Deux fois par jour.
☐ Trois fois par jour ou plus.
☐ Préfère ne pas répondre.

Avez-vous déjà eu des rapports sexuels avec un(e) prostitué(e), et si oui, combien de fois ?

- ☐ Jamais.
- ☐ Une fois.
- ☐ Deux fois.
- ☐ Entre 3 et 5 fois.
- ☐ Entre 5 et 10 fois.
- ☐ Entre 10 et 20 fois.
- ☐ Entre 20 et 30 fois.
- ☐ Entre 30 et 50 fois.
- ☐ Entre 50 et 100 fois.
- ☐ Entre 100 et 200 fois.
- ☐ Plus de 200 fois.
- ☐ Préfère ne pas répondre.

Quel genre de pornographie utilisez-vous ou avez-vous déjà utilisé ? (Plusieurs réponses possibles)

- ☐ Je n'utilise pas/n'ai jamais utilisé de pornographie.
- ☐ Vidéos/DVD.
- ☐ Magazines érotiques.
- ☐ Magazines pornographiques.
- ☐ Littérature érotique.
- ☐ Photos sur Internet.
- ☐ Vidéos sur Internet.
- ☐ Sources sonores uniquement (téléphone rose, par exemple).
- ☐ Peep-shows/clubs de strip-tease.
- ☐ Danses érotiques (« lap dance »)
- ☐ Autre.
- ☐ Préfère ne pas répondre.

Dans quel but utilisez-vous Internet et à quelle fréquence ?

[Les participants avaient une grille à remplir]

Activités	*Fréquence*
☐ Sites de conversation de nature sexuelle.	☐ Jamais.
☐ Sites de rencontres.	☐ Une fois par mois.
☐ Photos érotiques.	☐ Une fois par semaine.
☐ Photos pornographiques.	☐ Plusieurs fois par semaine.
☐ Vidéos érotiques.	☐ Une fois par jour.
☐ Vidéos pornographiques.	☐ Plusieurs fois par jour.
☐ Littérature érotique.	☐ Préfère ne pas répondre.
☐ Littérature pornographique.	
☐ Activités sexuelles par webcam.	

SECTION 6 : SANTÉ AFFECTIVE ET SEXUELLE

Cette section porte sur votre situation affective et sexuelle. Certaines questions portent sur des sujets très délicats.

Vous pouvez choisir de ne pas répondre à ces questions et de passer directement à la section suivante.

☐ Je désire continuer.
☐ Je préfère ne pas répondre et passer à la section suivante.

Vous est-il arrivé d'avoir le cafard, de vous sentir déprimé(e) ou désespéré(e) au cours des deux dernières semaines ?

☐ Pas du tout.
☐ Parfois.
☐ La majorité du temps.
☐ Chaque jour.
☐ Préfère ne pas répondre.

Vous est-il arrivé de ne ressentir aucun plaisir ou aucun intérêt dans vos diverses activités ?

☐ Pas du tout.
☐ Parfois.
☐ La majorité du temps.
☐ Chaque jour.
☐ Préfère ne pas répondre.

Avez-vous bu ou pris des médicaments (autres que sur ordonnance) plus que de raison au cours des deux derniers mois ?

☐ Oui.
☐ Non.
☐ Préfère ne pas répondre.

Avez-vous éprouvé le besoin de réduire votre consommation d'alcool ou de médicaments au cours des deux derniers mois ?

☐ Oui.
☐ Non.
☐ Préfère ne pas répondre.

Sombrez-vous souvent dans des « rêveries » pendant la journée (pas nécessairement de nature sexuelle) ?

☐ Jamais.
☐ Une fois par jour.
☐ Deux fois par jour.
☐ 3 ou 4 fois par jour.
☐ 5 ou 6 fois par jour.
☐ 7 ou 8 fois par jour.
☐ 9 ou 10 fois par jour.
☐ Entre 11 et 15 fois par jour.
☐ Entre 16 et 20 fois par jour.
☐ Plus de 20 fois par jour.
☐ Je ne sais pas.

Etes-vous actuellement sous traitement médical ?

☐ Oui.
☐ Non.
☐ Préfère ne pas répondre.

Quels médicaments prenez-vous ? (Plusieurs réponses possibles)

☐ Viagra.
☐ Hormones.
☐ Antidépresseurs.
☐ Tranquillisants.
☐ Autres médicaments.
☐ Préfère ne pas répondre.

De nombreuses personnes contractent des maladies sexuellement transmissibles (MST) sans le savoir. Un médecin vous a-t-il jamais informé(e) de ce que vous aviez contracté une MST ?

☐ Oui – j'en ai déjà été informé(e).
☐ Non – on ne m'en a jamais informé(e).
☐ Préfère ne pas répondre.

Le cas échéant, laquelle de ces maladies avez-vous déjà contractée ? (Plusieurs réponses possibles)

☐ Chlamydia.
☐ Gonorrhée.
☐ Syphilis.
☐ Herpès génital.
☐ Vésicules génitales.
☐ Hépatite B.
☐ Hépatite C.
☐ VIH (Sida).
☐ Autre.
☐ Préfère ne pas répondre.

Les questions suivantes portent sur votre passé. Certaines sont très délicates, mais essayez d'être le plus honnête possible.

Avez-vous jamais été victime d'abus physique, sexuel ou affectif (de quelque nature que ce soit, que vous en ayez ou non parlé à quiconque) ?

☐ Oui – quand j'avais moins de 16 ans.
☐ Oui – quand j'avais 16 ans ou plus.
☐ Non – jamais.
☐ Je ne sais pas.
☐ Préfère ne pas répondre.

Pour ceux qui ont répondu « Oui – quand j'avais moins de 16 ans » à la question précédente, quel âge exactement aviez-vous lorsque vous avez été victime de ce genre d'abus ?

☐ 5 ans ou moins.
☐ Entre 6 et 9 ans.
☐ Entre 10 et 12 ans.
☐ Entre 13 et 15 ans.
☐ Je ne sais pas.
☐ Préfère ne pas répondre.

Quelqu'un vous a-t-il jamais forcé(e) à avoir des rapports sexuels alors que vous ne le vouliez pas ? (Plusieurs réponses possibles)

☐ Oui – quand j'avais moins de 16 ans.
☐ Oui – quand j'avais 16 ans ou plus.
☐ Non – jamais.
☐ Je ne sais pas.
☐ Préfère ne pas répondre.

Pour ceux qui ont répondu « Oui – quand j'avais moins de 16 ans » à la question précédente, quel âge exactement aviez-vous lorsque vous avez eu ces rapports sexuels non consentis ?

☐ 5 ans ou moins.
☐ Entre 6 et 9 ans.
☐ Entre 10 et 12 ans.
☐ Entre 13 et 15 ans.
☐ Je ne sais pas.
☐ Préfère ne pas répondre.

Avez-vous déjà consulté l'un des professionnels suivants dans le domaine de la santé, pour une raison quelconque ? (Plusieurs réponses possibles)

☐ Psychologue.
☐ Psychothérapeute.
☐ Conseiller.
☐ Psychiatre.
☐ Psychanalyste.
☐ Infirmier(– ère) psychiatrique.
☐ Coach professionnel.
☐ Thérapeute artistique.
☐ Thérapeute artistique (par la musique – musicothérapeute).
☐ Thérapeute artistique (par le théâtre).

☐ Thérapeute artistique (par le jeu).
☐ Conseiller matrimonial.
☐ Psychothérapeute de couple.
☐ Psychanalyste de groupe.
☐ Thérapeute de groupe.
☐ Conseiller des services sociaux.
☐ Aucun.
☐ Préfère ne pas répondre.

SECTION 7 : INFORMATIONS COMPLÉMENTAIRES

Cette dernière section porte à nouveau sur des informations d'ordre général vous concernant.

Vous pouvez choisir de ne pas répondre à ces questions.

☐ Je désire continuer.
☐ Je préfère ne pas répondre.

Certaines personnes ont des rapports sexuels avec des hommes, d'autres avec des femmes, d'autres encore avec des membres des deux sexes. En termes d'identité sexuelle, vous vous considérez...

☐ Hétérosexuel(le).
☐ Homosexuel(le).
☐ Bisexuel(le).
☐ Je ne sais pas.
☐ Préfère ne pas répondre.

De nombreuses personnes songent à avoir des rapports sexuels avec quelqu'un d'autre que leur partenaire, et beaucoup passent à l'acte. Laquelle des expériences suivantes avez-vous déjà vécue ? (Plusieurs réponses possibles)

☐ J'ai déjà fantasmé sur d'autres personnes alors que j'étais en couple.
☐ J'ai déjà embrassé une autre personne alors que j'étais en couple.
☐ J'ai déjà caressé une autre personne alors que j'étais en couple.
☐ J'ai déjà fait une fellation/un cunnilingus à une autre personne alors que j'étais en couple.

☐ J'ai déjà eu des rapports sexuels (pénétration vaginale) avec une autre personne alors que j'étais en couple.
☐ J'ai déjà eu des rapports sexuels (pénétration anale) avec une autre personne alors que j'étais en couple.
☐ Aucune des propositions mentionnées ci-dessus/Je ne suis pas en couple.
☐ Préfère ne pas répondre.

Comment décririez-vous l'éducation que vous avez reçue de vos parents ?

☐ Extrêmement stricte.
☐ Très stricte.
☐ Stricte.
☐ Pas très stricte.
☐ Permissive.
☐ Très permissive.
☐ Préfère ne pas répondre.

Sur une échelle de 0 à 10 (10 signifiant « très important » et 0 « pas important du tout »), quelle est l'importance de la religion dans votre vie ?

☐ 0
☐ 1
☐ 2
☐ 3
☐ 4
☐ 5
☐ 6
☐ 7
☐ 8
☐ 9
☐ 10
☐ Je ne sais pas.

Sur une échelle de 0 à 10 (0 signifiant « très faible » et 10 « très fort »), quelle est l'intensité de vos convictions politiques ?

☐ 0
☐ 1
☐ 2
☐ 3
☐ 4
☐ 5
☐ 6

□ 7
□ 8
□ 9
□ 10
□ Je ne sais pas.

Avez-vous déjà fantasmé sur une star ou une personnalité célèbre quelconque ? Si oui, indiquez ci-dessous son nom et décrivez, avec autant de détails que vous le souhaitez, le contenu de ce fantasme.

[Apparaissait à l'écran une case vierge dans laquelle les participants pouvaient écrire autant qu'ils le voulaient.]

REMERCIEMENTS

Je n'aurais pas pu écrire ce livre sans la coopération sincère de plus de 19 000 Britanniques anonymes, qui tous ont pris le temps de m'ouvrir les portes de leur intimité psychique avec la plus grande franchise. Je tiens à les en remercier de tout cœur. J'exprime ma gratitude en particulier à ceux qui ont parcouru parfois de grandes distances pour venir s'entretenir avec moi à Londres. Outre ma propre expérience clinique, ces rencontres constituent la colonne vertébrale de mes réflexions et de ma recherche. J'espère que toutes les personnes ayant pris part avec moi à cette aventure seront satisfaites du respect que je me suis efforcé de leur témoigner, en protégeant leur anonymat et en usant à bon escient de leurs témoignages.

Ce livre est né d'une suggestion que m'a faite un jour mon cher ami et collègue Oliver Rathbone, directeur de Karnac Books, qui publie depuis de nombreuses années mes écrits cliniques et universitaires. Nous déjeunions ensemble, et je lui exposais mon prochain projet : un livre sur les œuvres de Freud. Oliver faillit piquer du nez dans sa soupe. Ne désespérant pas de me voir rejoindre mon siècle, il me suggéra plutôt d'écrire un livre sur la psychologie des fantasmes, à partir de ma propre expérience de psychothérapeute spécialisé dans les problèmes sexuels des couples. Il m'a non seulement ouvert d'immenses perspectives, mais, en vrai *gentleman*, il a même eu la bonté de m'encourager à montrer mon manuscrit à d'autres éditeurs.

Sans les conseils inestimables, l'humour, l'entrain et la malice de Patrick Walsh, sans conteste le meilleur, le plus dévoué et le plus drôle des agents littéraires, toutes les données que j'ai recueillies seraient restées à prendre la poussière dans un fond de tiroir. Avec une finesse digne d'un psychothérapeute, Patrick a su écouter mes doutes, mes angoisses, mes plaintes face à la surcharge de travail, et il a même écourté ses vacances de Noël pour m'aider à rédiger un synopsis cohérent. Je n'aurais pas pu mener ce projet à bien sans ses encouragements constants, sa confiance et le soutien de ses collègues de Conville and Walsh, notamment Sam North (grâce à qui j'ai rencontré Patrick), Susan Armstrong, Kevin Conroy-Scott, Ed Jaspers et, bien sûr, le brillantissime Jake Smith-Bosanquet, dont l'aide pratique et psychologique m'a été précieuse. A New York, la sagace et délicieuse Emma Parry, de Fletcher and Parry, en a fait autant, et m'a offert la plus agréable visite guidée du Manhattan littéraire, ce dont je ne la remercierai jamais assez. Je dois énormément, tant sur le plan personnel que professionnel, à Michael Iacovou et à

ses collègues de M.S. Iacouvou and Associates pour l'assistance sans relâche, à la fois sérieuse et cordiale, qu'ils m'ont apportée pour résoudre les difficultés contractuelles de ce projet.

Chez Penguin Books, la jeune et visionnaire Helen Conford a accompagné ce livre de ses prémices jusqu'à sa publication, m'aidant à transformer un fatras informe de notes en manuscrit grâce à ses conseils avisés en matière de structure, de style et de ton. Aussi patiente qu'intelligente, Helen a été la plus extraordinaire sage-femme littéraire. Je n'oublie pas ses talentueux collègues : Stefan McGrath, directeur de Penguin Press, Rosie Glaisher, directrice du marketing, Fiona McMorrough, attachée de presse, ainsi que Sarah Coward, éditrice à l'œil de lynx, et son tout aussi vigilant collègue, Richard Duguid. Merci à tous ceux, chez Penguin Books, qui m'ont témoigné leur confiance.

Je suis redevable à des dizaines d'autres personnes qui m'ont aidé à mener à bien le Projet de Recherche sur les Fantasmes des Britanniques. Mes remerciements éternels à Nadhim Zahawi et à toute l'équipe de YouGov, grâce à qui j'ai pu établir mon questionnaire. Honnête homme et fidèle allié, Nadhim m'a rendu d'innombrables services, m'offrant son soutien, ses conseils et le savoir-faire de ses merveilleux collègues, en particulier l'infatigable Sarah Jordan et le clairvoyant Panos Manolopoulos. Joe Twyman, le placide et subtil directeur des projets spéciaux de YouGov, a été un formidable consultant en statistiques, et il a répondu à mes questions avec une patience remarquable. Julia Rogers, directrice des opérations, m'a été d'une aide immense pour la coordination des données.

Pour le financement de ce projet, dont les dimensions ne cessaient de prendre des allures dantesques, la contribution de Channel Five Broadcasting a été plus que bienvenue. Toujours agréable et compréhensif, Dan Chambers, directeur émérite des programmes, m'a fourni les fonds administratifs nécessaires et permis de réaliser un documentaire sur les fantasmes sexuels, ce qui m'a beaucoup aidé à approfondir mes réflexions sur ce sujet complexe. Lui et sa partenaire Rebecca Cotton ont joué un rôle crucial dans ce projet, de sa gestation à son terme. Chez Tiger Aspect Productions, la société qui a produit ce documentaire, Dunja Noack s'est révélée la plus parfaite des productrices exécutives, soutenant notre projet de manière extraordinaire, avec dévotion, perfectionnisme, chaleur et bonne humeur. Georgina Chignell a été la première à le porter à l'attention de Paul Summers, directeur des programmes. Justine Kershaw et Peter Grimsdale l'ont supervisé avec un immense talent. Je tiens aussi à remercier tous les membres de l'équipe de production, qui m'ont appris beaucoup : Fred Casella, producteur et réalisateur, Antonia Davies, Elaine Foster, Donal McCusker, Jenny Spearing, et mes assistants de recherche, Guro Elstad et Christian Young. Merci également à Sara Ramsden, ancienne directrice de Sky One Television, qui m'a engagé comme consultant sur son propre film documentaire en six parties sur les fantasmes, grâce auquel j'ai énormément appris.

Dans le domaine de la psychothérapie, mes professeurs, confrères, amis et étudiants – trop nombreux pour que j'arrive à les remercier tous à leur juste mérite – ont été et demeurent d'une importance cruciale dans ma vie professionnelle. J'ai eu le privilège d'apprendre auprès de tant de personnes qu'il serait injuste d'en oublier une seule. Mais je veux tout de même remercier en premier lieu ma très chère collègue, mon mentor, Margot Sunderland, directrice du Centre psychologique

pour enfants de Londres, qui m'offre depuis de nombreuses années un foyer intellectuel et me témoigne une générosité sans égale dans la communauté psychothérapeutique. Sir Richard Bowlby, président de ce même Centre, et Lady Xenia Bowlby m'ont apporté leur soutien sans faille, et je leur suis reconnaissant de m'avoir tant appris sur la théorie de l'attachement. Graeme Blench, codirecteur du Centre, est un modèle d'enthousiasme et de compassion. Je remercie toute la merveilleuse équipe du Centre, en particulier Ruth Bonner, sa formidable administratrice.

Tous mes remerciements également à ceux qui m'ont apporté leur soutien à la Clinique de psychothérapie de Winnicott : son directeur émérite, l'Honorable Leo Abse, son directeur, Eric Koops, et ses administrateurs, en particulier Lord Jones, Christine Miqueu-Baz et Cesare Sacerdoti. Grâce à la bourse qu'ils m'ont accordée, j'ai pu me délester de mes charges d'enseignement lorsque c'était nécessaire.

C'est grâce à mes camarades du Centre Tavistock pour les Relations de couple que j'ai acquis l'essentiel de mes connaissances sur la psychologie des rapports intimes. Son directeur émérite, le Dr Christopher Clulow, s'est toujours montré d'une générosité exemplaire, et sa passion pour son métier m'a beaucoup appris. Susanna Abse, la nouvelle directrice, et ses nombreux collègues, dans le corps médical et administratif, m'ont aussi aidé, sans doute plus qu'ils n'en ont conscience.

Le professeur Ann Kurth, éminente chercheuse dans le domaine de la santé et de l'épidémiologie sexuelles, a été ma principale consultante au cours de ce projet : elle m'a aidé à négocier dans les méandres d'une étude à grande échelle, et en a supervisé chaque étape avec intelligence et passion. Le Dr Avi Shmueli, qui exerce ses multiples talents dans plusieurs disciplines, m'a offert son expertise en termes de tests et d'entretiens psychologiques, et il a pris beaucoup du temps qu'il consacre à ses propres travaux de recherche séminale sur la théorie de l'attachement, les relations de couple et la psychologie des couples divorcés pour m'aider chaque fois que j'en avais besoin.

Le Dr Valerie Sinason, psychanalyste, psychothérapeute pour enfants et amie de longue date, a non seulement lu le manuscrit dans son intégralité mais me soutient et me fait progresser depuis des années, me faisant toujours part, avec une extraordinaire générosité, de ses propres découvertes dans le domaine des maltraitances sur enfants et leurs conséquences. Le Dr Estela Welldon, la plus éminente psychothérapeute médico-légale, a été la première et la plus marquante de mes professeurs. Je ne saurais dire combien je dois à sa pensée et à sa sagesse. Le professeur Susie Orbach et le Dr Joseph Schwartz ont également beaucoup contribué au développement de ma compréhension psychanalytique – à tel point que, parfois, je ne sais pas si mes idées viennent de ma propre expérience médicale ou de nos conversations fructueuses (et souvent houleuses).

Pauline Hodson, présidente de la Société des psychothérapeutes et psychanalystes de couple, m'a apporté un soutien affectif et intellectuel précieux lorsque ma recherche me menait au bout de mes forces. Lloyd deMause, directeur de l'Institut d'Histoire psychologique et président de l'Association internationale d'Histoire psychologique, l'un des plus intrépides chercheurs dans le domaine des maltraitances sur enfants, m'a énormément appris depuis notre première rencontre, en 1981, sur ce phénomène, ses causes et les moyens de le prévenir, et je l'en remercie

de tout cœur. Avec une sagacité et une intelligence sans limites, David Leevers a lu le manuscrit et m'a fourni de judicieuses suggestions. Ma très chère amie Margaret Bluman m'a encouragé sans relâche pendant toute la durée de la rédaction.

D'autres confrères ont apporté leur contribution à mes réflexions au sujet des fantasmes, de la psychopathologie sexuelle, de la traumatologie et d'autres domaines cliniques : Dr Stella Acquarone, Dr Bernard Barnett, Margaret Baron, professeur David Beisel, professeur Rudolph Binion, Dr Thaddeus Birchard, Dr Sandra Bloom, professeur George Bonanno, professeur Robert Bor, le regretté Dr John Bowlby, Dr Abrahão Brafman, le regretté professeur Margaret Brenman-Gibson, Christel Buss-Twachtmann, Donald Campbell, Patricia Coleman, Judy Cooper, Lynne Cudmore, Katy Dearnley, Zack Eleftheriadou, Dr Susanna Isaacs Elmhirst, Dr Laura Etchegoyen, le regretté professeur Reuben Fine, la regrettée Lucy Freeman, professeur Jesse Geller, professeur Sander Gilman, le regretté Dr Mervin Glasser, Dr Lawrence Goldie, le regretté professeur Melvin Goldstein, professeur Jean Goodwin, Dr Elif Gürisik, professeur Melinda Guttmann, Dr David Hewison, Stevie Holland, professeur Sheila Hollins, Oliver Howell, Oliver James, Dr Cynthia Janus, Dr Samuel Janus, Dr Dorothy Judd, le regretté Dr Melvin Kalfus, Pearl King, professeur Robert Langs, le regretté Dr Margaret Little, Dr Joyce McDougall, le regretté professeur Ronald Mack, Jeannie Milligan, la regrettée Marion Milner, professeur Juliet Mitchell, Mary Morgan, Elspeth Morley, Dr Robert Morley, Dr Michael Moskowitz, Anna Motz, le regretté professeur William Niederland, Viveka Nyberg, Felicia Olney, Professeur Dr méd. Uwe Henrik Peters, Jennifer Riddell, le regretté Dr Ismond Rosen, Joanna Rosenthall, professeur Peter Rudnytsky, Jane Ryan, le regretté Dr Charles Rycroft, le regretté professeur Flora Rheta Schreiber, Dr Allan Schore, Dr Sonu Shamdasani, professeur Jerome Singer, professeur David Livingston Smith, professeur Herbert Strean, Helen Tarsh, professeur Bessel van der Kolk, Susan Vas Dias, Christopher Vincent, Dr Hisako Watanabe, Kate White et Dr Sarah Wynick.

Je remercie aussi tous les psychologues, psychiatres, sexologues, psychanalystes et psychothérapeutes dont je n'ai jamais été l'élève mais dont les travaux m'ont influencé, notamment le professeur Richard Green, le regretté professeur Mortimer Ostow, professeur Ethel Spector Person et Dr Glenn Wilson. Plus qu'à tout autre, je suis redevable au regretté professeur Robert Stoller, que j'ai eu le plaisir trop bref de rencontrer en 1983 alors que j'étais encore étudiant. Sa conférence dans le cadre du Edward Glover Memorial à la Royal Free Hospital Medical School m'a laissé un souvenir impérissable, et je suis navré qu'il nous ait quittés si tôt.

Je remercie également, à divers titres : Nadia Abisch, Yvonne Anderson, Craig Barbour, Peter Bazalgette, Joe Callaghan, Debbie Catchpole, Robert Crozier, Tess Cuming, Jane Dony, Ben Dowell, Katie Ellis, Elizabeth Hadland, Joanna Hall, Wendy Halsall, Sebastian Harcombe, Nicky Hughes, Venetia Kay, Anita Land, le Révérend Beric Livingstone, Dr Ben Maxwell, Dr Caroline Maxwell, George Maxwell, Isobel Maxwell, Jo Ann Miller, John Noel, Lisa Perrin, Penny Potsides, John Priestley, Dr Jonathan Riddell, Anthony Royle, Jonathan Sacerdoti, Paula Stone, Brandon Storey, Dan Welldon et Matthew Williams.

Mon psychanalyste préféré, le Dr Brendan MacCarthy, Président émérite de la Société de psychanalyse britannique, Directeur émérite du Child Guidance Training Centre à la clinique Tavistock et de la Clinique psychanalytique de Londres, est

mort le 22 décembre 2005, alors que je finissais d'écrire le premier jet de ce livre. Brendan connaissait mon projet sur les fantasmes sexuels et m'avait apporté de sages et nombreux conseils au cours de la recherche et de la rédaction. Ses propres travaux révolutionnaires sur la maltraitance de très jeunes enfants et sur le traitement des victimes d'inceste ont aidé les praticiens modernes de la psychanalyse à mieux traiter les cas extrêmes de traumatisme. C'était un homme d'une force et d'une bonté exceptionnelles, droit, juste, rigoureux, ouvert, chaleureux, tolérant, plein d'humour et imposant. Il demeure pour moi un modèle de compassion, une source d'inspiration professionnelle et personnelle, et sa disparition précoce m'est une grande tristesse.

Merci enfin à Kim, qui fait de chaque jour une symphonie, et à la famille – pour leur amour et bien plus encore. *Tacent, satis laudant.*

Brett Kahr
Centre psychologique pour enfants
Londres
30 octobre 2006

TABLE

LES ORIGINES DU FANTASME SEXUEL

LES FANTASMES SEXUELS ET LE MONDE EXTÉRIEUR

Achevé d'imprimer sur les presses de

BUSSIÈRE

GROUPE CPI

à Saint-Amand-Montrond (Cher)
en mai 2008

N° d'édition : 15351. — N° d'impression : 081732/4.
Dépôt légal : mai 2008.

Imprimé en France